内 容 简 介

本书是对罗通山城2007～2009年考古发掘工作成果和2010～2012年罗通山城本体保护项目工程成果的总结。罗通山城占地面积1.27平方千米，城墙总长约7千米，分西、东（主、副）城，是高句丽时期“左右”双城形制的代表作。在对罗通山城的考古发掘中，共发掘有房址、灰沟、门址、点将台等遗迹。考古发掘和调查证明，罗通山城是一座高句丽时期始建，宋金以后延续使用的山城。

本书可供考古学、历史学尤其是高句丽山城研究人员以及高校相关专业师生阅读、参考。

图书在版编目（CIP）数据

罗通山城：2007～2012年度考古调查与发掘报告 / 吉林省文物考古研究所编著. —北京：科学出版社，2024.4

ISBN 978-7-03-078352-3

Ⅰ. ①罗… Ⅱ. ①吉… Ⅲ. ①考古发现–发掘报告–柳河县–2007-2012 Ⅳ. ①K872.344

中国国家版本馆CIP数据核字（2024）第073165号

责任编辑：赵 越 / 责任校对：邹慧卿
责任印制：肖 兴 / 封面设计：陈 敬

科学出版社 出版
北京东黄城根北街16号
邮政编码：100717
http://www.sciencep.com
北京汇瑞嘉合文化发展有限公司印刷
科学出版社发行 各地新华书店经销
*
2024年4月第 一 版 开本：889×1194 1/16
2024年4月第一次印刷 印张：9 1/2 插页：64
字数：500 000

定价：298.00元

（如有印装质量问题，我社负责调换）

主　编　李　东

副主编　徐　坤

目　　录

插图目录

图版目录

第一章 序 言

第一节 地理位置和自然环境

罗通山城位于吉林省柳河县东北部，距离柳河县城25千米（图一），在罗通山镇与圣水镇交界处罗通山上，属于龙岗山脉的北部支脉，长白山系。

柳河县位于吉林省东南部，通化市北部，地理位置为东经125°17′~126°35′，北纬41°54′~42°35′；东北与辉南县接壤，东与白山市八道江区、江原县、靖宇县相连，北与梅河口市相邻，南与通化县相接，西与辽宁省清原县、新宾县交界；东西跨度107千米，南北跨度76.5千米，面积3348.3平方千米。境内有梅（河口）集（安）铁路和集（安）锡（林郭勒）公路贯穿全境。柳河县地处长白山向松辽平原过渡地带，境内地表由中低山地、丘陵、熔岩台地和河谷盆地构成，互相交错，分布全境。中低山地由南龙岗山脉、北龙岗山脉、老岭、磐岭四条山脉组成，占全县总面积的70%，最高山峰羊岔上掌海拔1293米；丘陵主要分布在一统河、三统河流域，占全县总面积的30%；熔岩台地分布在县境东南部，属龙岗火山群，占全县总面积的5%；河谷盆地主要分布在一统河、三统河、哈泥河、窝集河的沿河两岸，占全县总面积

图一 柳河县罗通山城地理位置示意图

的15%。除哈泥河属鸭绿江水系一级支流浑江外，其他河流均属第二松花江水系一级支流辉发河。距离罗通山城最近的河流主要为一统河、三统河、窝集河。

一统河，原名伊通河，发源于柳河县西部向阳镇的金厂岭，流经柳河县向阳、安口、城关、柳河、新发等5个乡镇，于新发乡侯家店屯北入梅河口市境，流至辉南县朝阳镇注入辉发河。柳河县境内流程78千米，流域面积855.82平方千米。河床为砂卵石，两岸是砂壤土，其支流流程超过10千米的有5条，流域内是柳河县主要产粮区之一。

三统河，原名三通河，是辉发河右岸的一个较大支流。发源于柳河县西南部红石镇的青岭，流经柳河县罗通山、太平川等13个乡镇。自罗通山镇自然村东北成为与辉南县的界河，至太平川马鞍山村出境，流至辉南县朝阳镇注入辉发河，境内流程长83千米，流域面积1623.75平方千米。河床为砂卵石，两岸是砂壤土，土质肥沃。其支流流程超过10千米的有15条，流域内是柳河县主要产粮区之一。

窝集河是一统河的二级支流。发源于老马达岭，在境内呈扇形自西南向东北流经三个乡镇，流至辉南县注入一统河。境内流长29千米，流域面积331平方千米。其支流流程超过10千米的有3条。

柳河县地势多在海拔400～1000米，其基本特征是东南、西南高，东北低；从东南、西南向东北倾斜。柳河县属于温带大陆性季风气候，四季分明，夏季湿润多雨，秋季温和凉爽。四季温差变化较大，冬季长达5个月之久。因受地势影响，气温由西北向东南递减，降水量则由西北向东南递增，夏季局部地区多暴雨。年均气温5.5℃，年均降水量738毫米。

罗通山原名为骆驼山，后讹传为罗通山，亦称罗通砬子（图版一），最高海拔1090米，矗立于柳河、辉南、梅河口三县交会处，地理坐标为东经125°17′～126°34′，北纬41°53′～42°35′。这一带地形复杂，山势险峻。辉发河的两大源流一统河和三统河，在其两侧山间蜿蜒向北流去，形成两大片冲积平原，更显出山势峻秀挺拔。西、南山谷丘陵绵延百里，映衬着罗通山的雄奇。罗通山相对高度640米，坡度45°～50°，山顶较为平坦，由山脊分割、围合形成若干山顶盆地。罗通山城就坐落于罗通山山巅上。山城原属于大通沟乡（现更名为罗通山镇），现属于安口镇林场。东南距离罗通山镇政府所在地6千米，北距圣水镇政府10千米，东距公路4千米，西距小泉眼村2.4千米。北进山通道有牌楼状山门一处，横额书有“罗通山”三字。

罗通山的植被保护较好，主要为天然森林，植被种类较为丰富，树种主要有柞木、榆木、椴木、胡桃楸等。从罗通山的环境可以看出这里自古以来就是天然的人类生活场所。

第二节　历史沿革和以往工作

罗通山城隶属柳河县，柳河县现属吉林省通化市。

文献记载，战国时，燕国在北方开设上谷、渔阳、右北平、辽西、辽东等五郡，当时柳河县地界属辽东郡领地。秦时仍为辽东所属。

西汉元封三至四年（公元前108～前107年）时，汉武帝在东北地区和朝鲜半岛北部增置乐浪、玄菟、临屯、真番四郡，加强对东北地区的管辖，当时柳河县为玄菟郡管辖。

《后汉书·高句骊传》有“武帝灭朝鲜，以高句骊为县”“使属玄菟”的记载。

汉元帝建昭二年（公元前37年），高句丽民族在玄菟郡境内建立了地方民族政权，王都设于桓仁（今辽宁省桓仁县五女山城）。曹魏时期，毌丘俭于正始五年（公元244年）率军讨伐高句丽，双方大战沸流，战场主要在桓仁、集安。西晋以后，中原内乱，对东北无暇顾及，高句丽乘机占据了乐浪郡，又相继向辽东郡发展，侵占了一批汉晋郡县，其中柳河县罗通山城应该就是那时被占据的地区。

唐朝总章元年（公元668年），在唐和新罗的联合打击下，高句丽政权在战争中灭亡，唐于平壤设置安东都护府，柳河隶属之。

渤海时期，这里一部分属于鸭绿府正州，一部分属于长岭府河州。

辽时，隶属东京道；金时，隶属咸平路咸平府；元朝，归辽阳行中书省开元路咸平府；明朝，隶属建州卫。

清朝入主中原后，这里为盛京将军辖地，清初为盛京围场的鲜围场，属封禁重地，设兵寻守。咸丰年间，因流民进入私垦，已渐弛禁。同治十二年（公元1873年）起，经盛京将军崇实奏准，在本地设地局，丈放荒地，招民开垦。从此，正式开禁。流民渐多，从事农耕。光绪三年（公元1877年）设通化县，这里属于北境养字路育养保。光绪四年（公元1878年）设柳树河子分防，置县丞缺。

光绪二十八年七月一日（公元1902年8月4日）设柳河县，将龙岗山脉以北，原通化县属北境养字路育养保辖地，划归柳河县领属，属海龙府。

光绪三十三年（公元1907年），柳河县隶属奉天省海龙府。宣统元年（公元1909年），隶属奉天省东边道海龙府。

民国二年（公元1913年），隶属奉天省东边道。民国九年（公元1920年），直属奉天省。民国三十四年（公元1945年），成立柳河县民主政府，隶属安东省通化专员公署。民国三十五年（公元1946年），改属辽宁省通化专员公署，同年七月，改属辽宁省第四专员公署。民国三十六年（公元1947年），归安东省直属。民国三十七年（公元1948年），改属安东省通化行政督察专员公署。民国三十八年（公元1949年），划归辽宁省通化行政督察专员公署管辖。

中华人民共和国成立后，1952年，归辽宁省直辖，1954年，划归吉林省通化地区行政公署管辖。1985年，改属吉林省梅河口市。1986年，改属通化市。

柳河县境内考古发现的古代遗存相当丰富。现有文物保护单位88处，多为青铜、高句丽、渤海、辽金时期文物遗迹。尤以高句丽、渤海时期文物引人关注。青铜时代的遗址分布较多，在各乡镇都有发现，其中宝善遗址、岬山头遗址、王八脖子遗址、南山遗址都很著名。三块石墓葬、大沙滩墓群、集安屯石棚墓群、通沟墓群等具丰富的考古资料。高句丽、渤海时期的遗存颇为丰富，除罗通山城外，色树背古墓群、太平川古墓群保存较好，数量较多，是不可多得的研究资料。辽、金时期的遗址和墓葬也比较丰富。可以说，这里曾是人类理想的栖息之地。

围绕着罗通山城的考古调查活动，最早始于民国时期，据民国时期《柳河县志》记载，当时就有人开始对罗通山城进行调查。

1958年，吉林师范大学编写《柳河县志》时，曾对罗通山城进行调查、著录。

1980年5月，吉林省文物工作队对罗通山城进行调查和探掘。工作成果《高句丽罗通山城调查简报》发表于《文物》1985年第2期。

1981年8月，柳河县人民政府组织公安、林业、文化部门有关同志，共同踏查罗通山，划定罗通山城保护范围和建设控制地带。

1985年6月至1987年6月，为编写《柳河县文物志》，通化市文物管理委员会和柳河县文化局、梅河口市文化局、辉南县文化局组成文物普查队，对罗通山城进行全面普查，编写出《罗通山城》条目内容。

20世纪90年代初期，罗通山城在旅游开发中遭到了较大破坏。

1992年5月23～25日，柳河县罗通山开发办公室会同柳河县林业局、安口镇林场、柳河电视台共14名工作人员对罗通山城进行全面调查。5月31日～6月1日，又组织4名工作人员重点调查。

1993年5月，柳河县在没有履行任何文物报批手续的情况下，对罗通山进行盲目开发，并成立了开发指挥部和罗通山风景旅游管理局，在西城内修建了管理用房和招待所以及公厕等多组建筑，修建了通往山城的公路13千米，西城内修路1千米，在西城内修筑庙宇三清宫一座（图版八），清理了蓄水池和池边坡地，并在西城最高点东北角楼台基上砌筑一个瞭望台，对原城垣分段落进行了清淤和砌筑，维修了西城的北门和西门，致使罗通山城一些重要的文物遗迹遭到破坏，严重影响了罗通山城的原始风貌。

1995年，三清宫续建了财神殿、观音殿、护法殿、灵官殿、钟鼓楼以及其他厢房院墙。

2000年，三清宫又拟建大殿，平整林地一块，被发现后，责令停止并对其进行了处罚。

2001年6月2～9日，根据柳河县人民政府（2001）24号文件精神，柳河县文化局抽调四名同志对罗通山城古遗址内违法施工建设情况进行全面调查，并写出《柳河县人民政府关于罗通山城古遗址施工建设情况的调查报告》和《罗通山文物保护区调查资料》，报吉林省、市文物主管部门。

2001年11月10日开始，吉林省文物考古研究所、集安文物管理所、柳河县文物管理所共同对罗通山城进行全面测绘，为期15天，绘制出《罗通山城地理位置图》和《罗通山地形图》。

2002年4月23日，柳河县人民政府完成了《罗通山城保护维修构想》。

1981年，罗通山城被公布为省级重点文物保护单位（图版四）。

2001年，罗通山城被公布为全国重点文物保护单位（图版五，1）。

第三节　发掘经过

近年来，随着对高句丽研究的广泛深入，罗通山城作为高句丽的研究课题之一，得到了国家文物部门的高度重视与资金支持。特别是2005年集安高句丽王城王陵申报世界文化遗产以后，罗通山城成为高句丽世界文化遗产的后续保护项目，2006年开始，吉林省文物考古研究所在国家文物局的安排部署下，有步骤地对罗通山城进行有序的考古调查与试掘。

为了探究高句丽中期山城的文化面貌和内涵，搞清罗通山城的形制和城内的文化堆积，在以往的考古与保护工作基础之上，2006～2009年，吉林省文物考古研究所在国家文物局的安排部署下，组织相关的基层文物力量，有步骤地对罗通山城进行了一次调查和三次发掘，发掘仅在西城进行，东城没有进行考古发掘。考古发掘与清理由吉林省文物考古研究所李东主持。

（1）2006年10月末至11月初，吉林省文物考古研究所指派李东作为考古队领队组成文物调查小组，对罗通山城进行为期十余天的全面调查，目的是作好2007年的文物考古发掘工作。参加此次工作的有李东、刘玉成（吉林省文物考古研究所，括号内均为参加者当时所在单位，下同），于小辉、辛晓光（柳河县文物管理所）。在此次调查中，考古队对山城的城池结构以及地貌特征有了初步的认识（图二），并对西城的西城墙局部进行了小规模的清理，发掘范围10平方米，大致了解了西城城墙的现存高度、堆砌形式、破坏程度等。

（2）2007年5月初，吉林省文物考古研究所组成罗通山城考古发掘队，开始正式的考古发掘工作。参加的工作人员有李东，韩宇（镇赉县文物管理所），王晶（通化市文物管理办公室），辛晓光、于小辉，刘晓国（白城市博物馆），李相文（公主岭市文物管理所）等。考古工作队首先进行的是山城内的环境整治以及罗通山城周围10千米范围内的文物调查（图版二，1）。在山城内的环境整治中，着重清理了山城内的食杂店、饭店，并在柳河县委和县政府的支持下，暂时封闭山城的旅游，控制闲杂人的出入，保证考古工作的有序性和安全性，并在旅游局管理用房周边圈筑篱笆院墙，对其招待所进行重新管理和维护，使之成为考古工作基地，为进一步开展罗通山城考古发掘奠定基础。

在罗通山城周边10千米范围内的文物普查中，考古队对罗通山城的东、西两城，以及圣水镇康石村的康石墓群、北岗遗址、敬老院遗址，圣水镇小泉眼村的墓葬，孤山子镇色树背村的

图二 罗通山城平面示意图

墓地，姜家店三块石村的石棚墓进行了重点调查。

从6月25 日起，吉林省文物考古研究所为保证罗通山城的考古工作顺利进行，特意从陕西省龙腾勘探公司雇佣三名专业的探工，对罗通山城西城进行全面钻探（图版二，2），在一个月的期限内，初步对西城内的地下文物埋藏有了大致的掌握，大大缩短了寻找考古发掘地点的时间。到7月25日，由钻探工人提供的西城地下文物埋藏数据被移交至罗通山城考古工作队。

与此同时，罗通山城西城的考古发掘工作也正式展开，对龙潭北部台地以及所谓“南门”的遗址进行正式发掘。

我们以山间盆地为独立单位，将西城分为六个区域，分别编为Ⅰ号区域～Ⅵ号区域，发掘区主要在Ⅰ号区域和Ⅳ号区域。龙潭北部的台地位于Ⅰ号区域，依据钻探数据，我们将其分成A区、B区、C区三个部分，截止到10月15日考古工作结束，西城龙潭北侧台地分别发现房址4处，其中2处保存完好，2处遭到破坏，统一编号ⅠF1～ⅠF4。

为了搞清民间所谓“南门”的情况，我们以城墙内侧这个位置为中心，设置一个发掘区，布探方一个，编号NM。发现有一处铺石面火炕房址，保存不好。怀疑此处曾是一处哨卡所在。

另外，对西北瞭望台也进行了考古发掘，没有发现任何角楼基址的痕迹，没发现任何遗物，当年发掘面积60平方米。

（3）2008年9月10日～10月25日，发掘期临近初冬，由于时间和季节的特殊性，此次发掘主要对龙潭北侧发现的ⅠF3和ⅠF4继续进行发掘，并清理完毕。另外在Ⅳ号区域的北门西侧台地布方9个，编号ⅣT1～ⅣT9。由于季节关系，田野工作仅对表土进行清理，揭露面积1090平方米。参加的工作人员有李东、解峰（吉林省文物考古研究所），韩宇，王晶，辛晓光、于小辉，陈超（吉林大学硕士研究生）。

（4）2009年7月20日～9月28日。北门西侧台地上的遗址发掘，发现带有火炕的房址13座，编号F1～F13。发现灰沟4条，编号G1～G4。房址形制上以“L”形火炕为主，还有“U”形火炕。只是“L”形火炕的房址规模较小，而“U”形火炕的房址规模较大。增加扩方面积200平方米。参加的工作人员有李东、解峰、王新胜（吉林省文物考古研究所），辛晓光、于小辉，韩宇，赵永生、任小波（吉林大学硕士研究生）等。另外，我们还对西城1号门址（北门）进行了考古发掘，编号BM，此处发掘面积300平方米。由于特殊原因，当年没有清理完，后来在罗通山保护工程项目中将其清理完毕。

此外，我们还对西城点将台遗迹进行了发掘清理，编号DJT。发掘面积100平方米。点将台是一层石构建筑，建在一个东南、西北走向的岗梁东南端，旁边是岗梁豁口，系从西城门进入山城龙潭盆地的最便捷路径，这里可以与山城东北角楼以及西门和中央盆地相守望，位置极佳。

2009年初，国家文物局拨付罗通山城文物保护专项资金，拟对罗通山城西城2号门址（西门）、1号门址（北门）、东北角楼遗址进行保护性维修工程。自2010年起，对罗通山城遗址本体保护的维修工程开始，结合本体保护维修工程所做的配合性考古发掘与清理由吉林省文物考古研究所徐坤主持。

（5）2010年6～10月结合文物本体保护维修工程对西城1号门址、2号门址、东北角楼进行了配合性的发掘和清理。

2011年完成了对西城1号门址（北门）、2号门址（西门），及其两侧部分墙体的归安、修复工作；对东北角楼遗迹外侧墙体进行了部分归安；对1号门西侧的排水设施进行了保护性回填。

2012年开始根据《吉林省柳河县罗通山城遗址本体保护工程总体设计方案》（修订版）对罗通山城西城墙体进行保护性维修和环境整治。此期间发现了3号、4号、5号三处门址。

本报告将2010年以后罗通山城保护维修工程项目中的考古发掘成果一并整理，统一编写，为学界对罗通山城的考古情况做全面的了解和以后的细致研究提供翔实的科学技术资料。

第二章　考古调查与勘探

罗通山城的考古调查分两个部分：一是对城墙本体的调查，以城门和角楼作为主要标识，按逆时针的方向将城墙划分为不同的段落，详尽了解城墙的长度、宽度、保存状况、墙体石材的质地以及建筑方式与形式；二是对城内遗址的调查，以划分的自然区域为单位，利用城内的自然山梁所间隔出的几个山间盆地，分别划分了不同区域，对每个区域进行地面调查。

考古勘探方式是手工钻探。勘探范围仅在西城内。按照罗通山城西城内划分的自然区域有计划逐步进行，全程采取普探形式，全面了解西城内的遗存分布。在遗存的重点分布区或密集分布区，采用重点钻探的方式了解建筑基址的构造形制。

第一节　考古调查

考古调查获知，罗通山城由东、西两城组成，中间有共用城墙。东、西两城紧密相连接，呈左右分开状，中间共用一段城墙连为一体，整体犹如人体的两个肺叶又称“姐妹城”。该城规模巨大，东西两城周长共约7千米，其中，西城周长3504.172米，东城周长3354.5米，共用城墙长度477.1米（图三）。山城筑在罗通山中部海拔960米的主峰之上，城垣借助蜿蜒起伏的山脊，充分利用了自然山势危崖峭壁，“筑断为城”。

城墙砌筑所选石材均为就地取材，均系罗通山自产石灰岩，经人工修整成较规则的石条。大小石材交互为用，层层压缝咬合，构筑严谨，城墙面石表面齐整，浑然一体。

一、西城基本概况

（一）城墙现状调查

1. 城墙现状

西城城墙全长3504.172米。

城垣除了几条进城小道被当地居民人工破坏打通外，大部分保存较好，利用了山脊的险势，山脊高耸处城墙较矮，山脊低洼处城墙较高，1985年6月对罗通山城进行文物普查时，城墙最大垒石约18层，高4.5米。

图三　罗通山城遗迹分布示意图

西城保存较好的城墙分别是西门（2号门址）以南的近300米的城墙，以及北门（1号门址）向西100余米以及向东到东北角楼北部城墙。这部分城墙墙面现状较好，砌筑整齐，现存城墙普遍较高，最高约3米。西城人工砌筑的城垣部分保存尚好，墙体顶部稍有倾颓。除几条进城小路通过城墙打通缺口外，大部分城垣连贯如初。城墙沿线保存状态不一。保存状态较好的城墙占20%，保存状态一般的城墙占40%，保存状态较差的城墙占20%，保存状态差的城墙占20%。由于缺少参观通道，参观行人多在墙顶直接踩踏。从罗通山城的人工砌筑城墙现状可以看出是因地势而筑城，砌筑高度一般是外侧略高于内侧。城墙在外侧基部有土石夯筑护坡，高约1米。

依据现场考古调查发掘，城墙的建筑形制为石砌结构。面墙采用规整条石砌筑，面墙石条一般长50、宽35、厚25厘米，较大的长115、宽96、厚35厘米（图四）。城墙面石石材交互为用，层层压缝咬合，构筑严谨。内部充填不规整干插石。砌墙石材均为本地产石灰岩。依据所处的位置，其建筑形制又可细分为两种：单面面墙城墙（图五）和双面面墙城墙（图六）。

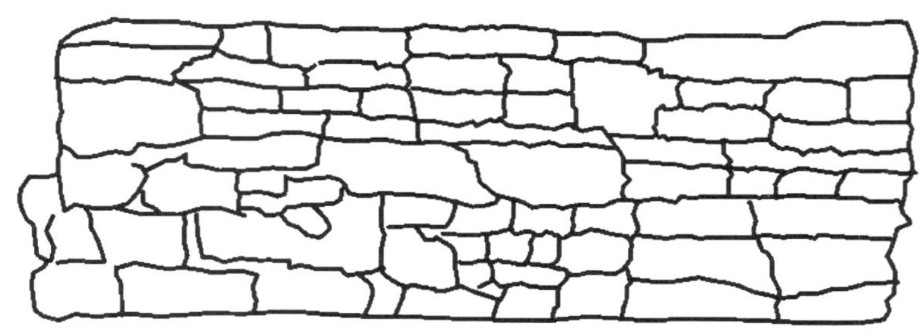

图四　典型城墙立面示意图

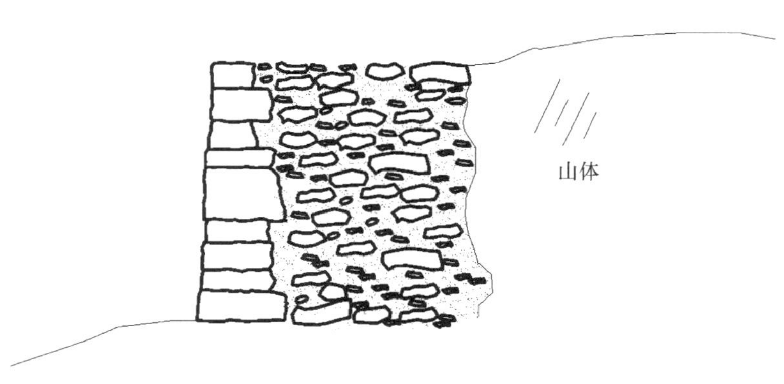

图五　单面面墙横断面示意图

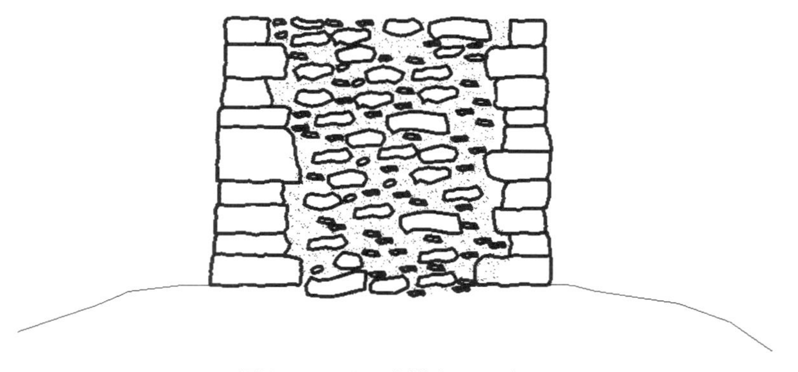

图六　双面面墙横断面示意图

2. 城墙分段调查

为便于西城城墙的调查，摸清城墙的情况，我们对城墙进行分段划分，引入里程桩号的概念，对城墙进行了桩号编制。以2号门址（西门）、1号门址（北门）两处城门为分界点，将西城城墙分为A线、B线两线。长线代表A线，短线代表B线（图七），其中A线（长线）从西门南侧开始，逆时针向东蜿蜒盘山而上，而后沿山脊向北延伸，在东北角楼处向西转向，终点为西城北门东侧，该线城墙全长2466.521米；B线（短线）城墙起点为1号门址西侧，逆时针向北偏东方向蜿蜒前进，在鹰嘴砬子处转向，而后向东终于西门北侧，该线城墙全长1037.651米。

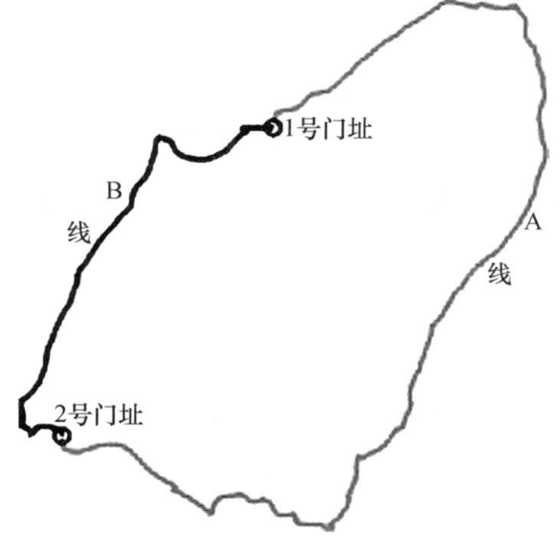

图七　西城城墙分段平面示意图

在西城城墙A、B线路划分的基础上，根据城墙所处地理位置、城墙保存的完整程度、破损程度，以桩号为基础又将西城城墙进行了细分，下面按照细分的区段对西城城墙的现状进行详细描述（图八）。

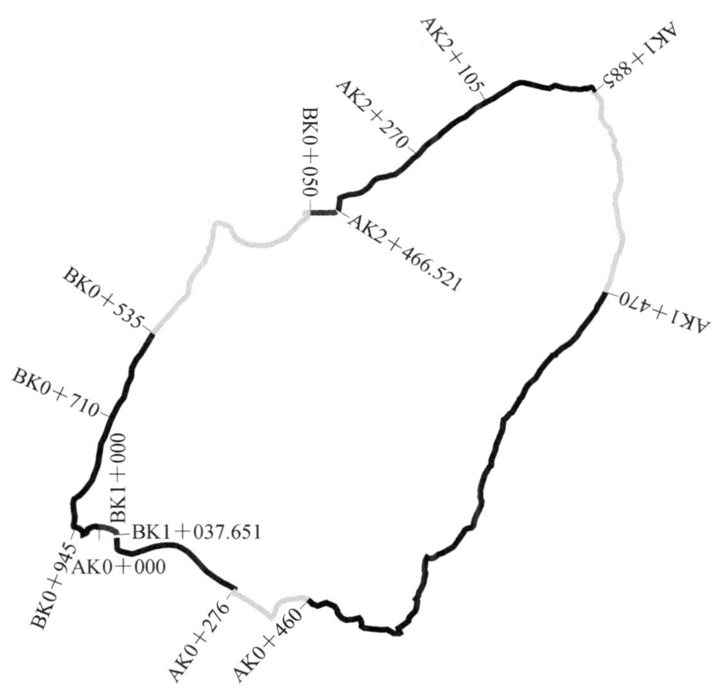

图八　西城城墙分段分布图

A线细分为7段，依次为

AK0+000～AK0+276段（276米），

AK0+276～AK0+460段（184米），

AK0+460～AK1+470段（1010米），

AK1+470～AK1+885段（415米），

AK1+885～AK2+105段（220米），

AK2+105～AK2+270段（165米），

AK2+270～AK2+466.521段（196.521米）；

B线细分为6段，依次为

BK0+000～BK0+050段（50米），

BK0+050～BK0+535段（485米），

BK0+535～BK0+710段（175米），

BK0+710～BK0+945段（235米），

BK0+945～BK1+000段（55米），

BK1+000～BK1+037.651段（37.651米），

A线和B线共计划分出13段，下面分别介绍。

A线1段（AK0+000～AK0+276）（图九；图版一三～图版一七）

城墙起点为西城西门南侧，向南、向东延伸，直至西城南城墙错缝处。形制为单面面墙城墙，长276米，顶部宽4～7.7米，城墙直立墙体高2～4.5米。该段城墙保存较为完好。

A线2段（AK0+276～AK0+460）（图一〇；图版一八～图版二〇）

该段城墙起点位于上一段城墙外侧（南侧），与上一段城墙不对接，与上一段城墙形成夹道式结构，墙体之间留有长25、宽8米的错位部分。向东延伸184米，至一较为陡峭的山崖顶部。城墙形制为单面面墙城墙，长184米，城墙多处坍塌，部分路段城墙整体坍塌，城墙直立高度为0.3～2.5米。在2011年的罗通山城保护项目工程的考古发掘中发现这里是一处门址，编号为5号门址（南门）。

A线3段（AK0+460～AK1+470）（图一一；图版二〇～图版三三）

本段城墙起点为A线2段末端，位于距离回马岭（一个景点）西南方向240米处的陡峭山崖，经回马岭，沿西城所在山脊向北偏东方向延伸，城墙全长1010米。本段城墙历史上主要是通过陡壁天险筑断为城，城墙沿山脊或绝壁前进，局部路段修筑较矮双面城墙，部分路段为了参观方便于1993年在城墙顶部铺设了用规则条石形成的石板路，改变了遗址原貌。

图九　A线1段（AK0+000～AK0+276）平面示意图

图一〇　A线2段（AK0+276～AK0+460）平面示意图

图一一　A线3段（AK0+460～AK1+470）平面示意图

A线4段（AK1+470～AK1+885）（图一二；图版三三～图版三八）

本段城墙起点为A线3段末端，沿山脊向北延伸，终点位于西城东北角楼南缘，城墙全长415米，宽1.5～2.6米，城墙高0.5～4.5米。本段城墙为东西城公用城墙段，有人工修筑城墙遗迹，城墙相对较高。城墙形制为双面面墙城墙。城墙顶部于1993年用规则条石铺设了石板路，本段城墙靠近东北角楼段城墙面石全部被拆除，系人为破坏。在2011年罗通山城本体保护工程项目的考古发掘中，发现距东北角楼125.7米处有一城门，编号4号门址（东门）。

A线5段（AK1+885～AK2+105）（图一三；图版三九～图版四三）本段城墙起点为罗通山城西城东北角楼西侧，沿山脊向西偏南方向延伸，城墙全长220米，宽1.5～3米，城墙高1～3米。城墙形制为双面面墙城墙。本段城墙较高，保存相对完整，城墙顶部于1993年用规则条石铺设了石板路。

A线6段（AK2+105～AK2+270）（图一四；图版四四、图版四五）

本段城墙起点为A线5段末端，沿山脊向西偏南方向延伸，城墙全长165，宽1.5～2米，城墙高0.3～1米。城墙形制为双面面墙城墙。本段现存城墙较矮，大部分城墙整体坍塌，墙址周围墙石散落面积较大，城墙顶部于1993年用规则条石铺设了石板路。

图一二 A线4段（AK1+470～AK1+885）平面示意图

图一三 A线5段（AK1+885～AK2+105）平面示意图

图一四 A线6段（AK2+105～AK2+270）平面示意图

A线7段（AK2+270～AK2+466.521）（图一五；图版四六～图版四八）

本段城墙起点为A线6段末端，沿山脊向西偏南方向延伸，终点为西城北门东侧门缘，城墙全长196.52米，宽1.5～3米，城墙高1～3米。城墙形制为双面面墙城墙。本段城墙较高，保存较为完整，局部路段墙址周围有散落的墙石，城墙顶部于1993年用条石铺设了石板路。

B线1段（BK0+000～BK0+050）（图一六；图版四九）

本段城墙起点为北门西侧，顺山势而上，向西延伸50米，城墙形制为单面面墙城墙。城墙全长135米，宽1～1.6米，城墙高2～4米，本段城墙保存较好。

B线2段（BK0+050～BK0+535）（图一七；图版五〇～图版五五）

本段城墙起点为B线1段末端“S”形城墙处，沿山脊向西延伸，经西城遗址西北角楼后转为向南延伸，终点距离西北角楼约240米，城墙全长485米，宽2～2.5米，城墙高0.4～2米。城墙形制主要为双面面墙城墙，局部路段为单面面墙城墙。本段城墙保存相对较好，少量路段存在局部坍塌破坏。在2011年罗通山城本体保护工程项目的考古发掘中，发现这是一处门址，编号3号门址（西北门）。

图一五　A线7段（AK2+270～AK2+466.521）平面示意图

图一六　B线1段（BK0+000～BK0+050）平面示意图

图一七　B线2段（BK0+050～BK0+535）平面示意图

B线3段（BK0+535～BK0+710）（图一八；图版五六～图版五八）

本段城墙起点为B线2段末端，沿罗通山城西侧山坡向南偏西方向延伸，城墙全长175米，宽1.5～2.5米，城墙高0～0.5米，城墙形制为双面面墙。本段城墙破损较为严重，从城墙顶部几乎不能分辨城墙遗址，仅城墙侧面残留少量墙石，城墙墙址周围无明显的散落墙石，本段城墙BK0+541处有一处人为破坏的豁口，豁口宽3米，此处城墙全部塌落，本豁口系当地居民为进城方便而人为破坏导致，此豁口西北方为一条上山小道，现仍有当地居民由此进城。除了BK0+541处有较大豁口外，本段城墙还有几处小型豁口，此类豁口一般宽1～2米。

B线4段（BK0+710～BK0+945）（图一九；图版五八～图版六二）

本段城墙起点为B线3段末端，沿罗通山城西侧山坡向南偏西方向延伸，终点为西城最陡的山峰“鹰嘴砬子”，城墙全长235米，宽2～3米，城墙高度为0.5～2米。城墙形制为双面面墙城墙。此段城墙保存相对较好，从城墙顶部可辨别城墙墙址，城墙侧面墙石保存较好，存在局部坍塌破坏。

B线5段（BK0+945～BK1+000）（图二〇；图版六二）

本段为西城最陡山峰“鹰嘴砬子”，全长55米，无人工城墙痕迹，充分利用了天险，是“筑断为城”的典型墙段。

B线6段（BK1+000～BK1+037.651）（图二一；图版六三，1）

本段城墙起点为“鹰嘴砬子”，沿山脊向东偏南方向延伸，终点为西城西门北缘，城墙全长37.65米，宽2.2～3米，城墙高2.1～2.5米，城墙形制为单面面墙城墙。此段城墙保存较为完整。

图一八　B线3段（BK0+535～BK0+710）平面示意图

图一九　B线4段（BK0+710～BK0+945）平面示意图

图二〇　B线5段（BK0+945～BK1+000）平面示意图

3. 城墙破坏情况分析

图二一　B线6段（BK1+000～BK1+037.651）平面示意图

调查获知，西城城墙在门址附近墙体的高度较高，且外墙几近垂直，这些位置的墙体稳定性较为突出。除此之外，其余多数段落的城墙有不同程度的破损现象。

整体坍塌是西城西墙、部分北墙以及南墙南段主要的破坏形式之一（图二二），主要特点是：现存城墙形制几乎不可见，城墙整体较矮，仅剩城墙墙址处少量块石，城墙位置及走向依稀可见。导致整体破坏的原因有四条：

（1）从此类城墙所处位置分析，城墙位于山坡中间或峭壁边缘，墙内雨水汇集之后，无明显通道排出，因而对城墙造成了长期的漫流冲刷，长期的水流冲刷对城墙墙体基础有一定的掏蚀作用，会造成城墙块石之间松动乃至松散，从量变到质变从而引发城墙的整体坍塌。

（2）墙内较大直径树木的根系的生长发育使墙体整体外鼓变形，出现整体坍塌。

（3）部分单面墙形制的城墙内侧为山坡坡积土，形成“挡土墙”的结构形式，在雨水的渗流作用下，墙内山体土黏聚力、摩擦角降低，对城墙产生较大的主动土压力，当城墙本身抗力小于主动土压力时，城墙外倾失稳坍塌。

（4）古代战争因素也是城墙整体坍塌的因素之一。

局部塌落也是西城城墙常见的破坏形式之一（图二三），主要特点是：局部塌落处前后城墙保存较好，仅有1～5米城墙塌落，墙外有少量塌落的石材散落于塌落的豁口下方，塌落程度也不尽相同，有的局部塌落段城墙基础保存完好，基础形制依稀可辨，有的塌落较为彻底，豁口处仅剩少量小粒径块石。

图二二　城墙整体坍塌示意图

图二三　城墙局部坍塌示意图

造成局部塌落的原因主要有以下三种：

（1）植物的破坏作用，树木直接生长于城墙上方或紧靠城墙内缘生长，随着树木根系的生长发育，附近的城墙块石被挤离原来位置，造成了块石的部分脱空，随着这一现象的加剧，当块石之间的咬合摩擦阻力不足以支撑块石保持现有状态，则块石脱落，城墙局部失稳塌落，从而形成了豁口。

（2）部分单面墙形制的城墙内侧为山坡坡积土，形成“挡土墙”的结构形式，在雨水的渗流作用下，墙内山体土黏聚力、摩擦角降低，对城墙产生较大的主动土压力，当城墙本身抗力小于主动土压力时，城墙外倾失稳坍塌。

（3）人为破坏也是局部塌落的原因之一，老百姓为通行道路，人为对城墙进行了拆落。

鼓出变形是指城墙或者局部的块石偏离了城墙原来的位置，向墙外鼓出，墙面块石之间接缝隙变大，鼓出变形可能引起城墙的整体坍塌或者局部塌落（图二四）。

引起鼓出变形的因素主要有两种：

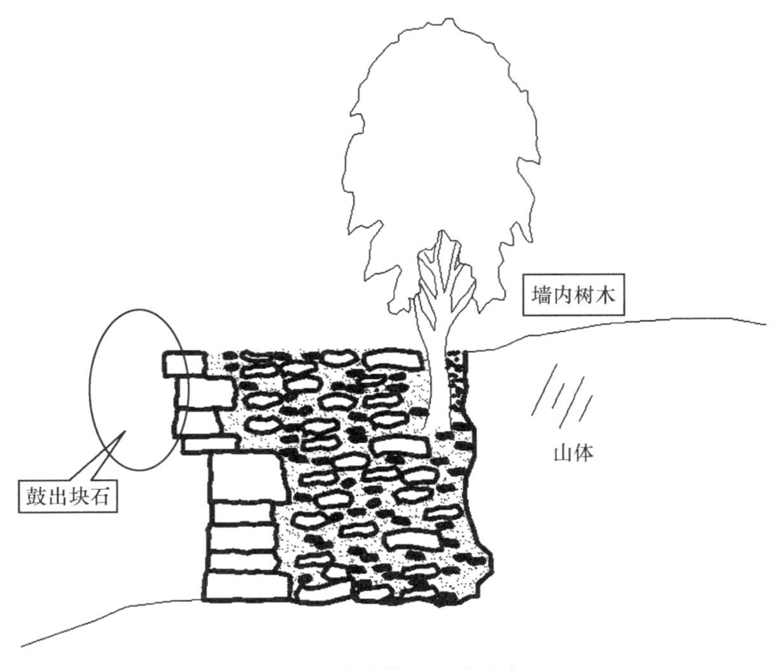

图二四　城墙鼓出变形示意图

（1）城墙墙体内部石料及背后土体在雨水渗流等作用下，黏聚力、摩擦角降低，对城墙产生较大的主动土压力，在主动土压力作用大于墙体抗力的条件下，城墙墙体出现外鼓变形；

（2）植物根系生长发育。

墙体外倾变形，即墙体呈现自顶而下的外倾变形，伴有墙面石错位鼓出的现象。

原因有两种：①墙后土的压力大于结构本体抗力；②墙顶或墙后树木根系的发育。

墙面脱落破坏指城墙保存较为完好，但墙面缺失，现状仅存留墙内结构，干插石外露。墙面脱落破坏发生路段较少，一处位于西城东北角楼南侧，长20余米；一处位于西北角楼北侧，长约20米，系人为破坏。据当地文物主管部门工作人员介绍，1993年修筑东北角楼位置的瞭望台时，将东北角楼城墙墙面较规整块石拆除，作为修筑瞭望台的建筑材料（图二五）。

块石断裂是城墙破坏的典型形式之一，块石断裂一般出现在城墙底部靠近基础的位置，也有少量出现在城墙上部。其一般为块石的横向断裂，即块石出现竖向裂缝，沿着竖向裂缝断裂成几块。造成块石断裂的原因主要有两方面：①弯拉应力超限，城墙在重力作用下，城墙内部存在较大的压应力，当某块块石下侧或者上侧中部与相邻的块石连接不紧密，出现脱空现象时，则该块石变成近似简支结构，跨中出现较大弯矩，对应的下侧弯拉应力或上侧出现压应力，当弯拉应力超出石材本身的强度，块石开裂；②石材本身原因，石材本身存在裂隙等初始缺陷，在重力产生的压力作用下，块石沿初始缺陷开裂（图二六）。

墙体纵横向裂缝，有三种情况：一种情况见于整体坍塌、局部坍塌、外鼓、外倾变形破坏的临近区域，主要受到坍塌、变形的影响，相邻区域墙体出现纵横向明显裂缝；另一种情况见于地基基础变换处，地基不均匀沉降导致墙体纵向裂缝产生；第三种情况见于墙内植物根系的发育，导致城墙出现裂缝。

青苔破坏是指在城墙墙面石材上，部分长有青苔，破坏了原始石材颜色，青苔一般出现在单面面墙墙面上，此类城墙位于背阴处，墙面渗流情况较重，伴随着青苔生长，墙面块石有断裂、外鼓变形等破坏形式。墙面渗流、长期背阴得不到阳光照射是青苔破坏出现的主要原因。

但是从另一个方面来看，青苔也是城墙遗址历史风貌的一个组成部分，尽显古城的沧桑。

风化、老化、剥落、强度降低是罗通山城城墙石材的通病，普遍出现在罗通山城各处。罗通山城城墙，一年四季暴露在自然环境中，长期受到阳光照射、雨雪渗流、干湿交替、冻融循环等物理作用的共同作用，不可避免地出现不同程度的风化剥落、强度降低现象。

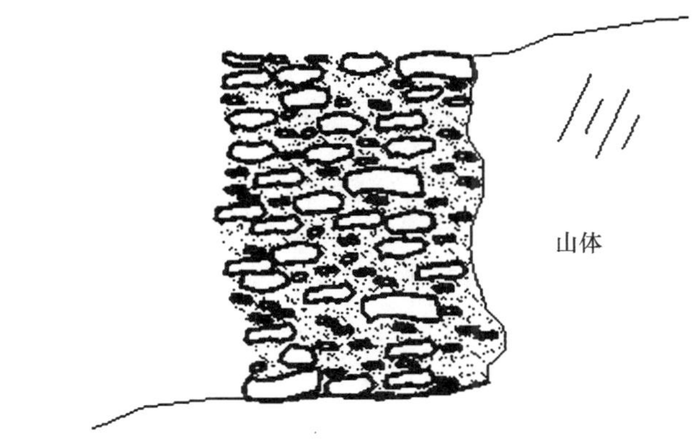

图二五　城墙墙面脱落缺失示意图

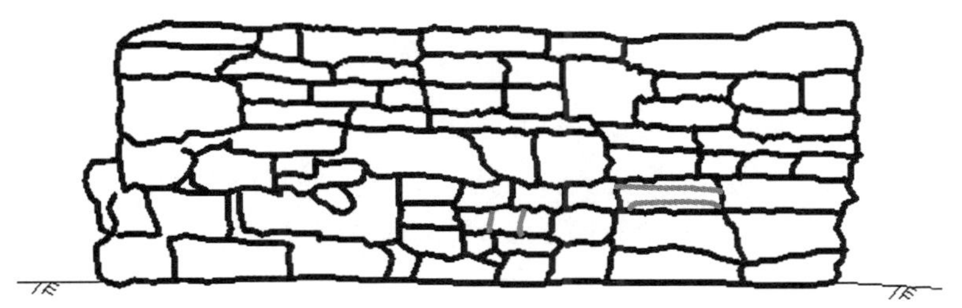

图二六　城墙块石断裂示意图

墙体渗流是指墙体主体上均处于无组织自由排水状态。墙体本身为大空隙散体结构，雨水下渗，沿外墙空隙渗出流走，墙体中下部有明显的冲刷渗流痕迹。

调查发现，整个罗通山城墙体没有参观通道，多段墙体顶部直接作为行人的行走路线，行人直接踩踏造成了一定程度的墙顶石材的散落。

（二）城内遗迹调查

西城内发现的遗址有点将台、古采石场、古井及泉眼、蓄水池（龙潭）、Ⅰ号区域居住址、Ⅳ号区域居住址等。

点将台位于“刀尖砬子”东北的山脊上，距南门325米，是一个半径为5.9米的略成圆形的台基（图版八一），石料砌筑，现存部分完整性较好，内部形制清晰。

采石场位于点将台以北120米（图版八〇），北偏西7°的位置处，所在位置海拔约为838米，距离“龙潭”蓄水池直线距离260米，距离西门直线距离300米。其平面形状呈不规则的多边体形状，平面面积约1890平方米，揭露面积约为113米×52米。采石场所处位置整体地势较高。就其局部而言，采石场东北侧地势最高，该位置自然地面和采石场顶部相平甚至略高，其余三面地势较低，采石场侧壁结构能较为完整地展露出来。采石场顶部树木较多，中部台阶上也长有树木，采石场三面地势较低处长有杂草。古采石场为一个较为明显的岩石出露点，有石材开采的痕迹，遗址保存完整，自然风化，采石场石材为石灰岩，和城墙筑石材质相同。采石场侧壁为错落凹凸状，符合石料开采后形成的结构壁的形状特征。

西城内有古井两处，一处位于西城南部盆地西北角，称南泉眼或古井（图版六，2），处于西城腹地平洼地带。南泉眼水流旺盛，井深4～5米，至今井内仍然有水。1993年开发时为其加设混凝土井台，井台由混凝土打造，方形，边长2.5米×2.5米，井口呈边长30厘米的正六边形，上有铁质井盖加锁。所在位置海拔为802米。在丰水期，有泉水溢出向东约50米流入龙潭。1993年的“保护”打破了泉眼原有的风貌，改变了原有的形制，造成了明显的视觉认知上的“错误感”，属于典型的不恰当维护，南泉眼现在仍是山城内提供生活用水的重要水源。另一处位于西城北部盆地，称北泉眼（图版七，1），石砌泉眼，中有细流流出，现石材堆砌坍塌，雨季漫流，泉眼污染，泉水向北门方向流100多米，在北门附近消失。

蓄水池位于西城南部盆地南侧（图版五，2），在2号门址（西门）东450米处，所在位置海拔约为798米，是西城内地势最低处。平面形状大致呈圆形，半径25米，水面面积近2000平方米，其水面标高一年中涨幅不大，基本保持在1米以内，说明其水资源的补给和蒸发、渗流相对平衡。四周地势相对开阔，池岸为自然土制边坡。其北侧、东侧地势较为开阔，自池岸向外呈缓坡状场地。西侧和南侧距离山坡坡脚较近，但其间仍有30米左右的缓坡空地。沿池岸周围长有树木。1993年开发时被取名“龙潭”，并立有“龙潭”石碑（图版六，1）。考古调查认定蓄水池为当时罗通山城居民的日常生活用水来源之一，早年池水深数米，一度干涸，1993年开发后恢复蓄水。

Ⅰ号区域居住址位于西城南部盆地北部，是西城内一块较大盆地，西南通过点将台可以到达2

号门址（西门），在居住址南面有“龙潭”，西坡台地有南泉眼，地理位置优越，适合居住。

Ⅳ号区域居住址位于1号门址（北门）内的盆地，盆地有一条通向1号门址（北门）的小路，这条道路把盆地分割成东、西两块较大台地，居住址位于西侧的台地上，台地东靠近小路附近有一处泉眼，是北泉眼。

西城的四个角均在峰顶，西北角和东北角有角楼台基的遗址，为土石堆筑，1985年文物普查时，两个角楼高出山峰地表3米左右，西北角楼凸出城外，台基长13.8、宽11.6米。东北角楼长16、宽12米。1993年地方开发时，对东北角楼进行了私自修筑，建成仿瞭望台式建筑，取名烽火台（图版七，2），后被勒令整改，但仍未拆除了现代建筑烽火台。2008年罗通山城考古发掘期间，该建筑在一场暴雨中坍塌。东南与西南两角临险峻断崖，易守难攻。东南角之峰俗称“刀尖砬子”，三面绝壁，与下面山坡相对高度在30～40米之间，可以俯视山下的情况。西南角山峰俗称“鹰嘴砬子”，山势险恶，为往来行走方便，平缓处铺设有狭窄的石板道。

1993年5月柳河县对罗通山进行开发，由于缺少必要保护指导，罗通山城文物遭受了较为严重的“不恰当维护”。修筑了通往山城公路13千米，西城内筑路1千米，在西城内修建庙宇一座，清理了蓄水池，并在西城最高点东北角楼台基遗址上修建瞭望台一座，原城垣分段落进行了基部清淤和墙顶砌筑，维修了西城1号门址（北门）和2号门址（西门），对部分城墙（西门以东270 米、北门以西500米、北门至东北角楼）进行了修整、加高，改变了城墙原有形制，致使罗通山城重要文物遗迹遭到较大的人为干预，影响了罗通山城文物本体的原始风貌。

二、东城基本概况

东城平面呈南北狭长的不规则椭圆形，周长约3.5千米，由于形制不规则，城垣四角不明显。

（一）城墙现状调查

罗通山城东城构筑较为简单，城垣多以自然山脊为壁，只在低凹处垒砌矮墙，形制极不规则。相比西城，东城城墙缺乏雄浑磅礴的气势，石材选用及构筑显得粗糙简陋。现仅残存几段城墙，其余城墙部分均是以山脊为主，据险为城。东城北侧两城连接处，可以清楚地看到东城墙抵在西城墙上，中间并无咬缝连砌。从城墙建造方式上看，西城设计精密，结构严谨，用材考究合理，人工建造的城墙长，而东城则显仓促草率，用材更加随意，坚固及耐久性明显不如西城。

前期文物普查及现场踏勘，发现东城现存人工砌筑城墙较短，主要凭借自然山脊“筑断为城”，现存人工砌筑城墙仅出现在东城南部和东、西两城的共用城墙，南部城墙局部有坍塌、植被破坏，长度仅8米。城墙最高处可达2米，宽约4米（图版一二）。

（二）城内遗迹调查

经过初步考古调查，城内有台地5处，台地大小不一，长40～115米，宽25～75米。现存台地地势平坦，植被茂盛，已被当地老百姓开垦为耕地（图版一〇，2）。只在地表发现较少陶片，陶片过于碎小，器形无法辨识，推测这几块较大的台地可能是当时的建筑基址所在。

东城内有现代人工养殖蛤蟆池塘一处（图版一〇，1），位于东城中央盆地。原为自然低洼地势，与泉眼相邻，由于地势低洼，形成一个蓄水池。1994年，罗通山管理局用推土机对其进行清推，推出一个面积约2900平方米的大水塘，现承包给当地居民养殖蛤蟆。

蛤蟆塘分为两块水域，平面形状大致呈长方形，水面面积近2900平方米，塘岸海拔约为824.5米。蛤蟆塘的水源补给主要依靠东城中央盆地的泉眼，在雨季之际，雨水也是一个重要的补给来源。塘面四周地势相对开阔，塘岸为自然边坡。

蛤蟆塘东北侧紧邻台地，地势较为开阔。西侧和南侧距离山坡坡脚较近，岸边周围长有树木。

东城有泉眼一个，位于东城中央盆地的东南坡脚处，紧邻中央台地，地势相对平坦，周围植被茂盛，杂草丛生。泉水从山上渗流而下，从山石缝隙中穿越而出，在坡脚较平坦处冲蚀形成泉眼。从整体上看，此处泉眼为圆坑状，眼口材质为本地基岩，口径2～3米，泉水漫流（图版一一）。

东城未见有角楼遗迹。

《吉林省志·文物卷》记载：东城门址三处，南城墙有二，北城墙有一。北门位于北墙东部，门宽7米，半圆形瓮门全长41、半径约20米。门两侧是10米多高的石砬子，顶上砌筑7米宽、2米高的石墙，地势险要。现已倾颓，不复旧貌。南门两处，一东一西，间距300米，均为石砬陡壁的自然豁口（图版九），东南门宽22米，两侧陡壁13米高。西南门宽18米，两侧陡壁高10米，两门外均有崎岖小路通往山下。

本次调查，在记载门址的位置仅看到的是自然通道，并没有发现人工砌筑的城门。

第二节　考古勘探

罗通山城的勘探范围仅在西城内，东城内没有进行勘探。勘探采用的是洛阳铲手工钻探方式。

西城内有六个山间盆地或坡地，分别由数条山梁分隔开来，为了区分钻探范围和发掘范围，我们将这几个山间勘探范围分别划分成六个自然区域（图二七）。

（1）Ⅰ号区域

位于西城的东南部，是罗通山城内最大的一块盆地。盆地近底部的西侧是南泉眼，东侧是名曰“龙潭”的蓄水池，泉水是蓄水池的水源。由于20世纪90年代初期的开发，现北泉眼已开辟为水井，水潭被整治为一处观赏景点，并立有“龙潭”石碑一块。

图二七 西城勘探区域分布示意图

该盆地四周高，中间低，呈斜坡地貌，因1993年罗通山城环境整治开发，大部分地层遭到破坏（图三〇）。地层堆积分4层：

第1层：表土层，厚0.2～0.3米。土质松软，土色黑。

第2层：文化层，厚0.3～0.5米。土质较硬，颜色浅黄。

第3层：自然沉积层，表土0.5～0.8米以下，土质硬，灰黄色且杂有锈斑，距表土3.3米处有一层淤土层，厚0.15米。

第4层：距地表3.6 米处为山石层。

在盆地北侧偏东的坡地上，发现有二处遗迹，相距20米，东西并向排列。

因为遗迹位于北高南低的坡地上，所以，发现时的西侧遗迹位于地表下0.6（南）～1.4（北）米深处，石质结构，呈"U"形，南北长7.5～7.7米，东侧石宽1.7米，西侧石宽1.8米，土质松软，土色花杂，为回填土。石面间隔1.3（南）～1.6（北）米。在距地表0.6米处的两条石面南端皆有红色烧土。石块外侧是生土。

东侧遗迹和西侧遗迹相似，并向，二者相距20米。遗迹发现时位于地表下0.2（南）～1.3（北）米处，石质结构，呈"U"形，东西宽4.8米，南北长7.5米。东侧石长7.7米，宽1.9米，西侧石长7.5米，宽2米，北侧石宽1.5米。东侧石南端距地表0.5米处发现有红烧土的痕迹。石块外侧均为生土。

（2）Ⅱ号区域

位于Ⅰ号区域的西面，中间隔有一道山梁，俗称的点将台遗迹即位于这个山梁的中段。该区域地势呈斜坡地形，东高西低（图二八）。

地层堆积分3层：

第1层：表土层。地表下0.2～0.4米。土质松散，土色黑，含有大量风化石粒以及植物的根茎等。

第2层：自然淤积层，地表下0.2～0.8米。土质较硬，颜色浅黄，杂有氧化铁锈斑。

第3层：岩石层，表土0.7～0.9米以下。

（3）Ⅲ号区域

位于Ⅰ号区域的西北方向，由一道山梁相隔开，地势呈盆地状，四周山梁北、西高，东、南较低。发现有一条冲沟和一个灰坑。钻探区域东西97米，南北94米。冲沟位于盆地中部，东

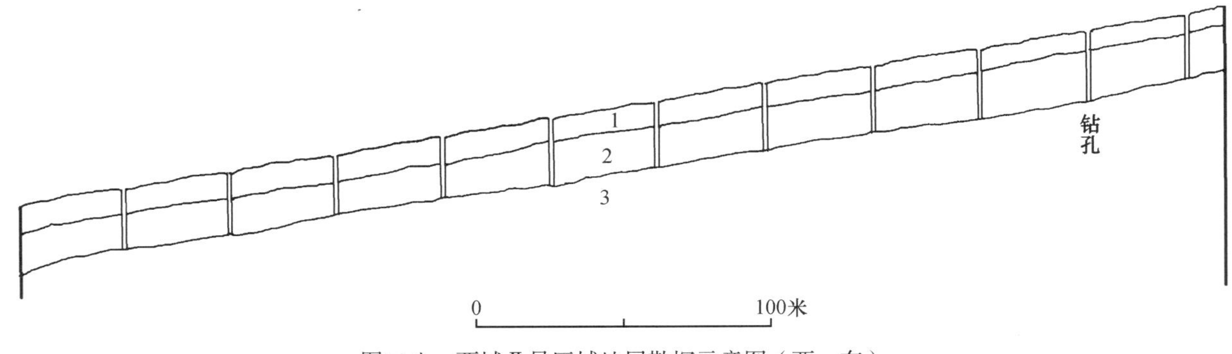

图二八　西城Ⅱ号区域地层勘探示意图（西—东）

1. 表土层　2. 自然淤积层　3. 岩石层

西向，长96米，宽35米，深1.3～2米，内含有大量淤土，厚0.5～1.4米。灰坑位于冲沟的西南端，不规则形状，东西长2.8、南北4、深1.1米。距地表0.6～0.8米处四壁以及坑的底部可见到山石。坑内为花土，花土上有淤土层，厚0.15米（图二九）。

地层堆积分4层：

第1层：表土层，地表下0.3～0.4米。土质松散，土色黑，含有少量风化石粒以及陶片等。

第2层：自然淤积层，厚0.2～0.3米。土质较硬，颜色浅黄，杂有风化石和氧化铁锈斑。

第3层：淤积层，厚0～0.08米，颜色青灰色，较纯净。

第4层：岩石层，表土0.6～0.8米以下。

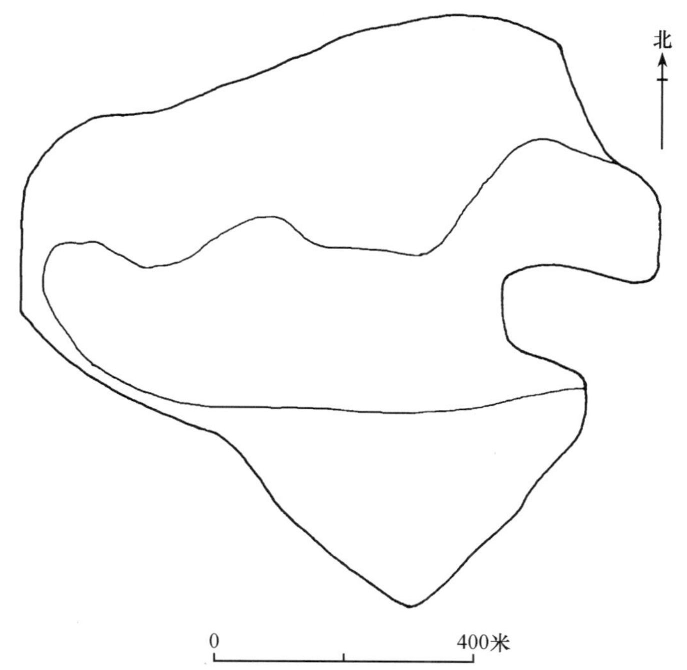

图二九　西城Ⅲ号区域勘探范围示意图

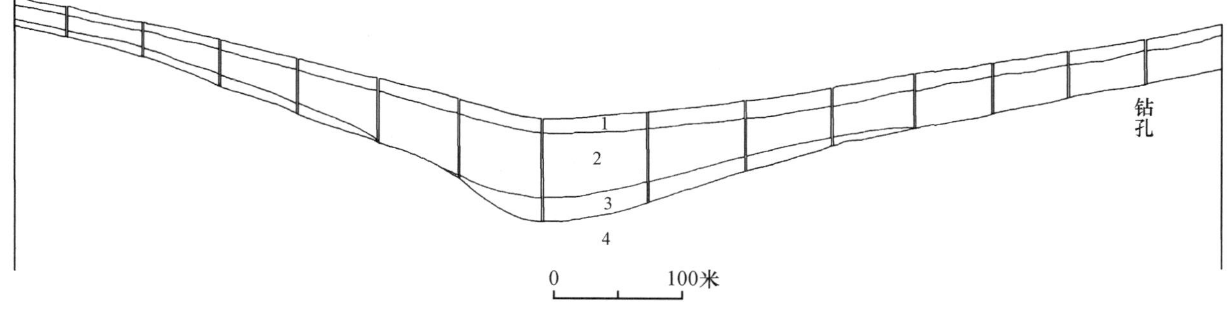

图三〇　西城Ⅲ号区域地层勘探示意图（西—东）

1. 表土层　2. 自然淤积层　3. 淤积层　4. 岩石层

（4）Ⅳ号区域

位于西城北门的内侧，长条状，由东南向西北方向顺成沟谷，谷底现有一条小路通向北门（图三一）。路的两侧为略平缓的坡地，面积较大，现已辟为耕地。勘探发现9处遗迹现象（图三二）。

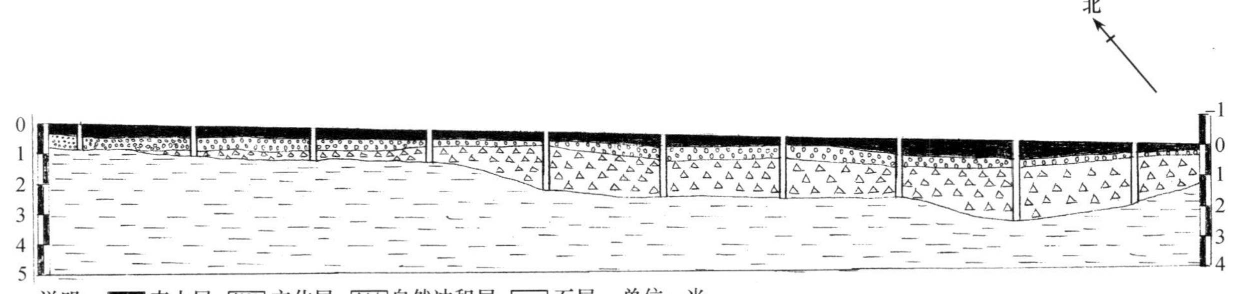

图三一　西城Ⅳ号区域南部地层钻探剖面示意图

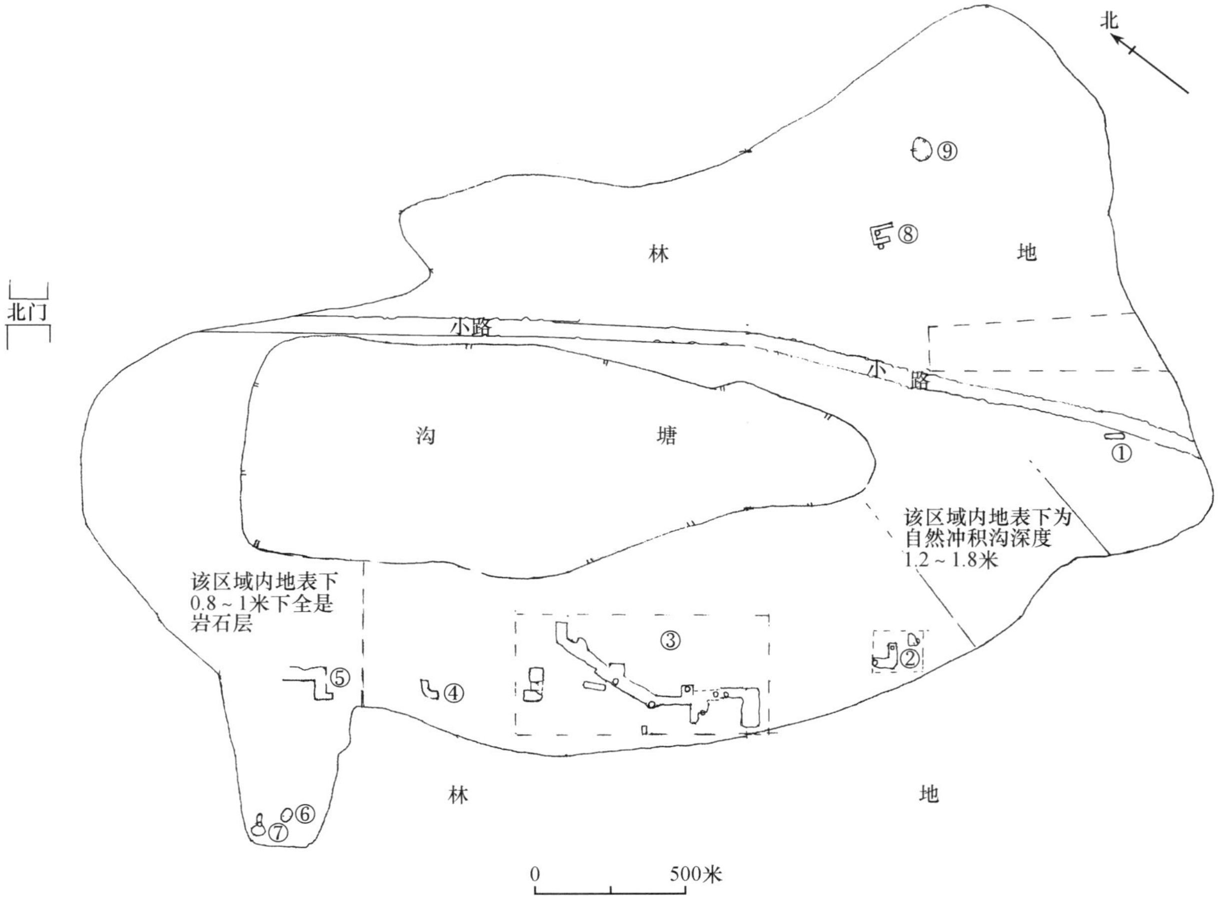

北
北门
小路
小路
林
地
沟
塘
该区域内地表下为自然冲积沟深度1.2～1.8米
该区域内地表下0.8～1米下全是岩石层
林
地
0　500米

图三二　西城Ⅳ号区域勘探范围示意图

①石质结构　②红烧土和石质结构　③房址区域　④曲尺形石块分布　⑤石块分布　⑥木炭及炭灰分布　⑦草木灰、红烧土等分布　⑧房址　⑨圆形朽木分布范围

遗迹1：

位于钻探区域的东南端，小路的西侧。地表下0.6～0.8米有石质结构遗存，呈长方形，东西长3.1、南北宽0.6米。遗存外0.8～1米是第2层土。

遗迹2：

发现于地表下0.1～0.3米处，不规则，东西长约7米，南北长约5米，石质结构。另外，在其附近，距离地表0.3～0.6米深处，发现有三处红烧土的遗迹，红烧土厚0.1～0.15米，直径0.7米，内含有大量的草木灰。

在遗迹1和遗迹2中间有一道1.2～1.8米宽的冲沟。

遗迹3：

在西坡的中部，地表下0.2～0.4米发现至少有三处房址，在距地表0.3～0.4米处，发现六处红烧土遗迹，直径0.8米。周围有大量的草木灰。

遗迹4：

在遗迹3北侧15米处，地表下0.2～0.3米有石块排列的遗迹，呈长曲尺形。石块长3.8米，宽0.7～1.7米。石块上部土质松软，石块外部地表下0.5～0.7米为第3层土。

遗迹5：

位于遗迹4西北约18米处，地表下0.2～0.3米处发现遗迹，是石块铺砌，平面呈“S”形，东西长约7米，南北约5米。石上的土质松散，外围土质在地表下0.8～1米为岩石层。

遗迹6：

位于遗迹5的南部约25米处，平面呈椭圆形，直径约2.5米，深0.9米，在地表下0.5米深处发现大量的木炭以及炭灰。

遗迹7：

位于遗迹6西部约5米处，平面呈“甲”字形。东西长2.2米，南北长4.5米，深1米。地表下0.5米见有大量草木灰、木炭、红烧土，以及地表下0.6米处见少量板灰。遗迹外部，表土下0.3～0.6米是岩石层。

遗迹8：

一座房址。平面呈曲尺形，位于地表下0.4～0.5米处，东西长3.6米，南北长2.8米，遗迹内发现两处红烧土痕迹，位于地表土下0.3米，呈圆形，直径0.7米。遗迹外围地表土下1米见岩石层。

遗迹9：

平面呈圆形，东西径长3.5米，南北径长4米，深12米，内有朽木痕迹，遗迹外围土至地表下0.5米处是自然沉积层。

（5）V号区域

位于西北角楼东南100米处，地势较为平缓，发现两处遗迹（图三三）。

遗迹1：

发现于地表土下0.2米处，长圆形坑，东西径长1.7米，南北径长3.3米，深1.3米，坑内土含少量炭灰和红烧土颗粒，土质花杂松散。

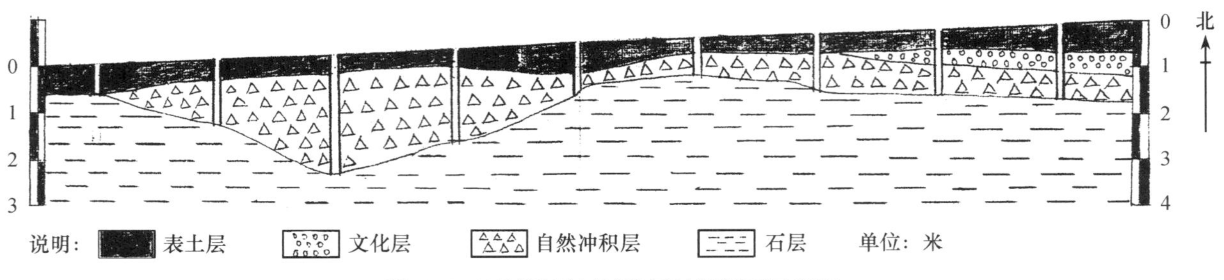

图三三　西城Ⅴ号区域地层钻探剖面示意图

遗迹2：

发现于地表土下0.1～0.3米处，有石块堆积，平面不规则，位于遗迹1北侧，相距6米。内有圆形红烧土遗迹，直径0.6米。

（6）Ⅵ号区域

位于Ⅰ号区域和Ⅳ号区域之间，是一处比较封闭的盆地，四周较为陡，盆地中部低洼，钻探中发现地层多为腐殖土和自然沉积淤泥土质，土质较纯净，没有发现遗迹和遗物。

通过考古勘探可以了解到，罗通山城西城的遗迹多集中在Ⅰ、Ⅳ号区域。

第三章 考古发掘

第一节 遗迹及其出土遗物

此次罗通山城考古发掘仅在西城，共12个地点，发现的遗迹有5处门址，2处角楼，1处点将台，18个房址，4条灰沟（图三四）。

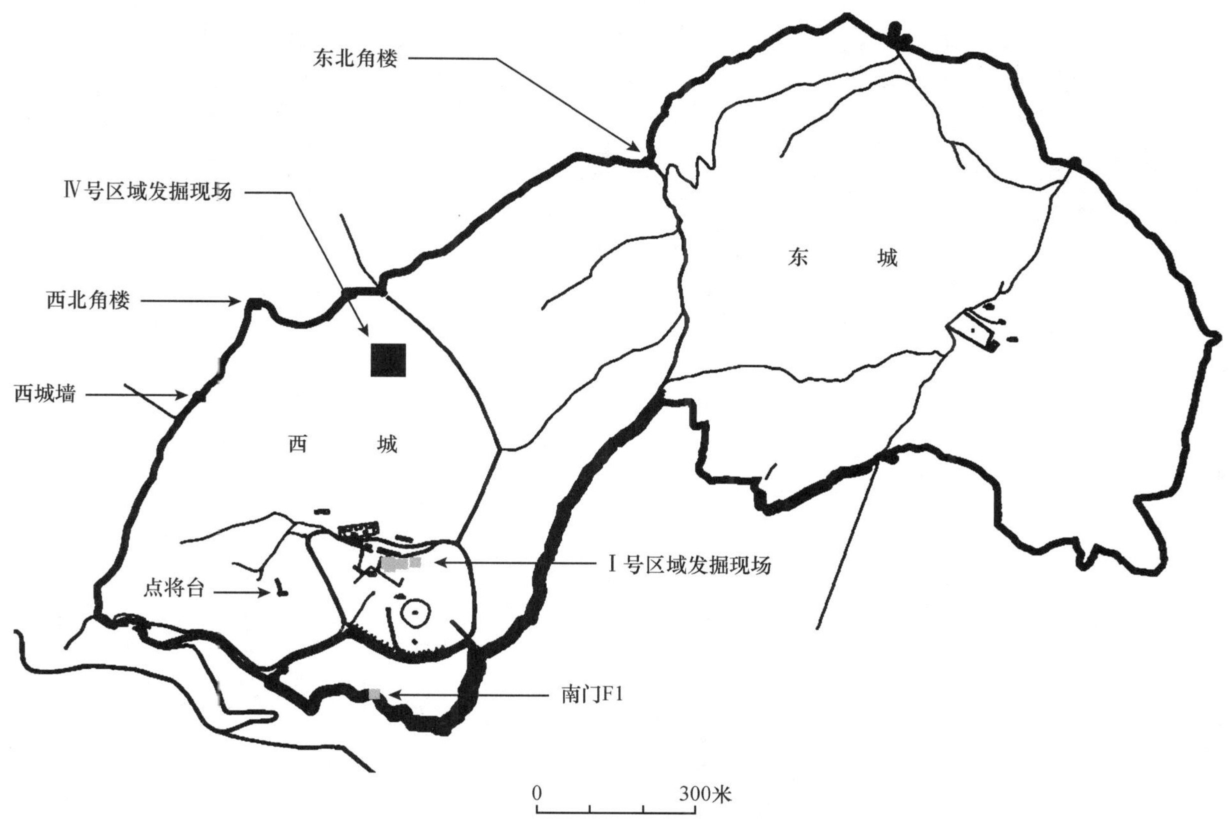

图三四　西城的发掘地点分布示意图（门址除外）

一、门　　址

罗通山城共发掘城门址5处。其中1号门址（北门）和2号门址（西门）是现有的正常出入山城的通道，3号门址（西北门）、4号门址（南门）、5号门址（东门）由于城墙倒塌等原因被湮没于地下不为人知，在2010年罗通山城本体保护项目工程中发现并进行清理发掘，才得以重新示人（图三五）。

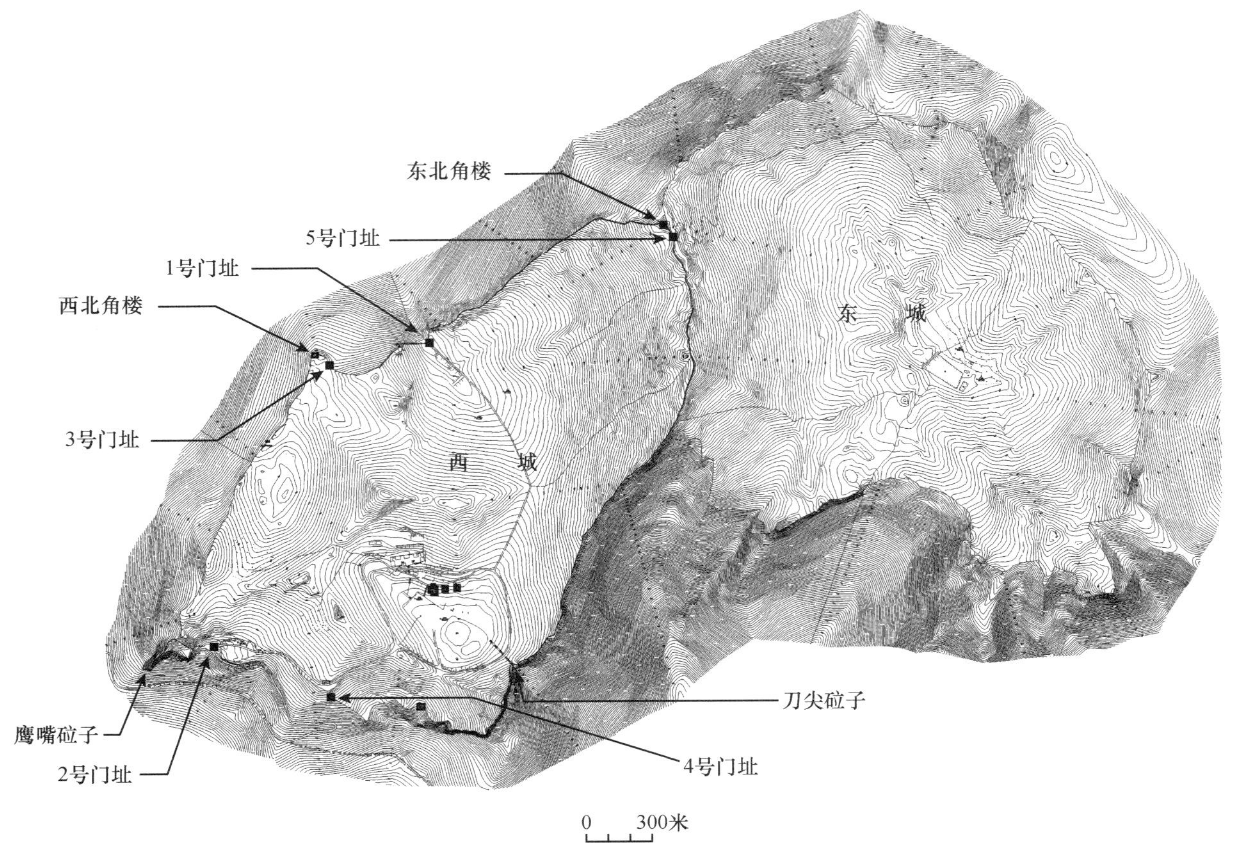

图三五　西城门址和角楼、鹰嘴砬子、刀尖砬子分布示意图

（一）1号门址（北门）

1号门址（北门）位于罗通山城西城北部，北墙西部，城门中轴线方向为北偏西27°（图三四）。

1号门址（北门）建在一块较小的台地边缘，下临陡坡。城垣自两侧向其会合，西侧城墙外大弧曲收作半径约20米的内弧，形成半瓮门的形制。为地形所限，城门位于内弧一端较低处，斜向山谷，两侧城垛坍塌过甚。发掘前，1993年旅游开发时曾重新修整垒砌，故不是原貌。门垛两壁中部偏下各有一个高40、宽20、内深40厘米的壁龛。位于北门西侧墙下发现一个排水涵洞。

城门整体为石砌结构，城门内山坡覆土面积较大，坡度较缓，周围树木植被茂盛；城门外侧为山体陡坡，覆土厚度小，岩层基本外露，有一条由雨水冲刷出的可供人行的小道通往山下（图版六三，2；图版六四，1）。

1号门址（北门）发掘分两个阶段：

第一阶段是2009年，清理了城门的门道、排水沟、涵洞，基本弄清了城门结构，但没有清理完毕，发掘面积100平方米。

第二阶段是2010年，罗通山城本体保护项目工程期间，配合墙体保护进行的考古发掘，继续清理了全部城门结构，并保护修缮。

1号门址由门道和排水设施（涵沟、涵洞）两部分组成（图三六）。

1号门址（北门）其东侧城墙顺着山势向上延伸，平面上来看，为斜直向北延伸。城墙的高度普遍在2～2.6米范围内，最大高度为3.1米。城墙外侧山体边坡很陡，内侧坡度较缓，城墙地面以上，面石层数基本为14层左右，城墙与自然岩石山体相连接。其西侧城墙顺着山势向上延伸，平面上来看，呈弧形向北延伸，与东侧门址城墙相互呼应，形成半瓮门形制，城墙的高度普遍在1.8～2.6米范围内，最大高度为3.1米。城墙外侧山体边坡很陡，内侧坡度较缓，城墙面石层数基本为13层左右，沿门址城墙向西继续延伸可至2号门址处。门址城墙顶部现状大部分为台阶式石板铺砌，顺山势一直向上延伸，石板宽0.6～1米。

根据现有城墙的面石颜色，并通过走访参加过1993年门址修缮施工的当地百姓，基本能确定1993年修缮前后的城墙石块的界限范围。其中，门址东侧城墙可根据现场面石颜色基本确定，长有青苔的墙石以下部分基本为原状城墙，高1.2～1.6米，之上为修缮新砌，越靠近城门垛的一端，新砌部分越多；门址西侧城墙也可根据面石颜色初步确定，长有青苔的墙石以下部分基本为原址城墙，高0.8～1.6米，其上为修缮新砌城墙，越是靠近城门垛的一端，新砌部分也越多。

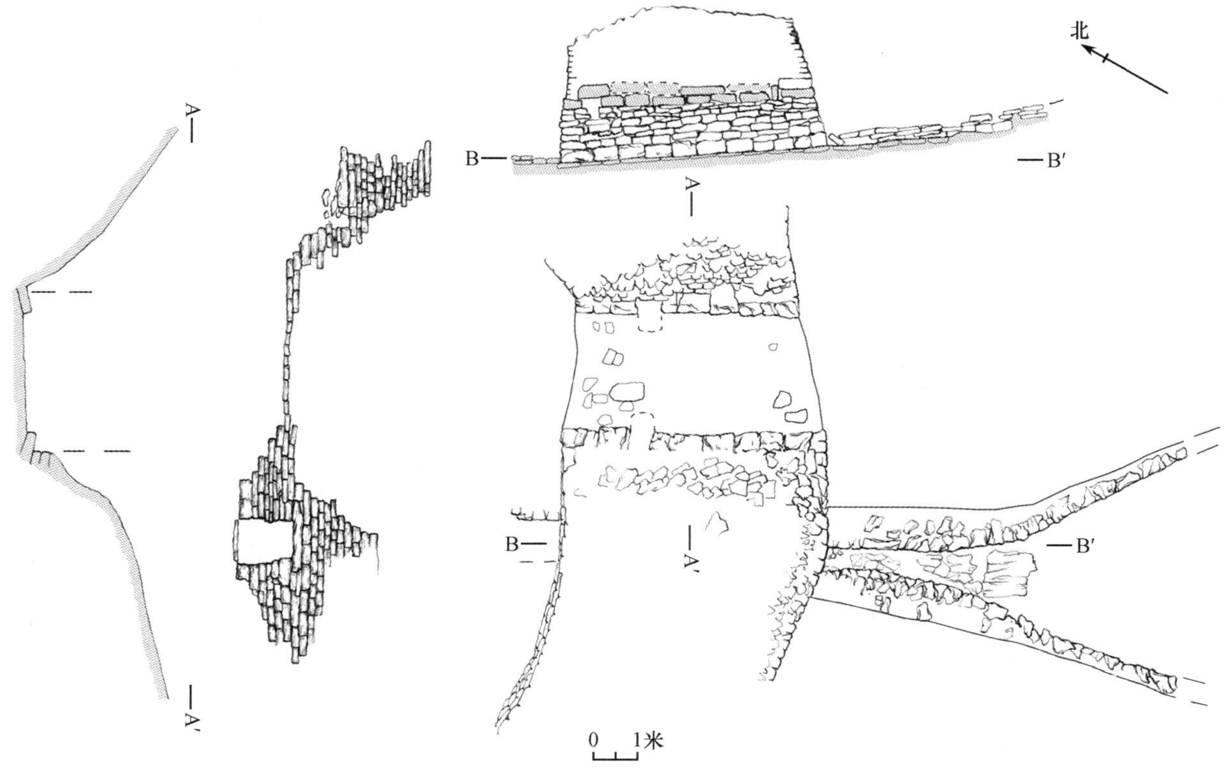

图三六　西城1号门址及涵洞平、剖面图

在门垛的墙体部分，新旧墙石的分界线并不明显，据参加过1993年山城修缮施工的当地百姓介绍，东侧城门垛墙底部半径约0.8米范围以下的城石为原有城墙石，此上部分为1993年修缮时新砌筑的城墙石；西侧城门垛墙底部半径约0.6米范围以下为原有城墙石，其上均为1993年修缮时新砌的城墙石部分。

1号门址为半瓮门形式，结构不甚复杂，门道的西侧墙体在沟谷的平缓部分向西外弧延伸，形成门址的一半瓮城墙，墙体沿陡峭的山脊逶迤西上，与罗通山城西墙连为一体，在瓮城墙基部有一方形排水涵洞。东侧门垛砌筑在山谷的东侧山脊上，直接连接山城城墙的主体，依山脊顺山势而行，没有弧曲形成瓮墙。现在，东西两侧门垛外墙均已倾颓，仅残留门垛墙基部的石块。

1. 门道

1号门址（北门）的门道是直接砌筑在山体的基岩石上，两侧门垛上部大多已经倾颓损毁，仅残存底部基础。门道的底部稍加平整，表面用人工修整的方正石材铺就。因建立在山腰处，门道的整体路面由内向外略倾斜。

门道西北向，方向333°。门道平面略呈内窄外宽的长方形状，长5.1～6米，宽2.65～2.75米（图三七；图版六四，2；图版六五）。

经现场实测，东侧城门墙垛现尺寸为外侧高度2.81米，内侧高度2.52米，城门宽度4.99米，门垛宽度为2.8米；西侧城门墙垛现尺寸为外侧高度3.01米，内侧高度2.5米，城门宽度5.29米，门垛宽度为3米。门道外侧宽度为3.4米，内侧宽度为3.6米。

门道下部东西两侧门垛，现都仅残留门垛基部一层砌石，厚0.25米，与两侧墙体相连，系为大型块石砌筑的边石，边石大部分叠压在两侧门垛下，作为门垛基石，砌石长短尺寸不一，宽为0.3～0.55米，东侧7块，西侧8块。由于长期受压，边石靠近门道一端已微微上翘，高于门道踩踏面10～15厘米，形成一道石阶。石阶中部距门道外口1.5米处各有一础坑，东西对称分布，为条石间断后隔出。西侧础坑长0.75、宽0.5、深0.24米，东侧础坑长0.85，宽0.5、深0.25米。坑内堆积多为红烧土或黑炭灰，底部发现部分木炭块，木炭纹理较为清晰，与门道方向垂直。

石阶中间是行走的道路，路面内口宽2.85、外口宽2.7米。门道内侧两壁以及底部路面均用表面平整的石材砌筑。石阶上方以及础坑连线的地方均有大量的黑色木炭和红烧土的痕迹，可以断知这里原来应该有木制的门柱、门板、地栿等设施。

门道内、外口处各设有一道用石条砌筑的门槛，连接门墙垛内外壁，用以加固墙垛基础的稳固，使墙体不易向门道内倾斜和坍塌。内口门槛和外口门槛是用人工修整过的大小相近的长方形石条垒砌，用于持平。依随山势，门道东部略高，门槛从东向西逐层加厚，最东端仅砌有一层石条，西端则砌有四层石条，连接两侧门垛。

由于年久，外口的石砌门槛已经不很笔直，有些呈弓样弯曲。门槛宽0.2～0.3米。内口也有如此一道用石条砌筑的门槛，形制与外口的门槛一样，现存状况较好。

两侧门垛已坍塌殆尽，残余少量基底砌石。从基石的情况分析，门道的壁面平整、坚固，外表石材呈长条状。应该是采用的楔形石和条形石修面，内有梭形石，混合砌筑。从坍塌的墙

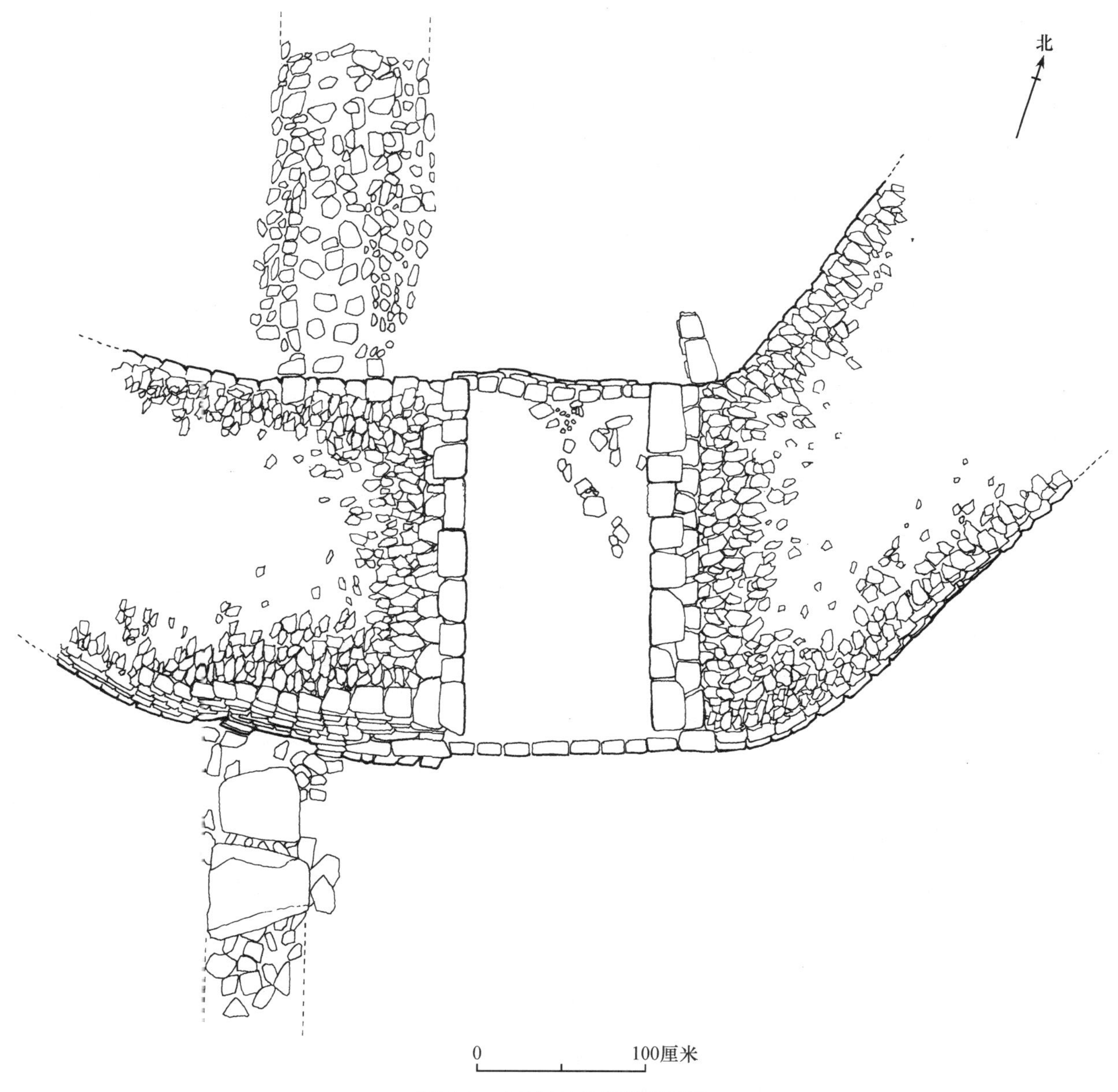

图三七 1号门址及涵洞平面图

体暴露出砌筑在门垛墙体内部的情况看，梭形石穿插叠砌，间隙用小碎石填充，紧密地插接在一起，没有任何粘合，与城墙部分连为一体。楔形石长短不一，形状不很规则，厚0.15～0.25米。梭形石长0.3～0.5米，厚0.15～0.25米。从现存的东西门垛基部的墙石看，门垛转角处是用楔形石顶砌，没有弧角。

门址城内侧发现保留较为完好的踩踏面遗迹现象，与门道相连接，向城内延伸，宽度与门道宽度一致，踩踏面较为平整光滑，略向西侧倾斜。其西侧紧邻为排水沟渠，通向城内的道路可经由城内的冲沟旁边进入城内Ⅳ号区域的盆地。

门址城外侧则为一处宽约10米的缓台，向下则为坡度超过70°的自然冲沟。

此次发掘的1号门址（北门）多是倾颓、坍塌城墙堆积，出土遗物少，仅在1号门址的底部发现少量遗物。

（1）陶器

壶　BM：6，残，仅有口部。泥质褐陶，方唇，敞口，束颈，溜肩。残高14.6、口径13、壁厚0.6厘米（图三八，1）。

口沿　BM：7，残，仅剩局部。夹细砂灰褐陶，尖唇，侈口。残长7.4、高3.3、壁厚0.3厘米（图三八，2）。

（2）铁器

带扣　BM：1，锈蚀。长方形，首弧圆，尾方正。外长5.5、内长4.2、外宽3.1～4.5、内宽2～3.1厘米（图三八，8；图版一一一，3）。

锸　BM：2，銎筒上卷，锸板为长方形，四角弧圆，锈蚀较甚。通长9.5、锸板长7.4、宽4.5、銎孔径2.6厘米（图三八，6；图版一一一，2）。

镞　BM：4，完整，已锈蚀，镞首呈铲形，扁且锋利。铤细长，尾端尖锐。通长9.8、镞

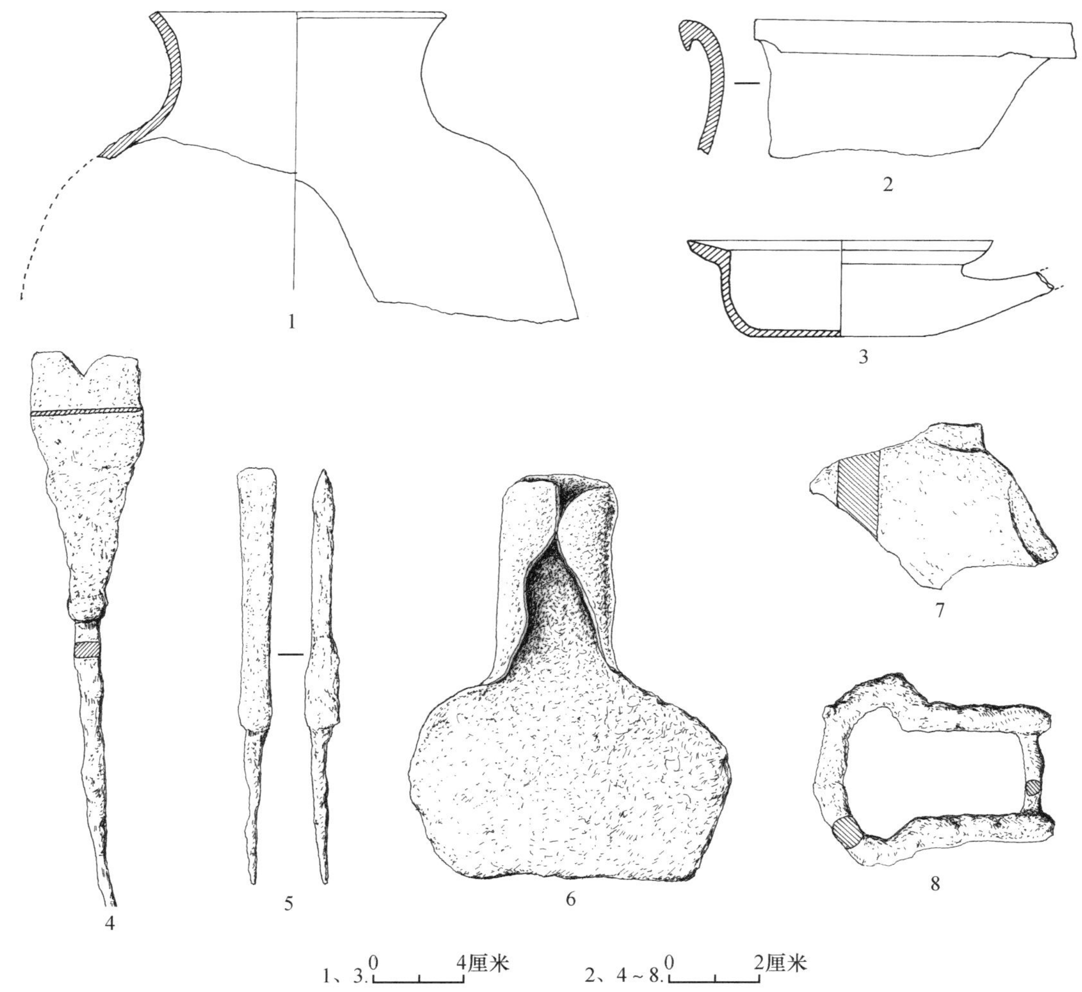

图三八　西城1号门址以及涵洞出土的遗物

1. 陶壶（BM：6）　2. 陶器口沿（BM：7）　3. 陶单把杯（BMHD：1）　4、5. 铁镞（BM：5、BM：4）　6. 铁锸（BM：2）　7. 残铁器（BM：3）　8. 铁带扣（BM：1）

首宽0.9、铤长3.6、径0.5厘米（图三八，5）。BM：5，完整，镞首呈燕尾形，扁宽且薄，两翼内收。铤细长，四棱柱状，尾尖利。铤和首的结合处较敦实厚重。截面长方形。通长13.6、镞首宽2.5、铤长7.2、宽0.6厘米（图三八，4；图版一一五，7）。

残铁器　BM：3，无法确定用途。残长5、宽3.9厘米（图三八，7）。

2. 涵洞和排水沟渠

位于1号门址的西侧墙基底部有排水涵洞，与城内外的排水沟渠相连。排水沟渠分两段，前一段位于城内，后一段位于城外，中间部分是城墙下的涵洞连通，成为一套完整的排水设施。

我们将排水沟渠分为城内部分的石砌“喇叭”状引水槽、涵洞、城墙外侧的排水沟三部分（图三六；图版六六）。

排水涵洞位于门址西侧墙体内，城内有一段石砌的引水槽。引水槽呈喇叭口状，由高向低逐渐收口，在距涵洞3米处变窄成为直口，总长度约9米，收口端宽为5.22米，开口端宽为62厘米，深0.35～0.6米。引水槽侧壁和底面采用石砌结构，从距涵洞入口4.85米处开始底部铺石，与涵洞底部铺石连接。引水槽在近涵洞口处设置有两块近方形的大石块封盖涵沟顶部，边长1～1.5米。引水槽的砌石严谨密实，能起到较好的防冲防漏的作用（图版六七）。

涵洞是由人工加工的石材砌筑，长6.1米，宽9、高120厘米，底部铺石，并延伸到城外排水沟一段，贯穿整个西侧门垛城墙。内部砌石大小不一，靠近涵洞入口一段砌石可能因为长期受压，已向沟内侧倾斜（图版六八）。排水涵洞顶部砌筑有整块大型板石，城墙石逐级向上垒砌，筑于其上，排水涵洞位于门址墙的外侧出口处，接地面直接排水，对于门址外侧平地有一定的冲刷。

涵洞位于西侧门垛下方，和门道不平行，涵洞入口靠门道一侧的边石距门道2米，出口靠门道一侧的边石距门道1米。出入口上方均有长条形顶盖石，入口处顶盖石长1.7米，出口处顶盖石长1.5米，厚度与城墙石相当。涵洞入口处内壁左右两侧各砌石六层，出口则砌石五层，最底一层石块形体较大，其上各层石块体型稍小，叠缝砌筑，石块修整较为规则（图三九、图四〇）。

涵洞顶盖石可分两层，下层由八块石块组成，一块侧立，七块平铺，其中六块盖石已出现明显裂缝。上层盖石仅可从下层盖石的缝隙观察到一部分，体型较大，表面修整，形制规范。

涵洞顶部下层盖石在距出水口0.5米处，盖石之间有一处宽约0.5米的间隔，未发现有盖石覆盖，其上即为上层盖石，相对应位置的两侧内壁砌石顶部两层的砌石之间亦留有宽0.15～0.2米的空隙，据此处涵洞的构造方式推测，可能构筑有栅栏类的防御设施。

城外的排水沟平面呈长条形，长5、宽0.8、深0.4米，用不规则的小块山石垒砌，底部相对平整。从涵洞口顺坡而下，出水端和陡峭的山坡连接。城外排水沟没发现类似城内引水槽上的顶盖石。

该涵洞主要作用是为一号门址内西侧台地的北泉眼而设置，常年的泉水流淌汇入涵沟，再通过涵洞排出城外。如果遇有山洪或大的径流情况，一号门址也可以充当主要的泻洪通道的作用。

涵洞内的淤泥较多，仅发现1件陶器。

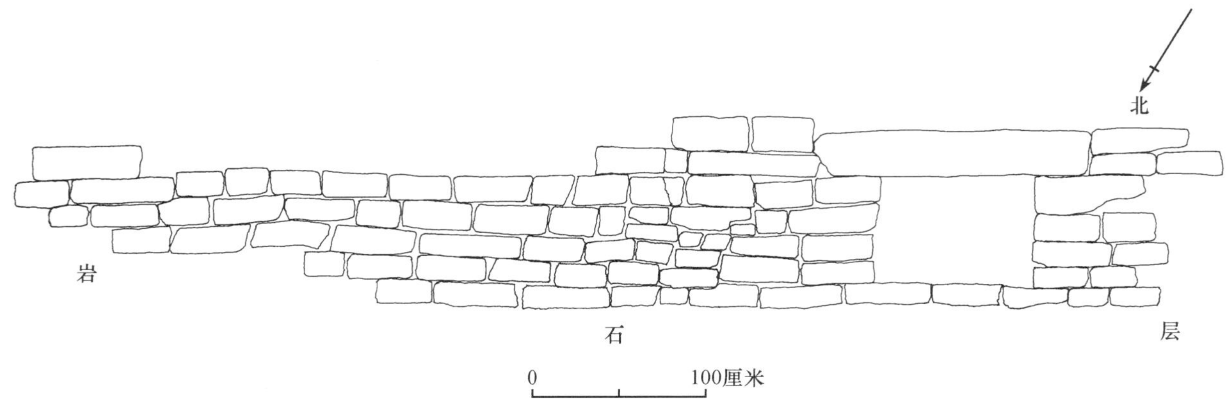

图三九　西城1号门址门道和涵洞位置正视图（从外向内）

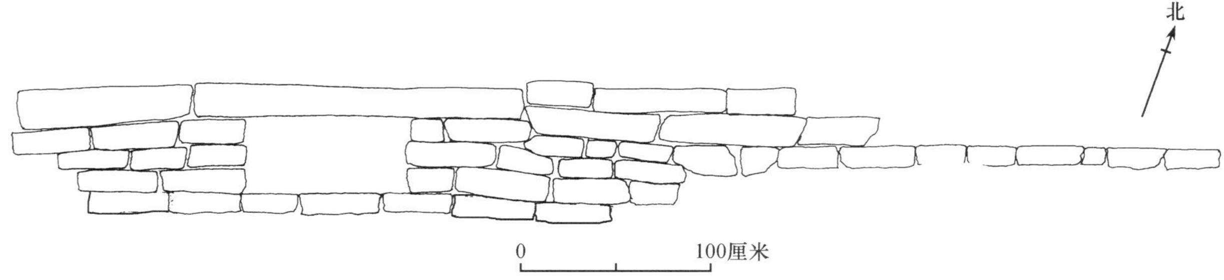

图四〇　西城1号门址门道和涵洞位置正视图（从内向外）

单把杯　BMHD：1，器身大部残，把手略残缺，可修复。手制，夹蚌粉灰褐陶，尖唇，敞口，宽平沿，平底，单耳，平底。通高3、外沿径14、口径10.5、底径9、把残长3厘米（图三八，3；图版一二一）。

（二）2号门址（西门）

2号门址（西门）位于罗通山城西城西南角，南墙的西段，因为门道朝西，当地百姓也称之为“西门”（图三五；图版六九）。城门整体为石砌结构，城门内外山坡覆土面积较大，周围树木植被茂盛，其中，城门内侧山体坡度较缓，外侧有一宽约20米的平台，平台外侧即为坡度很陡的山体边坡；另外，还有一条从山脚开始的盘山公路由西向东穿过城门门道延伸至山顶，公路现状为简单沙石路。入门处右侧城墙处矗立两块“罗通山城”文物保护标志碑。

2号门址（西门）其北侧门垛连接的城墙长约29米，顺着山势向上延伸，城墙墙体在距城门约4.5米处向西侧拐弯，形成瓮门形制。城墙高度在2.2～3.5米范围内，最高约4.1米。城墙外侧山体边坡较大，内侧山体边坡较缓。城墙现地面以上，面墙石层数基本为10层左右，城墙在北端与自然岩石山体相衔接。其南侧门垛连接的城墙长度约为23米，在南端拐弯向东延伸，城墙高度普遍在2.4～3.2米范围内，最高3.7米，城墙外侧为一条车行沙石路，城墙内侧坡度较缓，城墙地面以上面墙石层数在十三层至十六层之间（图版七〇）。

根据现存城墙的石块颜色，以及参加过1993年门址修缮施工的当地百姓介绍，基本能确定1993年进行加固修缮以前及此后的城墙石材情况。其中，北侧城门垛墙底部高度约1.3米的城墙石为原有城墙石，而这之上的部分为1993年修缮时新砌筑的城墙；南侧城门垛墙石的新旧分界线不太明显，而且城门垛的墙体内外两侧原有城墙石高度相差较大，内侧底部高度约0.6米以下应为原有城墙石，外侧除底部一层城墙石为原有城墙石外，其余均为1993年修缮新砌部分（图四一；图版七一）。

门垛连接城墙的部分，其中，北侧门垛连接的城墙新老分界线不太明显，据当地百姓介绍，城墙底部三至四层城墙石为原有城墙石，其上均为修缮新砌部分；南侧门垛连接的城墙可以根据现场墙面石的颜色确定，长有青苔的城墙石及以下部分，基本为原有城墙石，高2～2.8米，其上即为修缮时新砌，越靠近城门垛的一端，新砌的部分越多。

据当地百姓介绍，1993年的修缮前，城门门址城墙石向城内外两侧均存在严重的坍塌，修缮施工时，将城墙外侧边坡开挖平整，整理修缮城墙外墙石，重新堆砌顶部城墙石，虽然大体上现状整齐，但在局部城墙仍存在较为明显的坍塌，特别是城门垛墙体内侧。门址的门道

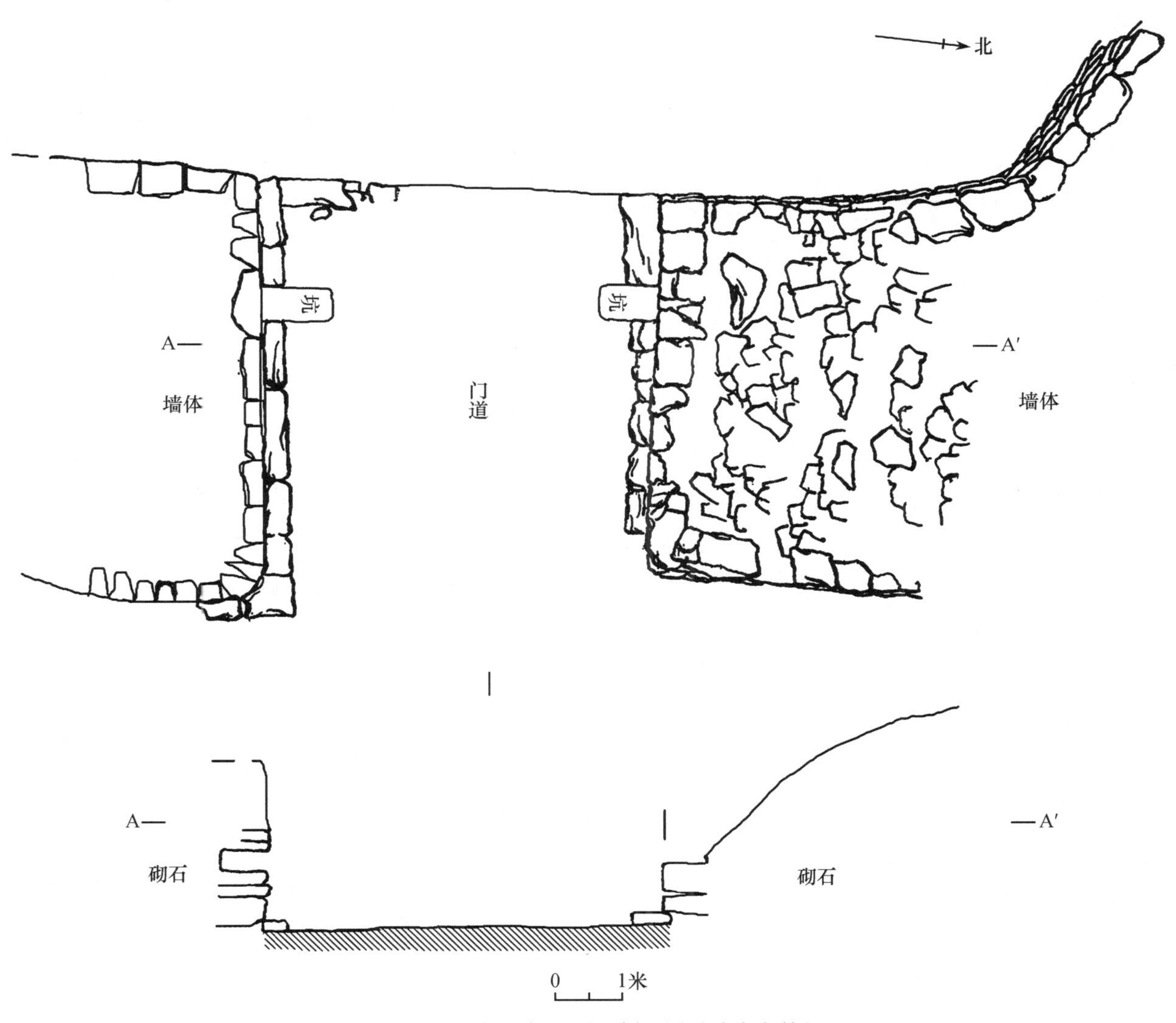

图四一　西城2号门址平、剖面图（从内向外）

朝西，方位角267°。该门址距鹰嘴砬子146.9米，鹰嘴砬子海拔805米，从鹰嘴砬子下来，有一块略微平缓的山谷凹地，海拔780.05米，2号门址就建于此。二者一高一低，可以互相瞭望呼应。2011年，罗通山城本体保护工程项目对其进行考古发掘和修缮。

经现场实测，1993年整治后的2号门址北侧门垛尺寸为外侧高2.82米（此处高度均为现有地面以上高度值，下同），内侧高2.48米，门垛宽5.9米。城门垛左侧上部嵌有一棵枯树树干，树干直径约40厘米，且根系伸入墙体内部。南侧城门尺寸为外侧高3.2米，内侧高2.07米，门垛宽6.2米，其中部偏下有一长方形石龛。门道外侧宽5.7米，内侧宽5.8米。

城门两侧城墙均依托山势，北面的城墙，巧妙利用山脊的迂回，砌筑成一个近似90°的弧形半瓮门形式，折而向西，逶迤而上，与鹰嘴砬子连为一体。南侧的城墙砌筑于山体半腰，外墙紧紧依附于山体上，形制和1号门址大体相同，南侧门垛下方有一方形涵洞。

因多次人为破坏，南侧门边石有部分缺失，门道平面不明，据北侧门边石砌筑形式推测，门道应呈近长方形，长6.15～7.1米，内口宽5.2米，外口宽度不明。北门垛门道内侧下方边石中部距城门外口约1.5米处，发现一处长方形土坑，土坑一端探入门道，一端嵌入边石，还有部分压于门垛砌石之下，坑内堆积多为红烧土或烧石，底部发现部分木炭块。南侧门垛下部对应位置边石缺失，情况不明，应该是与北门垛的情况对称分布。

两侧门垛上部已坍塌，北门垛残高1.2米、南门垛残高1.5米。门垛下部仅残余部分砌石，砌石大小不一，层次分明，逐层压缝叠砌，侧面较为平整（图版七二）。

南门垛门道内侧面距门道外口约2.5米、门道边石上约0.8米处有一壁龛，龛高0.36、宽0.25、深0.7米。

2号门址（西门）的发掘中，没有发现文物。

（三）3号门址（西北门）

3号门址（西北门）发掘前仅为一个城墙的豁口，在2012年罗通山城本体保护项目工程维修城墙过程中被发现后进行了清理发掘。

该门址位于1号门址（西门）和西北角楼之间，城墙B线2段（BK0+50～BK0+535）上，北距1号门址（北门）约220米，南距西北角楼20米（图三五）。发掘前仅是山谷低处人为破坏的城墙上的一处较大的豁口。清理门址过程中，可以发现门道内黑色腐殖土混合石块的倒塌堆积和黑色的淤积土，下面即是门道铺石。

门向305°，门道平面略呈长方形，长约6.4、宽3.6～3.8米（图四二；图版七三）。

门道内平面铺石，多用大型板石，间杂少量不规则石块，铺石表面凹凸不平，凹处垫有一层黄色黏土，极为坚实；垫土与铺石平面残留大片过火痕迹；铺石延伸至两侧门垛下部，与门垛基础石相连。门道中部外口处有一处凹坑，坑口呈梯形，直壁，坑底为碎石块，不平整（图版七四）。

门道两侧为大型块石砌筑的边石，边石的立面基本处于一条直线上，边石上平面高出门道平面约0.26米；边石部分压于门垛立面之下，成为门垛立面的基石。

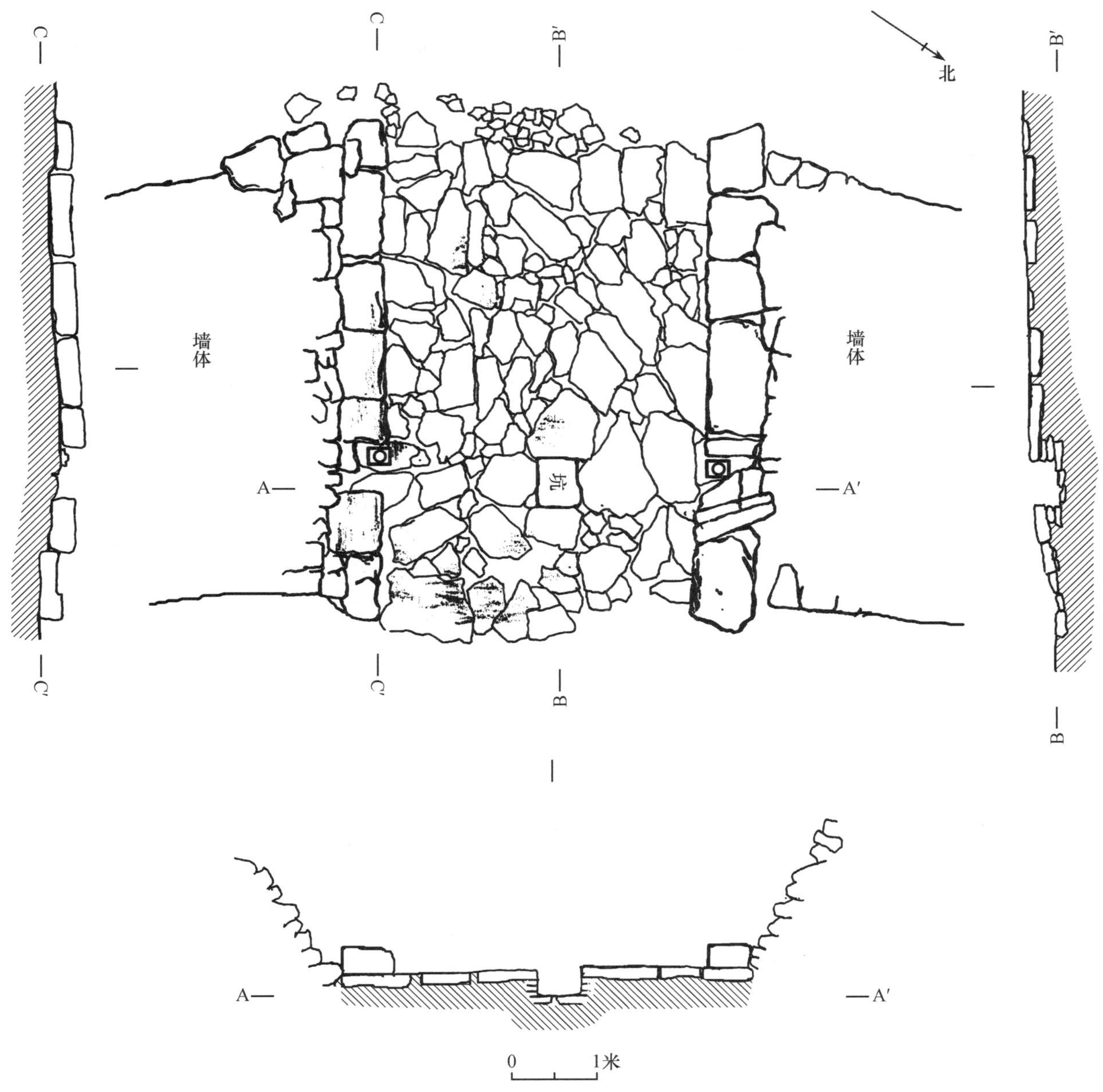

图四二　西城3号门址平、剖面图（从内向外）

两侧边石在两端均超出门垛的内外两侧墙面，且在距门道外墙口1.5～1.6米处留有左右基本对称的柱础坑，用于安放门柱，柱础坑中出土2件形制一致的铁质门枢，两侧门枢连线范围两侧的铺石有留缝和修凿痕迹，在铺石面上形成宽约5厘米的凹槽，可能用于安放门槛（图版七五）。

门垛墙体坍塌过甚，仅在清理过程中发现有向门道内倾斜的面石，砌筑方式与墙体面石一致，由于结构严重不稳，随即倒塌。门垛立面、边石及门道铺石均发现有大面积过火痕迹。

门垛墙体分向两侧连接城墙修筑，即呈双内凹式瓮城的城墙结构。墙体修建依地势变化，结构也有所不同，靠近城门处两侧皆为内外双面石砌的墙体，随地势抬高逐渐过渡为仅单面外墙石砌墙体，内侧没有石砌的主墙面。

门址位于城内外两侧的地势均较平缓，外侧道路随墙体走势，通向一条自然山谷；内侧道路则通向城内西北侧的一个盆地。

3号门址清理过程中，发现方形铁质门枢2件，应为一对。

铁门枢　CM3：1、CM3：2，二者形制相同，门枢为一体浇筑而成，下部为长方体基座，基座中心为凸出的馒头形枢头。通高11、底座长23、宽21、厚6厘米（图版一〇八，6）。

（四）4号门址（南门）

4号门址（南门）在罗通山城考古调查中仅发现是一段没有连接的错位城墙，在2012年罗通山城本体保护项目工程的城墙修缮中发现此城门并进行发掘清理。

门址位于西城的南部城墙A线2段（AK0+276～AK0+460）起点处，西距西门门址276米（图三五）。

该门址构筑独特，因南北两侧墙体发生错位，南侧墙体向坡下延伸，砌筑成门址的南门垛，北侧墙体沿山脊延伸略有内收砌筑，形成门址的北门垛，二者交错形成“内外墙夹道式”的特殊城门结构。朝向西北，方向302°（图四三；图版七七；图版七八，1）。

4号门址的门道内为倒塌堆积，夹杂大量石块。门道中部础坑外人工砌筑有一道封堵门道的石质墙体。封堵的石墙墙体可分为三部分：第一部分直接砌筑于门道地表面之上的两道石墙，横向阻断门道通行，石墙外侧立面皆以规整的块石砌筑，向内填大小不一的石块，残高1.5～2.2米，宽2.4～2.8米；第二部分为黑灰色土混杂碎石，护于横堵石墙城内一侧，作为护坡，较为疏松；第三部分以石块砌筑，呈斜坡状，选材大小不一，砌筑于第二部分土质护坡外侧。门道底部南北侧墙基部发现有大型块石砌筑的边石，边石立面基本处于一条直线上，顶面高出门道平面约0.23米；南侧边石因顶部树木生长导致墙体倾斜，边石压覆于墙石之下。北侧边石部分压于门垛立面之下，成为门垛北侧墙体立面的基石；北侧墙体基石在距北侧墙垛头3.3～3.8米处留有一处缺口，下部铺有表面平整的板石；板石一端伸入门垛下部，另一端延入门道，与门道平面相平齐。板石上面残留有大片过火痕迹和木炭碎块，应与木质门柱有关。

由于门道两侧墙体向内倾斜严重，且上部存有封堵墙体，南北夹墙门道部分总长约9、宽3.4～5.2米。夹道墙门垛的墙体坍塌严重，仅残留下部，从残存的结构看，墙体应为双面式内外砌筑墙体。门垛墙体向两侧延伸略呈弧形，似瓮非瓮貌。北侧连接的城墙沿山脊上坡上行，南侧连接的城墙沿山脊下坡下行，南北城墙的墙体均为单面式外墙砌筑结构。

出4号门址沿南墙西段外侧城墙墙脚下缓台向西可通至2号门址（西门），进入城门沿南城墙墙体及缓坡小路可进入城内Ⅰ号区域的龙潭盆地。

在门址发掘中，没有发现文物。

在4号门址（南门）东侧，翻过一个小的山冈，有一个坡道。坡道下砌有城墙，城墙内发现房址一处。

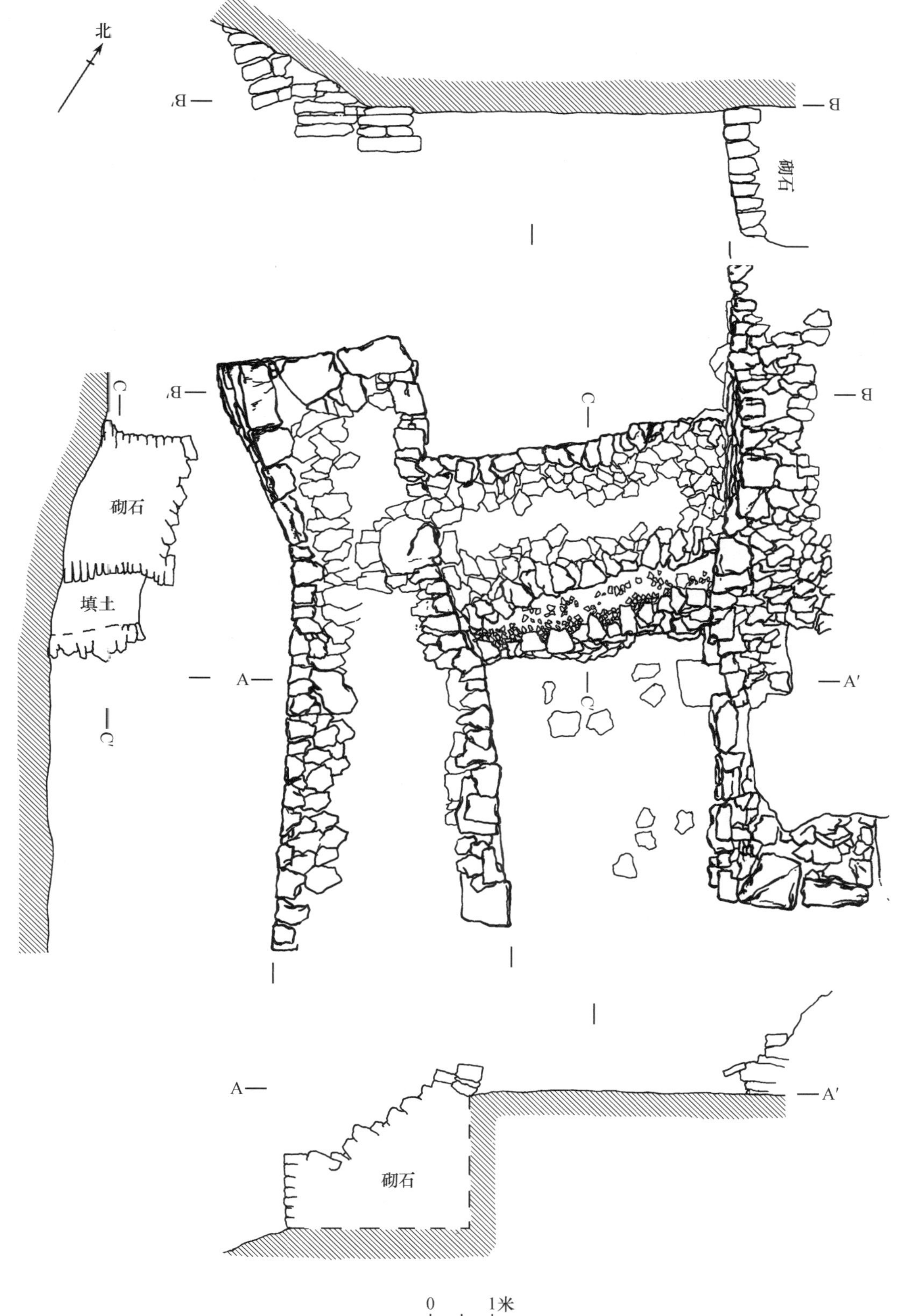

图四三　西城4号门址平、剖面图

（五）5号门址（东门）

5号门址位于西城东墙偏北部A线4段AK1+470-AK1+885上，距东北角楼125.7米（图三五），也是发掘于2011年的罗通山城本体保护项目工程维修城墙过程中。

5号门址朝东，方向80°，门道平面呈长方形，长5.1、宽3.3～3.4米，门道以石块垫底，上铺垫碎山石及黄黏土，表面不平整（图四四；图版七六）。

门道堆积为倒塌堆积，黑褐色腐殖土夹杂大量石块，下面为门道平面，呈黄褐色，夹杂少量小石块。

门道两侧基部为大型块石砌筑的边石，立面基本处于一条直线上，顶面高出门道地平面约0.18米；城内侧南部边石一端因树木生长导致边石缺失一段，北侧边石亦有滑落现象；两侧边

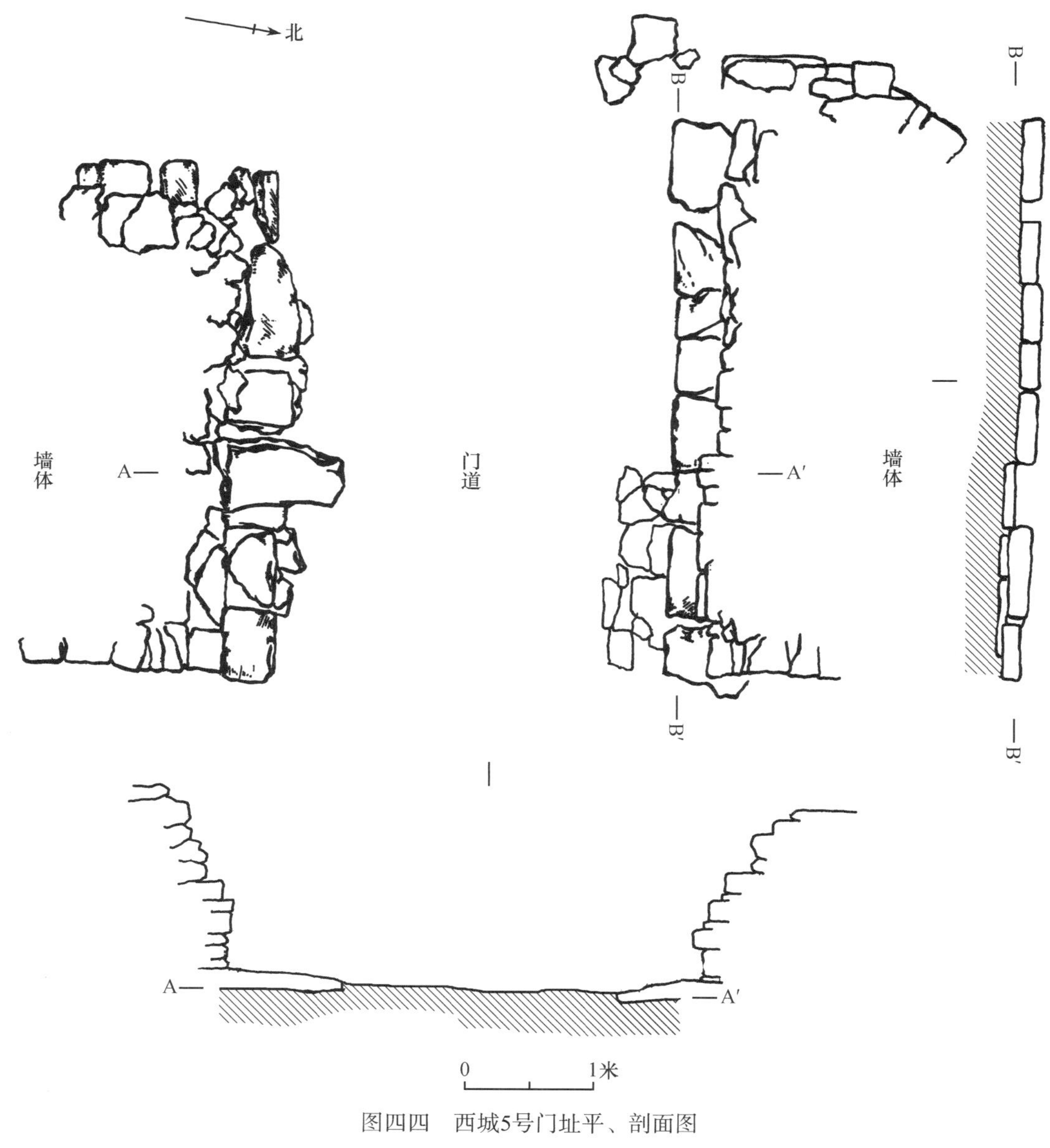

图四四　西城5号门址平、剖面图

石都有部分压于门垛立面之下，成为门垛两侧立面的基石，基石位于城门外口一端长度超出两侧门垛两侧立面。

门址内两侧，在距门道外出口1.5～1.6米处留有左右基本对称的豁口，下部及两侧边石下部均铺有表面平整的板石，北侧板石已碎裂；板石一端伸入门垛下部，另一端探入门道，与门道平面相平齐；板石上面残留有大片过火痕迹和木炭碎块，应与木质门柱有关。

门垛坍塌较为严重，从坍塌墙体所暴露的内部结构，可以看到其为梭形石与楔形石互相咬合的"干插石"结构。

北侧门垛立面面石尚残存有底部二至四层，面石以长条形块石垒砌，内部用不规则梭形和楔形块石拉结。南部没有门垛立面面石的存留。

两侧门垛立面的面石平面较门道底部的边石立面收分约20厘米。门垛内侧立面的表面多留有烧结严重的过火痕迹，少量石块已被烧裂。

以门垛为起始端，向两侧延伸人工砌石成墙，形成内凹弧形墙体，为瓮城。北侧山势迅速抬高，墙体为单面式外墙墙面砌筑结构；南侧山势相对较缓，墙体则采用双面式内外砌筑墙面结构。

门址在城内外两侧均有数十米宽的小型平缓台地，向外通向东城，向内则可经一段陡坡进入1号门址内侧的台地和龙潭盆地。

门址发掘中，没有发现任何文物。

二、点　将　台

点将台是当地人的称谓。点将台位于西城西门与龙潭盆地之间的一个呈东西走向的高冈东端（图三五），东侧是岗梁的一个豁口，这个豁口是2号门址到达龙潭盆地的捷径和要塞。点将台西侧是岗梁缓脊，也是通往点将台的道路。在点将台西南方向是2号门址（西门），东北方向是龙潭盆地，与西城东北角楼遥遥相望，位置极其利于瞭望和驻守。

点将台主体台基选址在一个中央隆起的土包上，周边地势相对较低。以点将台为中心附近4～5米范围内没有植被，仅在点将台西北和西南各有一棵大树生长在遗址本体边缘。4～5米开外，则有树木、杂草生长，植被较为茂盛。

点将台所在位置海拔约为840米。发掘前的点将台表面大体呈圆盔形，半径约5.9米。中间突起。现存一层石块，砌筑而成方形台基（图四五）。

点将台遗址分两部分：主体台基和甬路。

（一）主体台基

主体台基为方形的石筑台基，设计合理巧妙，平地起台，边长5米，周长20米（图四五），建于一个平缓的岗梁顶上，岗梁是东西走向，东端有宽近15米，深达3米的豁口，调查中发现，这个岗梁原来应为连续的、完整的一个整体，而这个豁口则是后来被人为打开的，

图四五　西城点将台平、剖面图

点将台就位于岗梁豁口的东端，显得很高耸。豁口正好位于2号门址（西门）到“龙潭”蓄水池之间，应该是当时从2号门址进入城内的主要通道。点将台西南有一片较大的开阔地，曾出土过大量铁甲片。

发掘发现，点将台边缘为经过修整的大块石头码砌成的边框，中间填塞大小不一的碎石块，点将台所处的地势中间高，四周低，边石有下滑下倾趋势，边界不整齐。

点将台的砌筑比较规范，首先在岗梁坡上略低处先码放边石，边石选用大的楔形石块，内窄外宽，大小不一，厚0.45～0.6米。边石的外缘有修整，插放有序，形成边框，整齐美观。在石框的中间填充大小不等的石块，厚0.1～0.2米，铺筑夯实。顶部呈弧形，随形就势，因为破坏严重，具体活动面和上部没有发现建筑迹象。但从地表的采集和发掘中没有发现瓦件等建筑材料，推测即使有台上建筑也仅为木制临时建筑，没有使用砖瓦结构。在东北角和东南角各发现一处火烧的痕迹，圆形，直径0.5～0.56米（图版八二）。

点将台的西南角和西北角有大树，由于植物根系作用和山体作用，致使现在部分边石有滑落，尤其是位于东西方岗梁斜坡两侧的边石，都稍微离开原来的位置。南北方横在岗梁上的边石还保存较好。所以，原来的大致形状和规格都还可以看到。

（二）甬路

甬路位于点将台北侧，巧妙地利用了一条小岗梁。甬路没有修整，仅就梁脊山体而成。甬路利用东西向的梁脊由西向东直接通向点将台，长约25米，宽1.2米（图版八三，1）。

该遗迹没有发现任何遗物。

三、角　　楼

西城的四个角均在峰顶，西北角和东北角均有角楼台基的遗址，为土石堆筑，1985年文物普查时，两个角楼高出山峰地表3米左右。

（一）西北角楼

西北角楼位于西城的西北角，与1号门址（西门）的距离约300米，高差约32米。从1号门址（西门）到西北角楼的城垣上，有一段1993年修砌的条石路。西北角楼台基所在位置海拔为825米。从此处可以看到柳河县亨通镇方向的道路，极具战略位置（图三五；图版八三，2）。

考古发掘后的西北角楼台基遗址平面大体呈长方形，长约13.8米、宽11.6米，面积近120平方米，为土石砌筑，高出地表2米余，顶与城垣相平，地表无遗物，城墙绕台基边缘砌筑。台基本体上现有树木8棵，台基边缘有部分块石滑落破坏，而且还有进一步下滑的趋势。西北角楼台基高出周围地表2米余，台基周围有树木、杂草生长，植被较为茂盛。

发掘中，没有任何遗物出土（图版八四）。

（二）东北角楼

东北角楼位于西城的东北角，为全城最高点（图三五）。东北角楼台基所在位置海拔约为960米，登上此处，罗通山城东西两城尽收眼底，远眺梅河口方向的海（龙）、柳（河）、辉（南）平原，可监视，亦可瞭望。

1993年地方开发时，将东北角楼建成仿瞭望台式建筑，取名烽火台。2008年在罗通山城考古期间，该现代建筑在一场暴雨中坍塌（图版八五、图版八六）。

东北角楼台基遗址平面大体呈长方形，长约16、宽12米，为土石砌筑，高出地表2米余，顶与城垣相平，地表有露出的台基岩石。城墙绕台基边缘砌筑。1993年，台基边缘块石大部分因为修建烽火台被破坏，2010年在罗通山城本体保护项目工程后对其进行了整理归安（图版八七、图版八八）。

考古发掘中没有发现任何文物。

四、房　址

罗通山城考古发掘中的房址均位于西城内，东城没有进行考古发掘。根据考古勘探的情况，在西城的考古发掘中，共发现房址18座，其中Ⅰ号区域4座，Ⅳ号区域13座，南门城墙内1座。

（一）Ⅰ号区域的房址

Ⅰ号区域位于西城的中南部，是西城最大的山间盆地，这里有南泉眼，是提供生活生产用水的来源，还有蓄水池作为补充水源，地势平缓，极其适合人类居住，是罗通山城重要的居住区。然而，1993年的开发，使得这里的原始地貌遭到较大的破坏，扩挖蓄水池起名曰“龙潭”，池底铺设石板，池边修整呈圆形，并在蓄水池西立有一块写有草书“龙潭”二字的石碑。蓄水池西侧和北侧平整土地用于停车场，北侧缓坡中部用推土机推出环路，这些开发都使得这里的居住址的原貌遭到极大破坏。在这种情况下，仍发现房址4座。这4座房址在盆地北部缓坡上大体呈一线分布。

Ⅰ号区域有三个发掘地点：A区、B区、C区。其中A区位于Ⅰ号区域北部坡地的最西面，发掘前是一块菜地，地势比较宽阔平缓，理论布10个5米×5米探方进行发掘，实际发掘面积237.5平方米（图版八九，1）。B区位于A区东面，C区又位于B区的东面，并排分布，各相隔20米左右。B区、C区均根据考古勘探到的遗迹范围分别布10米×10米探方各1个（图四六）。

其中A区发现房址两处，均遭到破坏，B区和C区各发现房址一处，保存状况较好，现将这个区域A区、B区、C区三个地点发掘的房址统一编号为ⅠF1～ⅠF4。

1. ⅠF1

位于Ⅰ号区域A区T0201的东北部，小部分遗迹在T0101中，房址的大部已遭到破坏，发现的遗迹仅是房址中的火炕（图四七；图版九〇，1）。

火炕为石砌，开口于耕土层下，为一堆长条形的石块堆积，石块的大小不一。火炕的表面已经破坏，仅从石块的排列有规律性可以判断，这是一铺“L”形的火炕遗迹。长约4、宽约2米，整体为北—南的走向，灶的位置在南部近拐角处。推断该房址为圆角长方形。

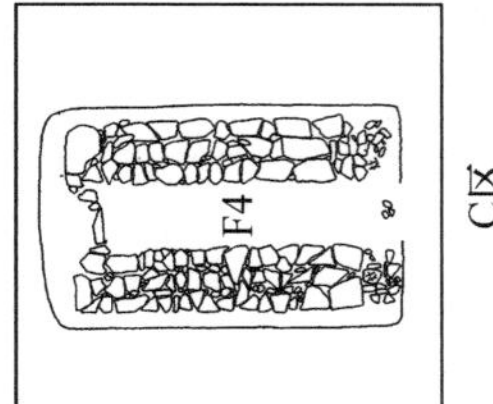

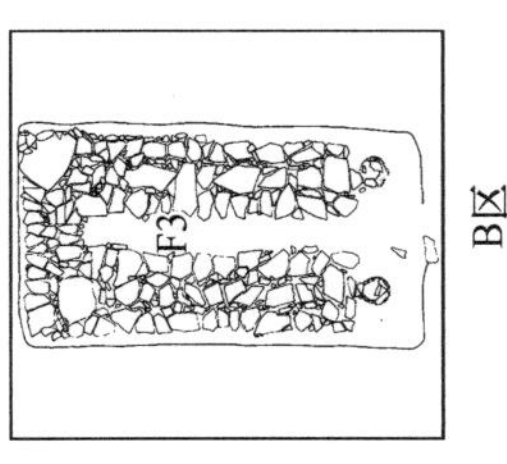

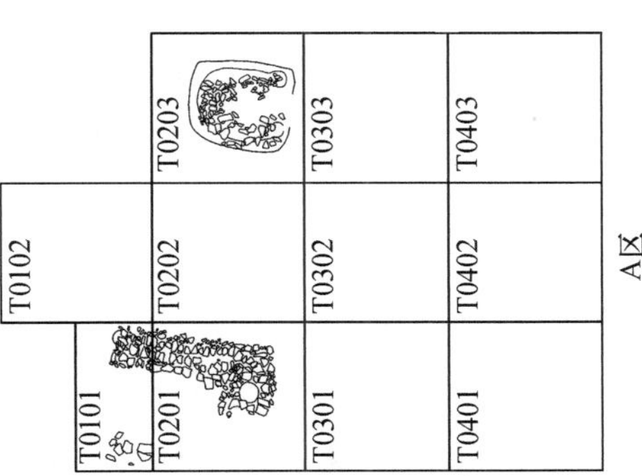

图四六　西城Ⅰ号区域考古发掘区和遗迹分布图

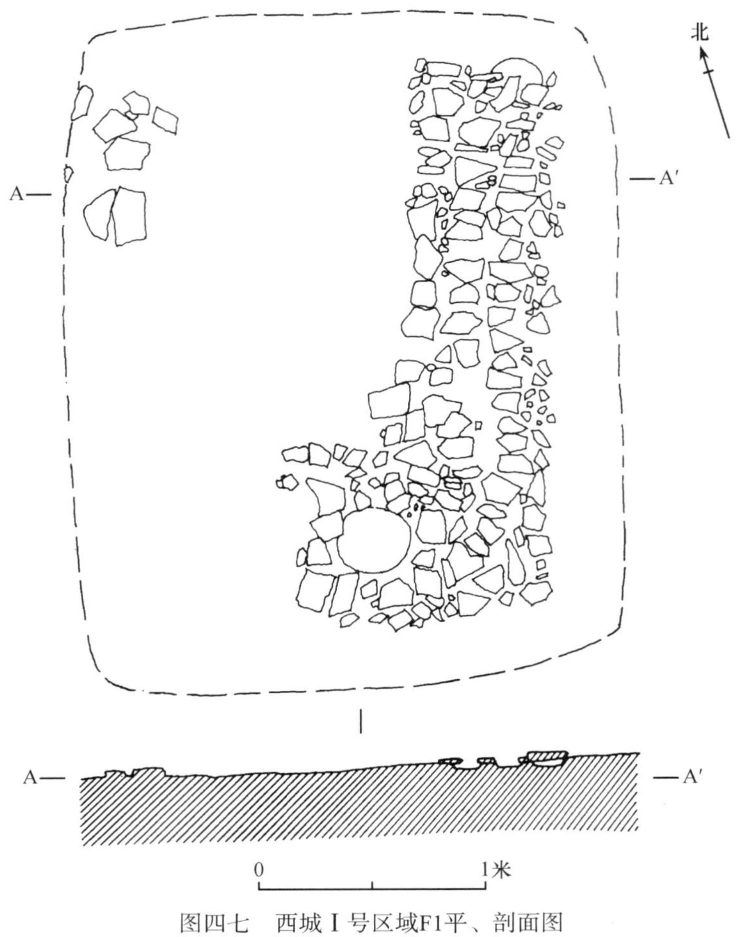

图四七　西城Ⅰ号区域F1平、剖面图

出土的遗物以陶器残片和铁器为主，陶器残片可辨识的有罐口沿、器耳、器底等。陶器质地有泥质、泥质夹砂、夹砂三类；陶色有灰、黄褐、灰黑等；纹饰以素面为主，少量饰有弦纹和复合纹饰。铁器有镞、锅等。

（1）陶器

罐　ⅠF1∶5，仅有底部残片，泥质黄褐陶，平底。底径复原后为22、残片高4、壁厚0.6厘米（图四八，7）。

口沿　ⅠF1∶4，泥质灰陶，侈口折沿，方唇，唇面有一周凹槽，束颈。残片长6.2、高7.2、壁厚0.6厘米（图四八，3）。ⅠF1∶6，泥质黄褐陶，侈口方唇，口下微束，溜肩。残片长10.6、高5.2、壁厚0.6厘米（图四八，2）。ⅠF1∶7，泥质灰陶，侈口圆唇。残片长13.9、高3、壁厚0.8厘米（图四八，1）。

纹饰陶片　ⅠF1∶8，泥质黄褐陶，器腹残片，饰有复合刻划纹饰，两道距离较远的弦纹下为一道的波浪纹，其下为两道距离较近的弦纹，下接一道波浪纹和一条弦纹。残片长14、残宽7.8、壁厚0.6厘米（图四八，5）。

（2）铁器

锅　ⅠF1∶2，仅残余底部一块，斜直腹，平底。残片长14.6、高6.4、底厚1.2厘米（图四八，4）。

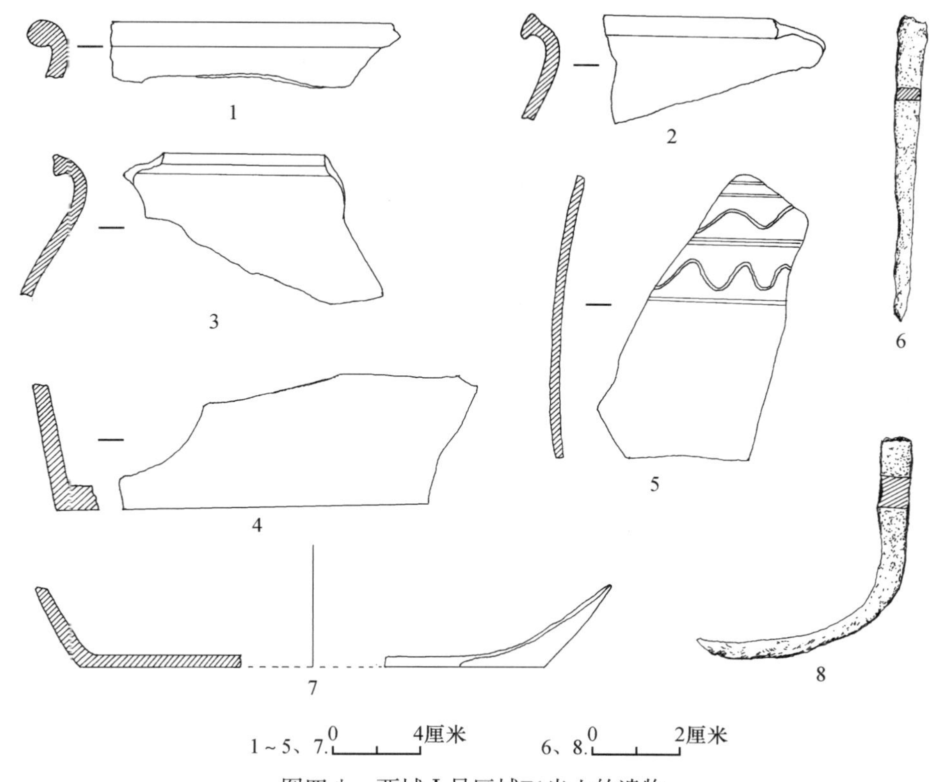

图四八　西城Ⅰ号区域F1出土的遗物

1~3. 陶器口沿（ⅠF1：7、ⅠF1：6、ⅠF1：4）　4. 铁锅（ⅠF1：2）　5. 纹饰陶片（ⅠF1：8）　6、8. 铁镞（ⅠF1：1、ⅠF1：3）　7. 陶罐（ⅠF1：5）

镞　ⅠF1：1，镞首有残缺，镞身截面近长方形，扁平厚实。铤部呈四棱锥形，尾部有残缺。残长7.4、镞身宽0.7、铤宽0.3厘米（图四八，6）。ⅠF1：3，残，仅存铤和镞身一部分，锈蚀并弯曲变形，呈四棱锥状。残长8.6、宽0.4~0.8、厚0.2~0.4厘米（图四八，8）。

2. ⅠF2

位于Ⅰ号区域A区T0203的偏南，遗迹遍及大多数探方。开口于耕土层下，房址范围内土色黑，土质疏松。根据黑土范围推测房址接近于圆角长方形，长约6米，宽约3.75米。门道朝向西南，方位角210°，宽约1米（图四九；图版八九，2）。

由于破坏严重，仅存有一个“U”形火炕遗迹。火炕长4.2、宽2.8米。灶址位于炕的西侧一端，呈圜底状，上部直径0.6、底径0.45、灶口宽0.2米，在火炕东侧一端是烟囱，烟囱底部直径0.8米，出土遗物有铁器和少量陶片。

（1）铁器

甲片　ⅠF2：1，扁平状，平面似梯形。长14.4、宽2~3.5、厚0.2厘米，沿长边有穿孔四个，直径0.1厘米。横截面近长方形，外缘略薄（图五〇，1；图版一一三，4）。

镞　ⅠF2：2，首部残，通长6.9厘米，镞首现长5.9厘米，镞身从铤部向首部逐渐变薄，宽0.6、厚0.15~0.3厘米；铤为方柱状，现长1.2厘米，截面亦近正方形，边长0.2厘米（图五〇，2）。

鼎　ⅠF2：4，在ⅠF2旁扰坑内发现，器身完整，直口微内敛，立耳，斜直腹，平底，三足。口部有双环状立耳，对称分布。器身残高10、立耳高5、口径27、底径25、壁厚1厘米。器底有三足，足为片状，仅余残断痕迹，断痕长7、宽1厘米（图版一一四，6）。

（2）铜器

“开元通宝”铜钱　ⅠF2：3，完整，圆形方孔，字迹清晰，隶书，直读。直径2.4、边廓宽0.2、厚1.2、方孔边长0.7厘米（图五〇，3；图版一一九，4）。

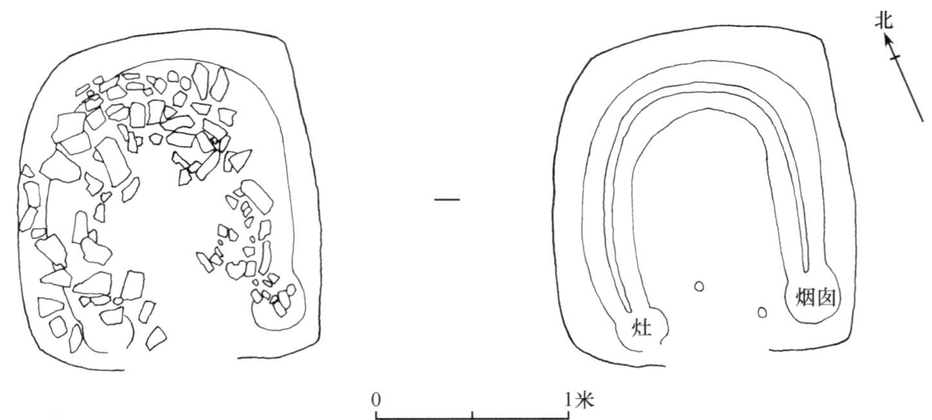

图四九　西城Ⅰ号区域F2平面和烟道平面遗迹图

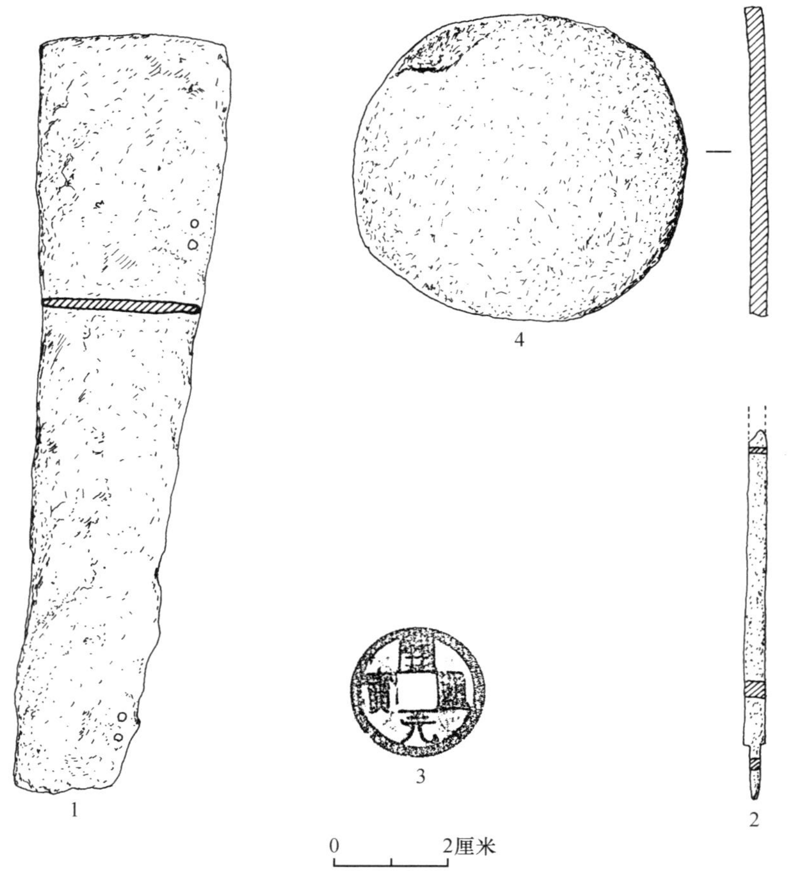

图五〇　西城Ⅰ号区域F2、F3出土的遗物及拓片

1. 铁甲片（ⅠF2：1）　2. 铁镞（ⅠF2：2）　3. “开元通宝”铜钱拓片（ⅠF2：3）　4. 陶饼（08ⅠF3：12）

3. ⅠF3

位于A区东18米处，是根据考古勘探“遗迹位于地表下0.6（南）~1.4（北）米深处，石质结构，呈“U”形，南北长7.5~7.7米，东侧石宽1.7米，西侧石宽1.8米，土质松软，土色花杂，为回填土。石面间隔1.3（南）~1.6（北）米。在距地表0.6米处的两条石面南端皆有红色烧土。石块外侧是生土”的结果，选择后定为B区。

探方按照10米×10米的规格布线，实际发掘面积92米。在发掘区内发现房址一座（图四六）。

房址位于北高南低的坡地上，呈簸箕状，地表堆满垃圾，清理表土后发现，南部的部分房址炕面石板等遗迹已裸露。

遗迹开口于表土层下，为半地穴式建筑遗址，长8、宽5米。房址北侧依靠山坡，南面是门道，方位角110°。门道外顺坡而下就是蓄水池和泉眼，十分方便居住（图五一；图版九〇，2）。

房址的门道清楚，宽约2米，门道中部有一块柱础石，已裂为两半。

房内有一“U”形火炕，炕面选用大小不一大块的石板铺平，石板的背面不很规整，正面修整，最大块石板位于东北角，近长方形，长1.26、宽0.86、厚0.18米。共三排石板，排列规律，大石板中间有小的石块填补，构成整体炕面。东、西炕面长7.8、宽1.7米，有三排石板铺成。北炕面长1.6、宽1米，仅有一排石板，将东西两面的火炕连为一体，烟道位于房址的东北角。在北炕西北角，靠近房址基部发现一根炭化的木柱，东西横向倒卧，长约0.75米。应为房址西北角的立柱或横梁在房址倒塌后的遗留。东、西炕面间距1.6米，居住面土色呈黄褐色，土质黏硬。炕面略高于居住面20~30厘米。炕面为石板，均是就地取材，清一色是石灰岩，石板之间有泥填缝。石板下面有烟道，烟道是掘地为槽。东、西火炕的石板下面都是三条烟道，北炕是一条烟道。烟道宽20~25、深18厘米。东、西火炕通过北炕的一条烟道连接，西炕的三条烟道在火炕的北端分别汇入到北炕的一条烟道中，东炕的三条烟道在北端先汇入其最东侧的烟道，然后通过东侧烟道和北炕的烟道汇于东北角的烟囱底下，共用一个烟囱（图五二）。

烟囱底部平面呈圆形，略有圜底，也是挖地而成，直径0.44米（图五三；图版九二，1）。

灶址位于东西两炕的最南端，为圜底灶。灶的周围砌筑有石块，现在已坍塌。平面呈椭圆形，长径1.2、短径1、深0.3米（图五四；图版九一）。灶和烟道有一个通道相连，通道周围为红烧土（图版九二，2）。

房址内出土的遗物以陶器残片和铁器为主，可辨识的有口沿、器耳、器底等。其中口沿多为卷沿。陶器质地有泥质、夹砂、泥质夹砂三类；陶色有灰、灰褐、灰黑、红褐等；纹饰以素面为主，还有少量弦纹。铁器有镞、甲片、锅等①。

（1）陶器

壶　08ⅠF3：24，残，仅余口部。泥质灰陶，侈口，方沿，束颈，高4、口径12、壁厚0.5厘米（图五五，3）。

罐　07ⅠF3：2，仅有底部残片，泥质黄褐陶，平底。底径复原后为22、残片高4.4、壁

① 由于出土器物较多，又是跨年度发掘，故本单位的器物编号前缀年份以区分。

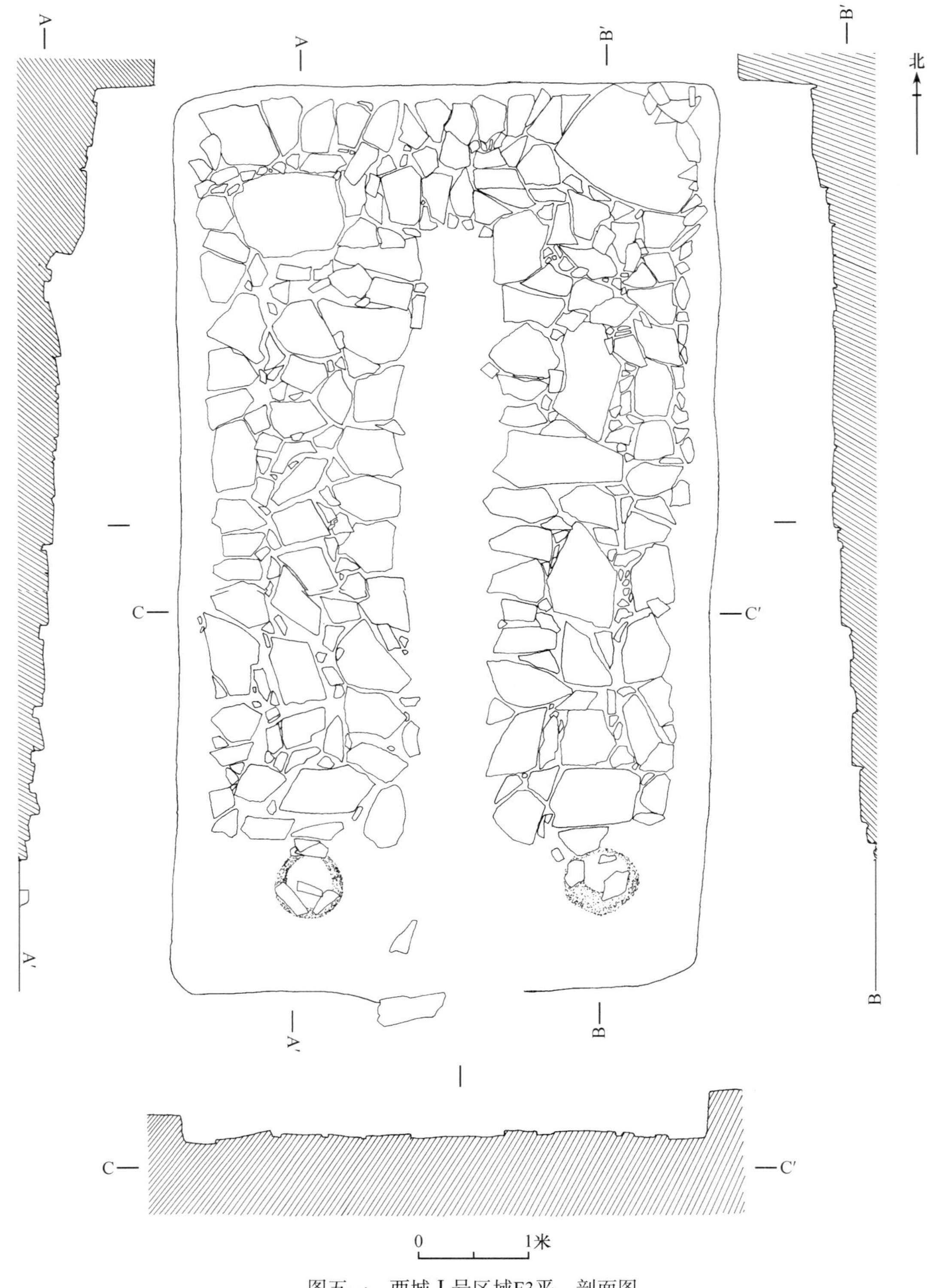

图五一　西城Ⅰ号区域F3平、剖面图

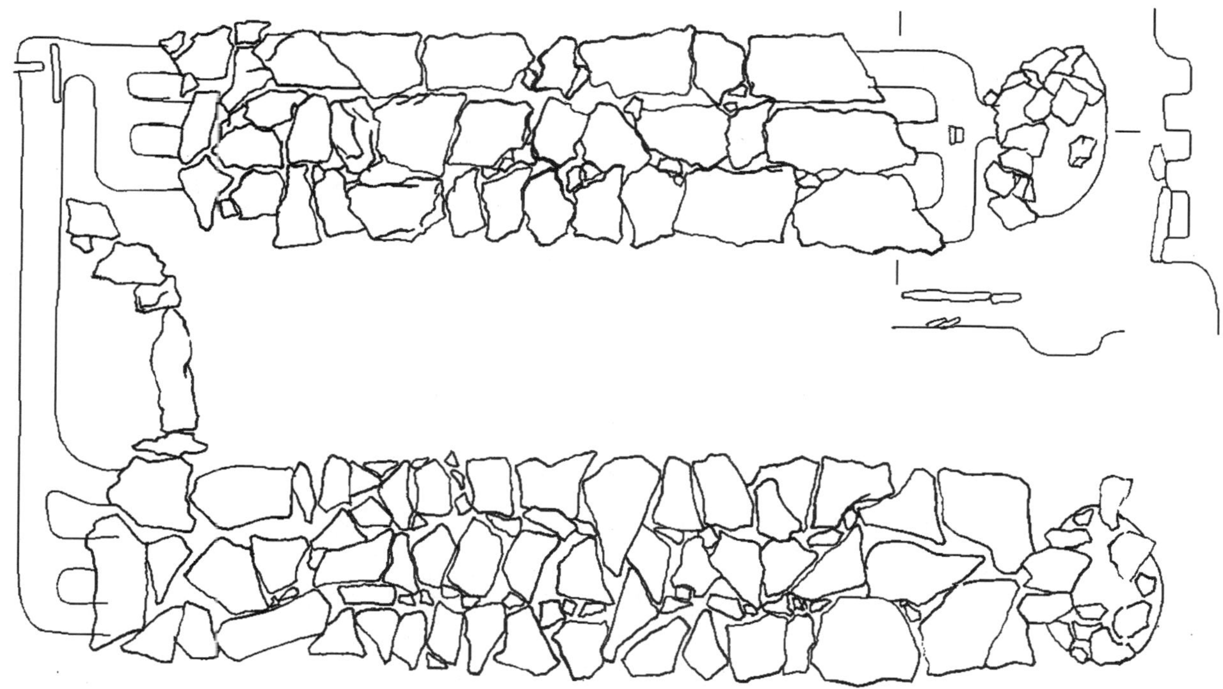

图五二　西城Ⅰ号区域F3烟道和灶址平、剖面图

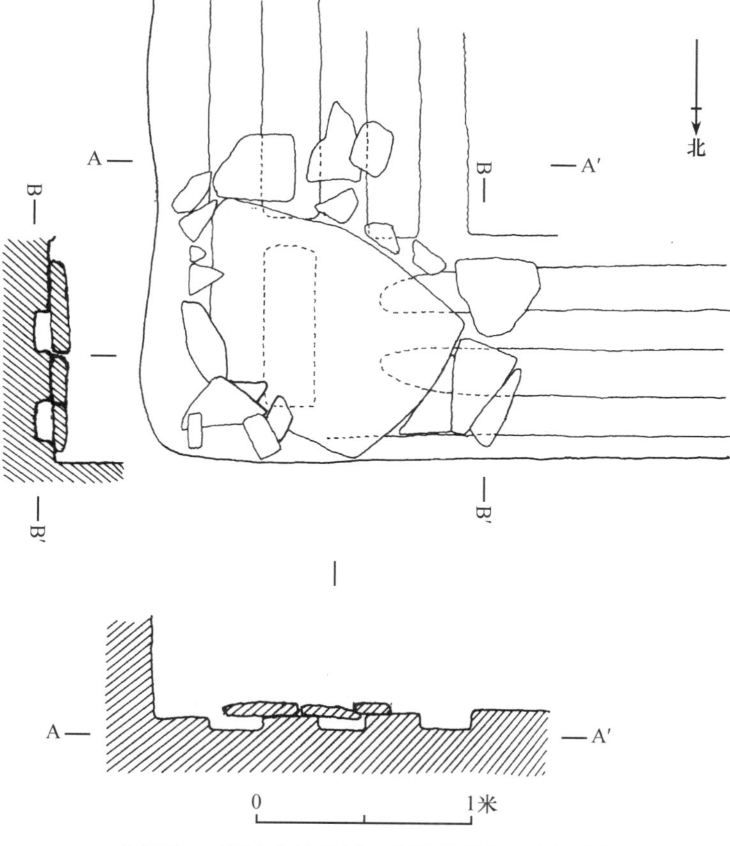

图五三　西城Ⅰ号区域F3烟道位置平、剖面图

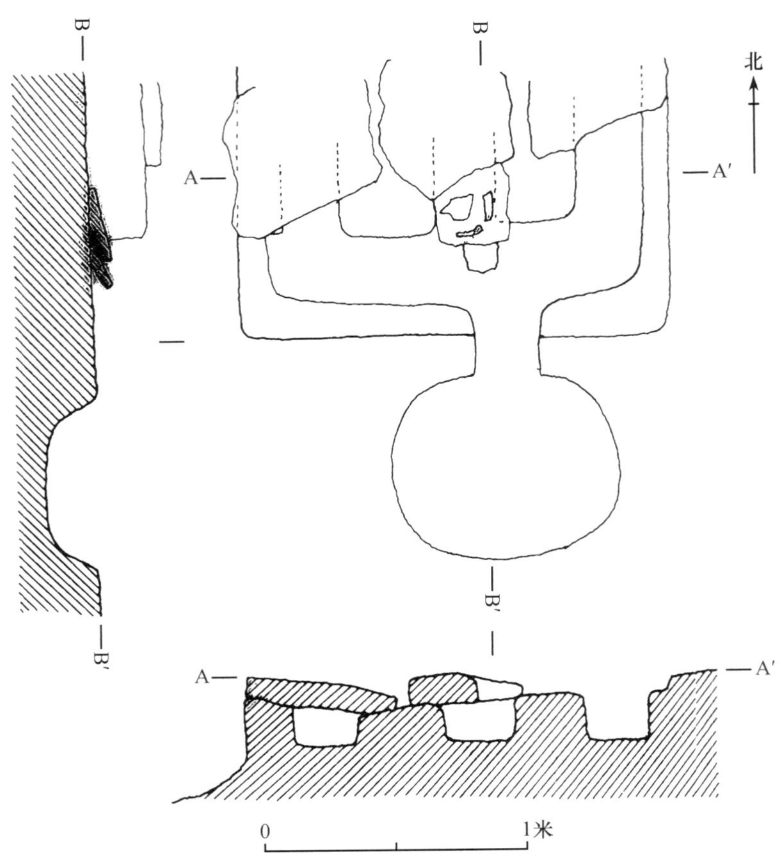

图五四　西城Ⅰ号区域F3灶址平、剖面图

厚0.8厘米（图五五，9）。07ⅠF3：4，残余一部分口沿，泥质黑陶，侈口折沿，方唇。残片高5.6、口径复原后为24、壁厚0.6厘米（图五五，2）。07ⅠF3：6，仅余口沿残部，泥质黄褐陶，侈口尖唇，宽沿，颈部略收，溜肩。残片高3.5、口径复原后为10、壁厚0.4厘米（图五五，1）。07ⅠF3：11，仅是底部残片，夹细砂黑褐陶，平底。底径修复后为6、残片高2.4、壁厚0.4厘米（图五五，6）。07ⅠF3：15，仅有口部残片，泥质黄褐陶，直口圆唇，卷沿矮领。残片高3、口径修复后为14.4、壁厚0.8厘米（图五五，4）。07ⅠF3：18，残余部分底部，夹蚌黑褐陶，平底。残片高4.8、底径修复后为7.2、壁厚0.5厘米（图五五，7）。

甑　07ⅠF3：1，仅为一块甑底残片，夹细砂灰陶，外缘侧较厚，中心较薄，仅存一孔。残片长6.4、宽5.3、厚0.6、孔直径1.1厘米（图五六，8）。

口沿　08ⅠF3：18，泥质灰陶，尖唇，平折沿。残长7.4、壁厚0.5厘米（图五七，5；图版一〇三，8）。08ⅠF3：17，泥质，灰陶，方唇，敛口。残长2.6、宽4、壁厚0.6厘米（图五五，11）。08ⅠF3：19，泥质黄褐陶，方唇，敛口。残高5.2、宽5.6、壁厚0.8厘米（图五七，11）。08ⅠF3：20，泥质灰陶，尖唇，侈口，折沿。残长7.6、宽3.2、壁厚0.5厘米（图五七，13；图版一〇三，5）。08ⅠF3：21，泥质黄褐陶，尖唇，侈口，束颈。残高6.8、残宽16、厚0.5厘米（图五六，4）。08ⅠF3：22，泥质黄褐陶，圆唇外卷，侈口。残长3.6、宽3.6、壁厚0.6厘米（图五七，14）。08ⅠF3：23，泥质灰陶，侈口尖唇，残长3.6、残宽2.5、壁

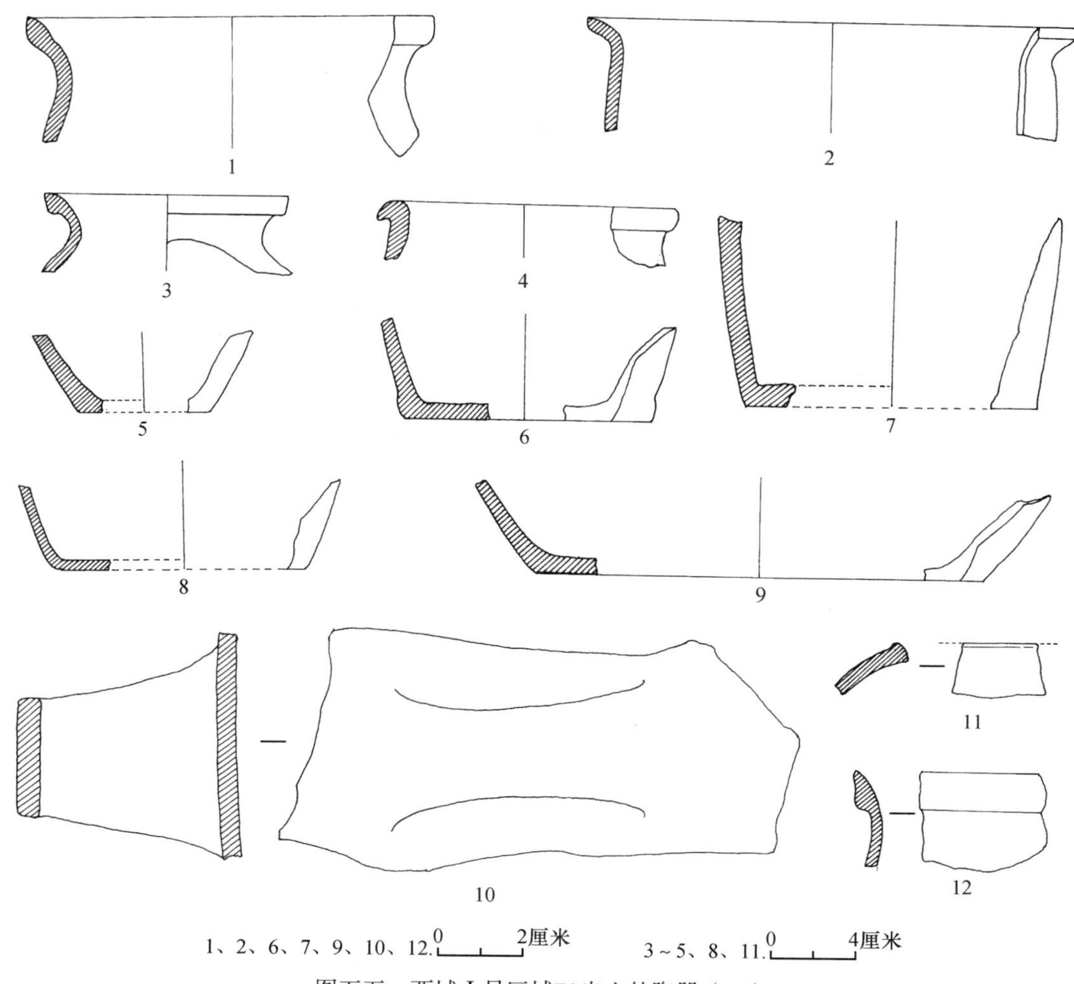

图五五　西城Ⅰ号区域F3出土的陶器（一）

1、2、4、6、7、9. 罐（07ⅠF3：6、07ⅠF3：4、07ⅠF3：15、07ⅠF3：11、07ⅠF3：18、07ⅠF3：2）　3. 壶（08ⅠF3：24）　5、8. 器底（08ⅠF3：14、07ⅠF3：29）　10. 器耳（07ⅠF3：17）　11、12. 口沿（08ⅠF3：17、07ⅠF3：3）

厚0.4 厘米（图五七，9）。07ⅠF3：3，夹砂红褐陶，侈口尖唇。残片长3、高2.5、壁厚0.3厘米（图五五，12）。07ⅠF3：5，泥质灰陶，侈口尖唇。残片长8.8、高4.8、壁厚0.6厘米（图五七，8）。07ⅠF3：7，泥质黄褐陶，圆唇，口微敞。残片长5.9、高4.1、壁厚0.3厘米（图五六，3）。07ⅠF3：8，夹细砂褐陶，直口方唇，沿下饰一周凸棱。残片长2、高2.9、壁厚0.4厘米（图五七，12）。07ⅠF3：9，泥质灰陶，直口方唇，立沿，颈部有一周弦纹。残片长6、高5.8、壁厚0.6厘米（图五七，2）。07ⅠF3：10，泥质灰陶，直口圆唇，大卷沿。残片长6.6、高3.6、壁厚0.6厘米（图五六，9）。07ⅠF3：12，泥质黄褐陶，宽沿侈口，口内侧有一周凹槽，沿下缘突出，直腹。残片长7.6、高3.5、壁厚0.4厘米（图五六，6）。07ⅠF3：13，泥质黄褐陶，侈口方唇，唇上有连续的戳印纹。外沿下有一周凸棱，凸棱上有连续的戳印纹。残片长4.7、高7、壁厚0.5厘米（图五六，1）。07ⅠF3：19，泥质灰陶，直口圆唇，沿粗厚。残长6.4、高3.4、壁厚0.7厘米（图五六，2；图版一〇三，6）。07ⅠF3：20，泥质黄褐陶，直口，宽沿下卷。残长7.6、高2.7、壁厚0.5厘米（图五七，7）。07ⅠF3：21，泥质灰褐陶，

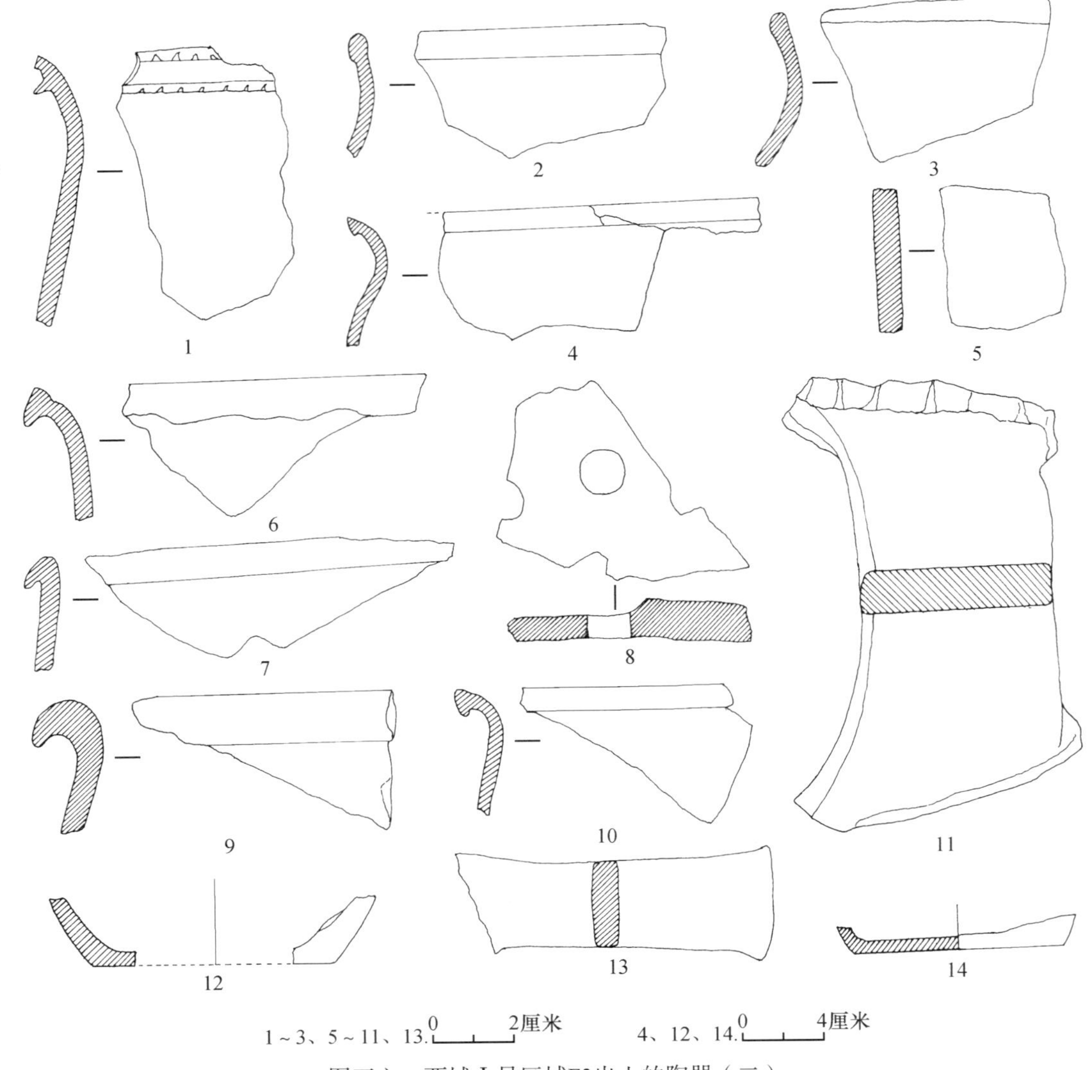

图五六　西城Ⅰ号区域F3出土的陶器（二）

1～4、6、7、9、10. 口沿（07ⅠF3：13、07ⅠF3：19、07ⅠF3：7、07ⅠF3：21、07ⅠF3：12、07ⅠF3：24、07ⅠF3：10、07ⅠF3：26）　5. 特殊陶片（07ⅠF3：16）　8. 甑（07ⅠF3：1）　11、13. 器耳（08ⅠF3：13、07ⅠF3：14）　12、14. 器底（08ⅠF3：15、08ⅠF3：16）

圆唇，直口微敛。残片长5.5、高2.5、壁厚0.6厘米（图五七，4）。07ⅠF3：22，夹细砂黑皮陶，侈口尖唇，唇沿较宽。残片长9.4、高4、壁厚0.6厘米（图五七，15；图版一〇三，3）。07ⅠF3：23，泥质黄褐陶，直口圆唇，外口沿下有一周较宽凹槽。残片长4.7、高10、壁厚1厘米（图五七，3）。07ⅠF3：24，泥质灰褐陶，直口，沿下勾。残片长9.5、高3、壁厚0.5厘米（图五六，7）。07ⅠF3：25，泥质黑皮陶，微侈口方唇，束颈。残片长6.2、高2.7、壁厚0.6厘米（图五七，6）。07ⅠF3：26，泥质灰陶，外展沿，唇沿下内勾，溜肩。残片长5.9、高3.7、壁厚0.4厘米（图五六，10）。07ⅠF3：27，泥质黑皮陶，圆唇，侈口，微束颈。残片长8.4、高3、壁厚0.5厘米（图五七，10）。07ⅠF3：28，泥质黄褐陶，敞口方唇，唇沿内侧有突出，似呈敛口状，残片长6.3、高5.2、壁厚0.8厘米（图五七，1）。

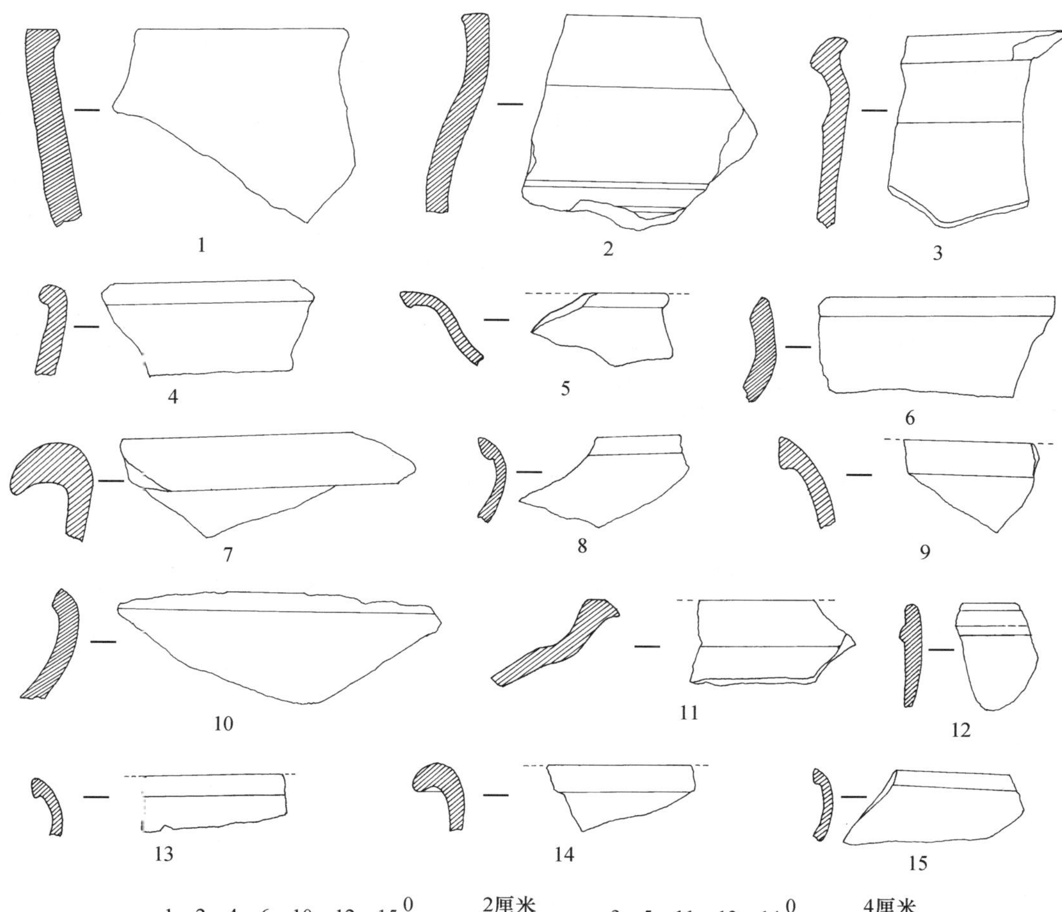

1、2、4、6～10、12、15. 0 2厘米　　3、5、11、13、14. 0 4厘米

图五七 西城Ⅰ号区域F3出土的陶器口沿

1～15. 口沿（07ⅠF3：28、07ⅠF3：9、07ⅠF3：23、07ⅠF3：21、08ⅠF3：18、07ⅠF3：25、07ⅠF3：20、07ⅠF3：5、08ⅠF3：23、07ⅠF3：27、07ⅠF3：19、07ⅠF3：8、08ⅠF3：20、08ⅠF3：22、07ⅠF3：22）

器底 08ⅠF3：14，泥质灰陶，平底。底径6.6、残高4、底厚0.6、壁厚0.6 厘米（图五五，5）。08ⅠF3：15，泥质黄陶，平底。底径13.2、残高3.6、壁厚0.6、底厚0.8 厘米（图五六，12）。08ⅠF3：16，泥质黄褐陶，平底。残高1、底径10.8、厚0.6、底厚0.7 厘米（图五六，14）。07ⅠF3：29，泥质灰陶，平底，底径1.2、残高4.4、厚0.6厘米（图五五，8）。

器耳 08ⅠF3：13，泥质黄褐陶，横桥耳。长11.5、宽7、厚0.6厘米（图五六，11）。07ⅠF3：14，横鋬耳，残，仅有鋬耳的桥部。泥质黄褐陶。残长8、耳宽2.9、厚0.7厘米（图五六，13）。07ⅠF3：17，横鋬耳，较完整，依附在陶器器壁上，泥质黑褐陶。耳长6、宽2.2、厚0.5厘米（图五五，10）。

特殊陶片 07ⅠF3：16，器身陶片，夹蚌粉红褐陶，平面呈长方形。残片长3.8、宽3.1、壁厚0.6厘米（图五六，5）。

陶饼 08ⅠF3：12，泥质黑灰陶，平面近圆形。直径5.8、厚约0.3厘米（图五○，4）。

（2）铁器

甲片 08ⅠF3：11，锈蚀较甚，略呈长方形，可辨认三个穿孔。长5.4、宽2.5、厚0.1、穿孔直径0.1厘米（图五八，2）。

镞　08ⅠF3：7，镞首三叉形，扁且锋利，截面近椭圆形；镞身细长，四棱柱状，截面正方形；铤部较细，方锥形，尾部尖锐。通长14.4、截面边长0.7、铤长3.5、截面边长0.3厘米（图五八，8；图版一一六，1）。08ⅠF3：8，锈蚀较甚，仅存镞身部分。镞身细长，现有变形呈弧状，截面近正方形。通长12、截面宽0.6厘米（图五八，6）。08ⅠF3：9，镞首蛇头形，锋扁且利，截面近椭圆；镞身方棱状，细长，截面近长方形；铤部较扁，截面近长方形。通长15、镞身截面边长0.7、铤长1.5、截面边长0.5厘米（图五八，9）。07ⅠF3：30，蛇首形镞首，镞身扁长且厚实，铤部细扁，尾梢呈方锥状。通长14.4、镞身长9.8、宽0.4～0.5、厚0.5厘米，铤部长4.6、宽0.4、厚0.2厘米（图五八，7）。07ⅠF3：33，残，仅有镞身，现有变形呈弧状。残5.6、宽0.6厘米（图五八，4）。08ⅠF3：10，镞首蛇头形，扁且锋利，截面为椭圆形，镞身细长，呈方棱状，截面近方形，铤部方锥形，较细。通长16.8、镞身截面边长0.5、铤长3.9、截面边长0.25厘米（图五八，10；图版一一六，2）。

牌饰　08ⅠF3：3，略呈椭圆形圆饼状，周围有波浪样的花边，中心向外凸起。直径4.8～5.3、厚0.5厘米（图五八，11；图版一一三，2）。

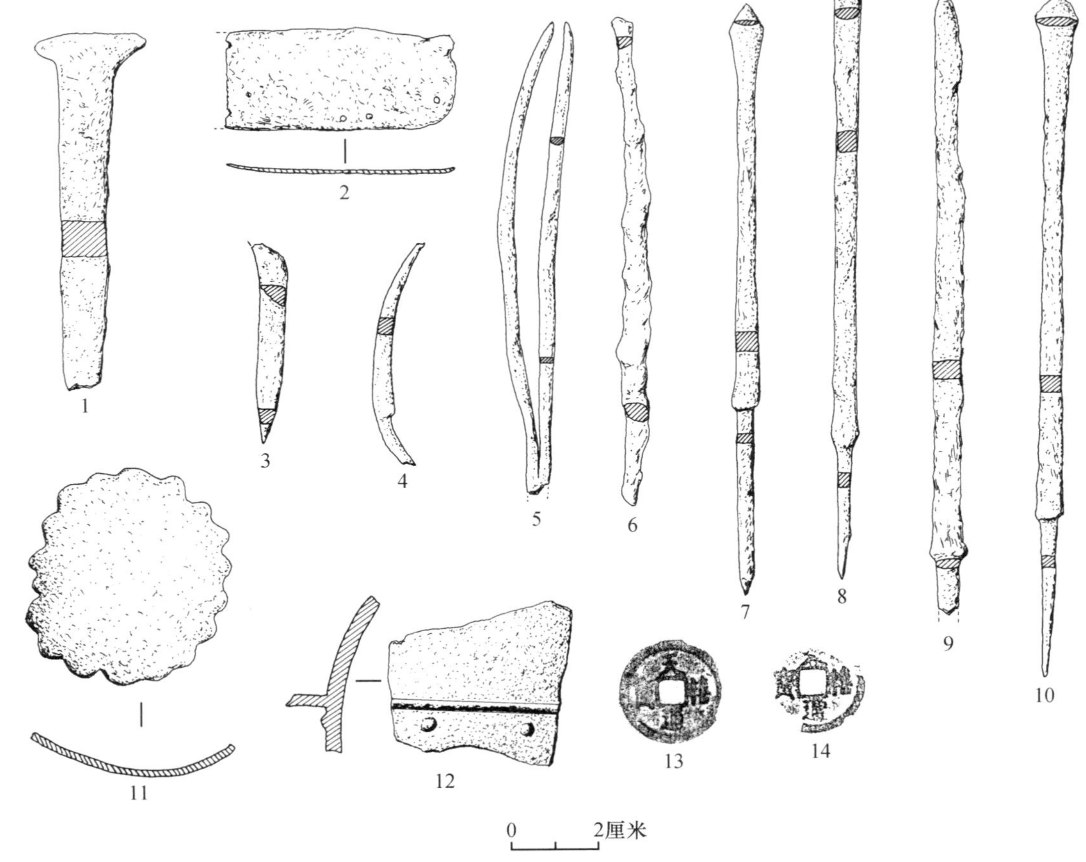

图五八　西城Ⅰ号区域F3出土的遗物及拓片

1. 铁凿（08ⅠF3：2）　2. 铁甲片（08ⅠF3：11）　3. 铁锔钉（07ⅠF3：32）　4、6～10. 铁镞（07ⅠF3：33、08ⅠF3：8、07ⅠF3：30、08ⅠF3：7、08ⅠF3：9、08ⅠF3：10）　5. 铁镊（07ⅠF3：31）　11. 铁牌饰（08ⅠF3：3）　12. 铁锅（08ⅠF3：4）　13、14. "天禧通宝"铜钱拓片（08ⅠF3：25、08ⅠF3：26）

锅　08ⅠF3：4，仅余器身残片，平面近长方形，有鋬耳，耳下并列有乳钉样两组。残片长8.4、宽8、壁厚0.8厘米；鋬耳宽2、厚0.6厘米；纽径0.6、纽距4厘米（图五八，12；图版一一一，7）。

凿　08ⅠF3：2，凿头宽扁，有凿锤的面，刃部残；凿身呈方柱状，截面近正方形。通长8.8、顶部宽2.6、凿身截面边长1.1厘米（图五八，1；图版一一〇，1）。

镊　07ⅠF3：31，锻造。两齿完整，一齿略弧曲内勾，一齿较直，齿尖部整齐。根部稍有残缺。通长11.7、齿宽0.8、厚0.4厘米（图五八，5；图版一一三，1）。

锔钉　07ⅠF3：32，锻造，大部分残缺，仅余一只钉脚，呈三棱锥形。长5.9、宽0.7厘米（图五八，3）。

（3）铜器

"天禧通宝"铜钱　08ⅠF3：25，锈蚀，上有一道裂纹，字迹清晰。楷书，旋读。直径2.6、边廓0.2、厚0.1厘米，方孔边长0.6厘米（图五八，13；图版一一九，5）。08ⅠF3：26，残破几近一半，锈蚀较甚，字迹尚清晰。楷书，旋读，大小尺寸与上款相同（图五八，14；图版一一八，7）。

4. ⅠF4

房址位于Ⅰ号区域蓄水池北侧的坡地上，西距B区20米，其北侧是景区的旱厕。

发掘前地表已经堆满现代垃圾，钻探确定有遗迹后：东侧遗迹和西侧遗迹相似，并向，二者相距20米。遗迹发现位于地表下0.2（南）~1.3（北）米处，石质结构，呈"U"形，东西宽4.8、南北长7.5米。东侧石长7.7、宽1.9米；西侧石长7.5米、宽2米；北侧石宽1.5米。东侧石南端距地表0.5米处发现有红烧土的痕迹。石块外侧均为生土。据此，将其划为C区，选择布方。探方按照5米×10米的规格布线，实际发掘面积46.8米。清理后发现一处房址（图四六）。

房址所处位置地表是一处低凹的地势，南面坡下的部分房址遗迹已裸露。

遗迹开口于第1层下，为半地穴式建筑，长8.6、宽约5米。房址北侧依靠山坡，南面是门道，顺坡而下就是蓄水池和泉眼，十分方便居住（图五九；图版九三）。

房址的门道清楚，方位角180°，宽约1米，门道中部有一块柱础石，裂为两块，其中一个略下滑分开。房址内有一"U"形火炕，与Ⅰ号区域F3火炕形制一致。

炕面是选用大小不一的石板铺平，东、西炕面长7、宽1.6米。石板的背面不很规整，正面较平整。共三排石板，排列规律，大块石板中间用小的石块填补，构成整体炕面，最大石板位于房址的东北角处，近长方形，长约13、宽约1米，厚6~8厘米。东、西炕面长7、宽1.6米，有三排石板。北炕面宽1.2米，有二排石板，与东、西两面的火炕相连，灶址位于东、西两炕的最南端。烟囱位于房址的东北角，底部平面呈圆形，略有圜底，也是挖地而成，直径0.4米。东、西炕面间距0.8米，居住面土呈浅黄杂灰色，土质黏硬。炕面距居住面的距离约10厘米。东、西火炕的石板下面都是三条烟道，北炕是二条烟道。烟道的制作是掘地为槽，上面覆盖石板，石板均是就地取材。烟道宽20~25、深18厘米。东、西火炕通过北炕的二条烟道连接，西炕的三条烟道在火炕的北端分别汇入到北炕的烟道中，其中最西侧的烟道汇入北炕的最北烟道，中间和东侧的烟道汇入北炕南面的烟道。东炕的三条烟道在炕北端合为两个烟道，西

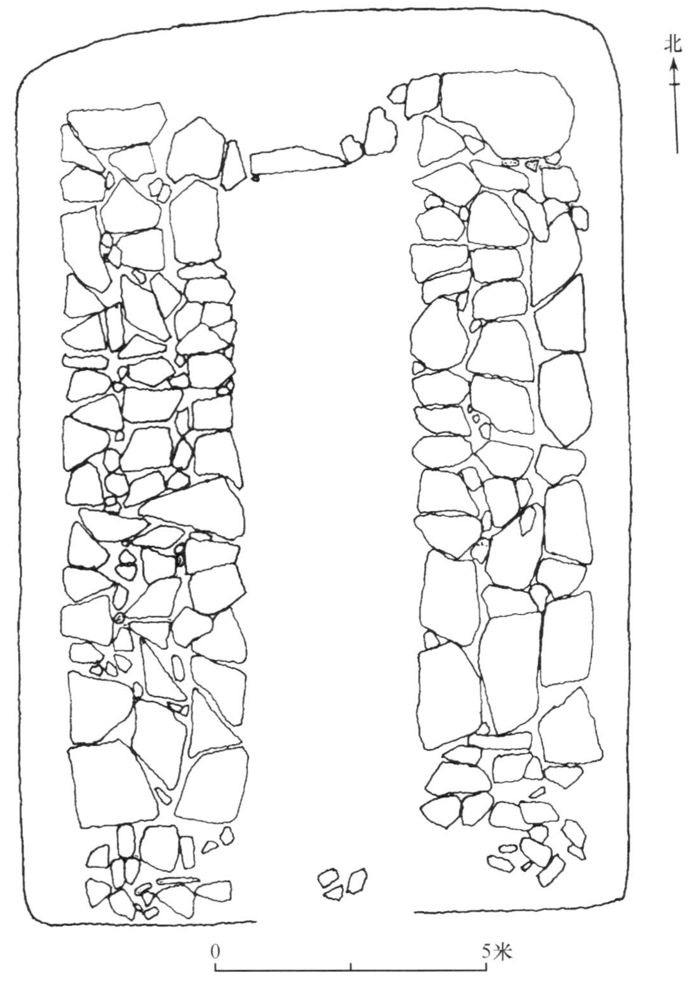

图五九　西城Ⅰ号区域F4探方平面分布图

边和中间的烟道与北炕南面的烟道汇合，成为一条向北的烟道，最后与北炕北面的烟道合为一处，折向东北角的烟囱。东炕最东侧的烟道，直接通到东北角的烟囱下面，与北炕北面的烟道共汇于东北角的烟囱底下。

房址内出土的遗物以陶器残片和铁器为主，可辨识有器底、豆盘等。陶器质地有泥质、夹砂、泥质夹砂三类；陶色有灰、灰褐、灰黑、红褐等；纹饰以素面为主，还有少量弦纹。铁器有镞、锔钉、甲片、锅等。另出有砺石。

（1）陶器

钵　ⅠF4：13，泥质黄褐陶，尖唇，敞口，斜弧腹，平底，素面。高3、壁厚0.3～0.6、底厚0.4厘米（图六〇，2；图版一二三，2）。

器底　ⅠF4：10，黄褐陶，夹石英，质地较细腻，平底。底径8、残高1.7、壁厚0.5、底厚0.4厘米（图六〇，1）。ⅠF4：11，泥质黄褐陶，手制，内外磨光，平底。底径6.2、残高4.5、壁厚0.6、底厚0.7厘米（图六〇，4）。ⅠF4：12，泥质灰陶，平底。底径14、残高5.4、壁厚0.6、底厚0.6厘米（图六〇，3）。

（2）铁器

锅　ⅠF4：2，残，仅余一段口部。平方沿内折，口微敛，沿中部微内凹。口下方施平行凹弦纹两道，弦纹间距0.8厘米。残长9.8、宽6.4、沿宽2、壁厚0.8厘米（图六一，7）。

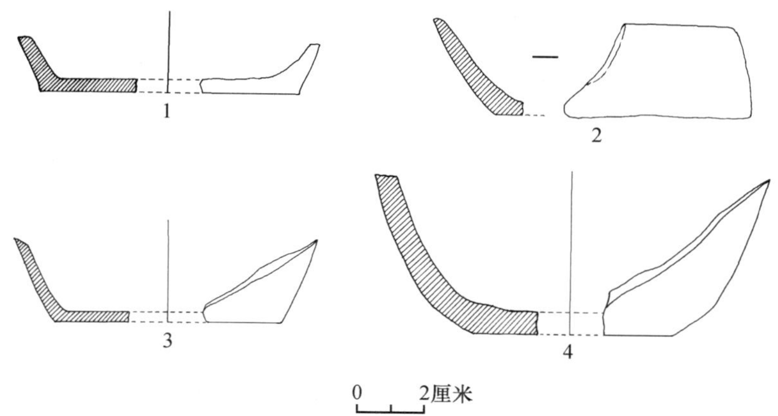

图六〇　西城Ⅰ号区域F4出土的陶器

1、3、4. 器底（ⅠF4：10、ⅠF4：12、ⅠF4：11）　2. 钵（ⅠF4：13）

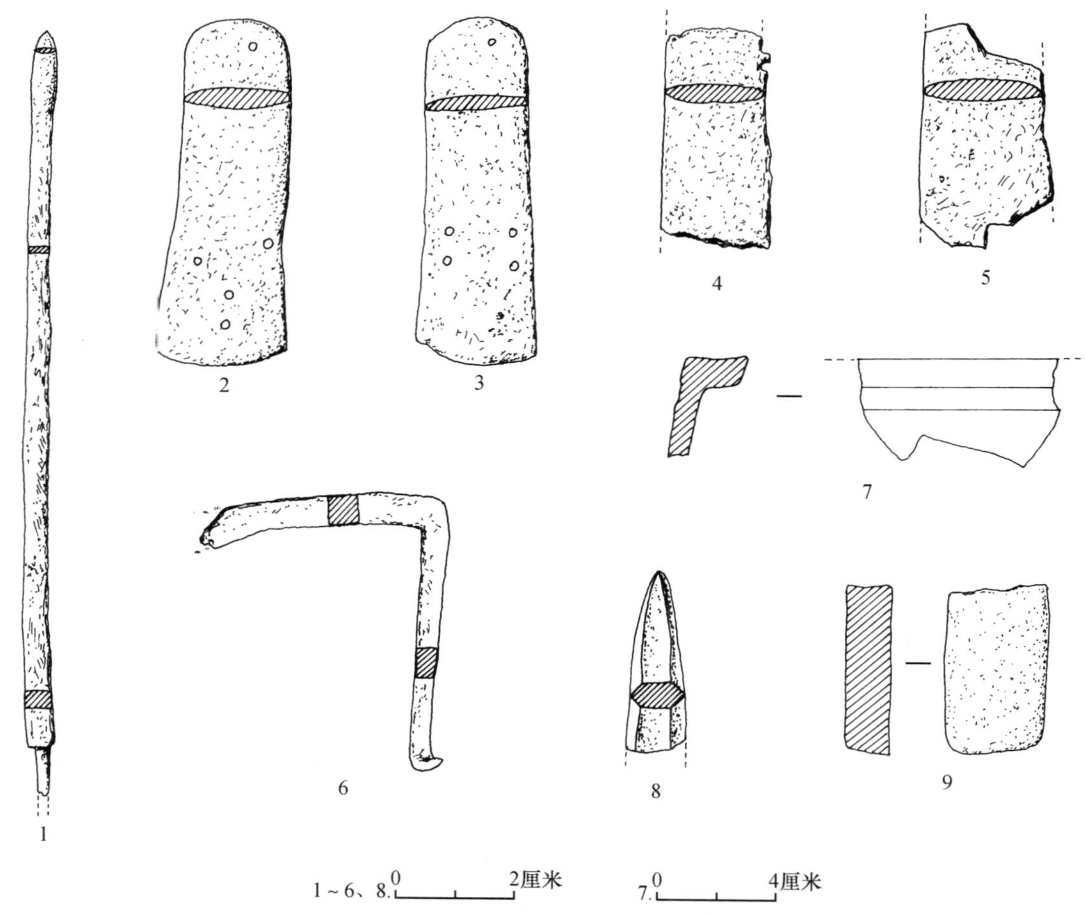

图六一　西城Ⅰ号区域F4出土的遗物

1、8. 铁镞（ⅠF4：4、ⅠF4：5）　2～5. 铁甲片（ⅠF4：9、ⅠF4：8、ⅠF4：6、ⅠF4：7）　6. 铁锔钉（ⅠF4：3）　7. 铁锅（ⅠF4：2）　9. 砺石（ⅠF4：1）

甲片　ⅠF4：6，残，无孔。长方形。残长4、宽2厘米（图六一，4）。ⅠF4：7，残，无孔。长方形。残长4、宽2.3厘米（图六一，5）。ⅠF4：8，完整，有穿孔五个，一端一个，另一端四个，两两对称分布。长6.3、宽1.2厘米，孔直径0.1厘米（图六一，3；图版一一三，3右）。ⅠF4：9，完整，有穿孔五个，一端一个，一端四个，呈“T”形分布。长6.3、宽1.2厘米，孔直径0.1厘米（图六一，2；图版一一三，3左）。

锔钉　ⅠF4：3，残缺一只钉脚，另一只钉脚宽扁，尖部已经挫钝，中间桥部为四棱柱状，宽扁。残长8.8、厚0.5厘米，钉头宽1.7、桥部宽0.8 厘米（图六一，6）。

镞　ⅠF4：4，蛇头形镞首，锈蚀较甚，铤部有残缺。通长13.9厘米，镞身长13、厚0.4厘米，铤长0.9、径0.3厘米（图六一，1）。ⅠF4：5，残，仅余镞首部分，镞首呈三角形，残长3.8、宽0.5厘米。横截面为六棱形，厚0.5厘米（图六一，8）。

（3）石器

砺石　ⅠF4：1，残，平面呈长方形，表面光滑，体形小。残长2.9、宽1.8、厚0.8厘米（图六一，9；图版一〇二，7）。

（二）Ⅳ号区域的房址

Ⅳ号区域位于1号门址内侧，是一块较大的山间盆地，中间有一条通向1号门址的道路将其分为东西两部分，一号门址恰位于道路的尽头。道路东西两侧是坡地，根据考古钻探结果发现，遗址主要分布在西侧坡地上，东部坡地没有发现大片遗址。西坡遗址面积较大，长条状，现为耕地，坡地东边缘沟谷附近有一眼山泉，即北泉眼。根据考古钻探结果在这里布10米×10米探方9个，2008年到2009年两度在此发掘（图六二），发现房址13个，灰沟4条，发掘面积1340.5平方米（图九四；图版九四，1）。

1. ⅣF1

位于南高北低的山坡地上，Ⅳ号区域T8中部，向南延伸至T9。开口距地表残存0.1～0.2米，底部距地表残存0.18～0.4米。F4打破F1东南角。

发掘后，可知道F1为一圆角折尺形的房址，范围长11.3、宽5.75～6.8米，墙体不清。

门道朝北，位于房址折尺形的转折处，方向350°。门口有础石，础石间距0.9米，门外侧铺有石板，长1.3、宽0.9米（图六三；图版九四，2）。

房内堆积现仅存一层夹杂红烧土颗粒的黑土，土质松软，现残厚0.08～0.2米；房址居住面上为一层黑褐色土，土质较为坚硬。房址的东北角发现一柱洞，平面呈圆形，径0.1、深0.15米，内含红烧土，土质坚硬。

房址内现发现有一南北走向的折尺形火炕址，火炕北端有灶址，南端为烟囱，火炕灶址部分与主体形成折尺状，火炕地势也是由北向南逐渐升高。

炕址现长9.9米，主体宽1.7米，灶址炕宽2.95米。火炕下设三条烟道，烟道均采用掘地形成的沟槽，烟道宽0.12～0.21、深0.16米。每排烟道上面铺砌大小形态不一的石板，呈三排分

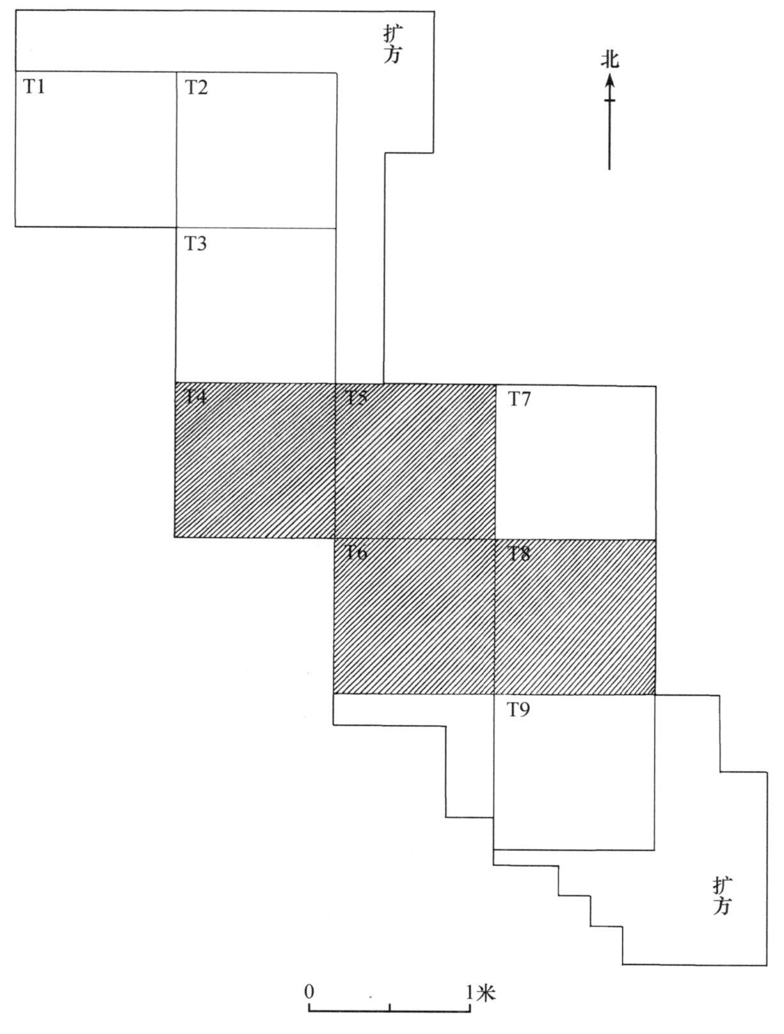

图六二　西城Ⅳ号区域探方分布图
（阴影部分为2007年布方范围）

布，石板排列较为规整，石块表面平整，显然是经过精心挑选和修整，三列大石板中间填塞有小石块，火炕表面原有用黄泥加以抹平修整，但因年代久远且开口浅，破坏严重。

灶址为地表下挖而成，平面成近圆形，直径为0.8、深0.35米，灶址表面及周围散落有火烧痕迹的石块，石块与火炕表面相连，此应为灶台塌落所致。灶门朝向东南，三条烟道皆与灶址底部相连，且灶址底部低于烟道，呈锅底状，底面多为红烧土面，内存有大量炭粒。烟囱位于房址的西南角，是房址最高位置，其底部平面呈近圆形，直径0.45、深0.15米。

火炕东侧房址中部由北向南依次有三处积薪灶址，平面皆呈圆形，北面的灶址直径长0.45、深0.2米，中间的灶径长0.5、深0.25米；南面的灶址径长0.45、深0.18米；灶址中部皆有大量红烧土颗粒。

房址出土的遗物以陶器残片为主，还有铁器、石器、玉器和瓷器，可辨识的陶器器形有罐、钵等。其中口沿多为卷沿。陶器质地有泥质、夹砂、泥质夹砂三类；陶色有灰、灰褐、灰黑、红褐、黑皮陶等；纹饰以素面为主，还有少量弦纹。

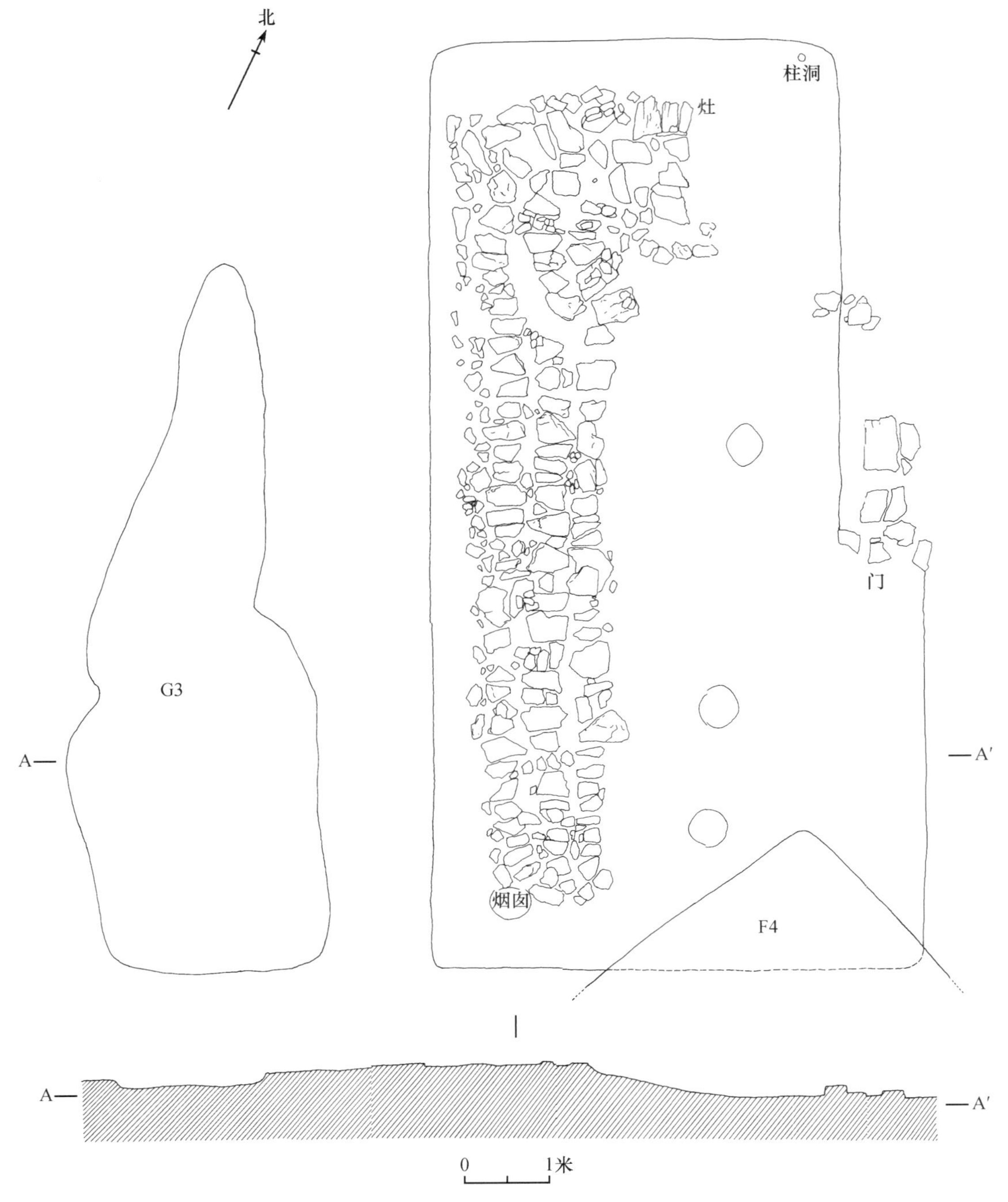

图六三　西城Ⅳ号区域F1和G3平、剖面图

（1）陶器

壶　08ⅣF1：1，残存口部残片，泥质灰陶，尖唇，敞口，束颈，溜肩。残高7.4、口径复原后为16、壁厚0.6厘米（图六四，4；图版一〇三，1）。

罐　09ⅣF1：11，残余口部，泥质黑皮陶，方唇，子母口，束颈。残片高5.2、口径复原后为22、壁厚0.6厘米（图六四，1）。09ⅣF1：15，泥质灰陶，侈口，圆尖唇，折沿，沿上有两周凹槽，外沿下缘内勾。残片高3.2、口径修复后为15、壁厚0.4厘米（图六四，10）。

09ⅣF1：16，泥质灰陶，直口圆唇，束颈，溜肩，鼓腹。残片高5.6、口径复原后为8、壁厚0.6厘米（图六四，7）。

钵 1件。09ⅣF1：13，残余器身局部，泥质黄褐陶，直口圆唇，平底。残片长3、高4.5、壁厚0.7、底厚0.6厘米（图六四，2）。

口沿 5件。09ⅣF1：9，泥质灰陶，直口尖唇，卷沿。残片长84、宽5.6、壁厚0.8厘米（图六四，8）。09ⅣF1：10，泥质灰陶，直口，圆唇，卷沿下卷几乎与器身相碰。残片长10.4、宽5.4、壁厚0.8厘米（图六四，12）。09ⅣF1：12，夹砂褐陶，侈口方唇，下沿探出。残片长6、高2.1、壁厚0.4厘米（图六四，11）。09ⅣF1：14，泥质黑皮陶，直口，大平折沿，沿面有一周凹槽。残片长5.6、高3.2、壁厚0.8厘米（图六四，9）。09ⅣF1：18，泥质黄褐陶，直口，尖唇。残片长9、高4.4、壁厚0.8厘米（图六四，5）。

器耳 1件。08ⅣF1：2，残，原为陶器身上的，泥质黄褐陶，横桥耳。残长3、耳宽2.6、厚0.8、器壁厚0.6厘米（图六四，3；图版一〇三，2）。

纹饰陶片 1件。09ⅣF1：17，器身残片，呈不规则四边形，夹砂褐陶，饰有手捏的附加堆纹。残片长3.5、高3.1、壁厚0.6厘米（图六四，6）。

（2）瓷器

器底 1件。07ⅣF1：2，白釉青花，平底，圈足。残高2.5厘米，圈足高1、直径5 厘米。

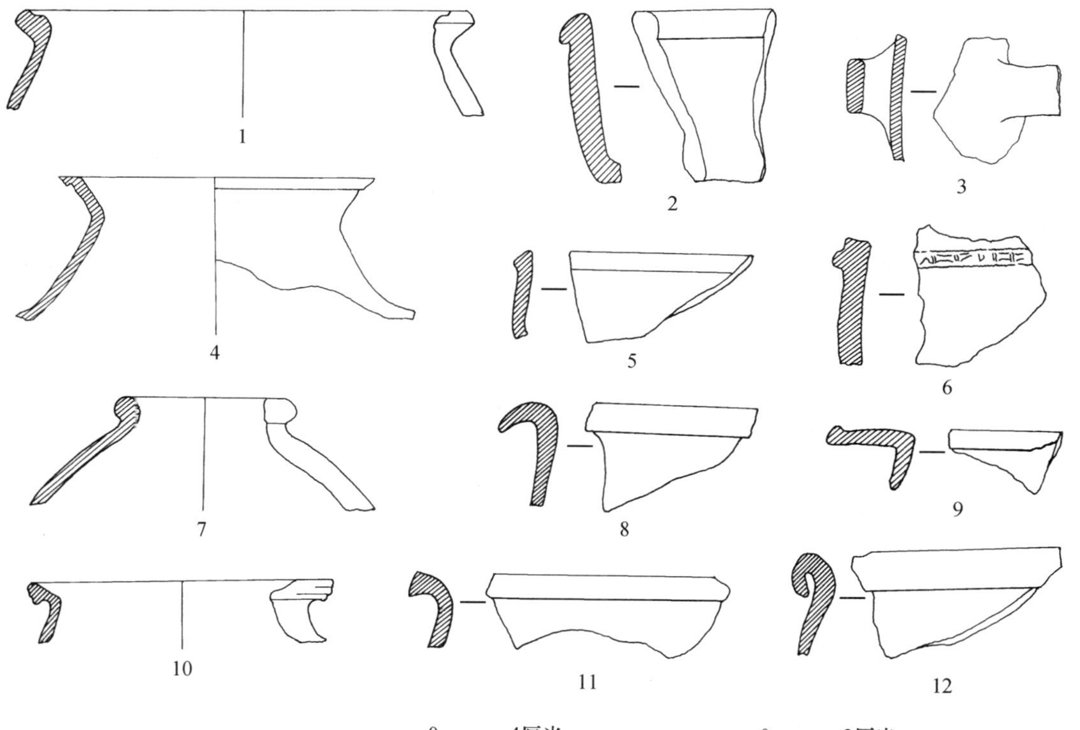

图六四 西城Ⅳ号区域F1出土的陶器

1、7、10. 罐（09ⅣF1：11、09ⅣF1：16、09ⅣF1：15） 2. 钵（09ⅣF1：13） 3. 器耳（08ⅣF1：2） 4. 壶（08ⅣF1：1） 5、8、9、11、12. 口沿（09ⅣF1：18、09ⅣF1：9、09ⅣF1：14、09ⅣF1：12、09ⅣF1：10） 6. 纹饰陶片（09ⅣF1：17）

（3）铁器

镰刀　1件。07ⅣF1：1，残，尖部缺损。锻造，銎和镰身一体。镰头长10.7、刃宽3、銎直径2.7厘米（图六五，3；图版一一三，5）。

削　1件。08ⅣF1：4，较完整，弧背，直刃。通长20.7、宽1.9、背厚4厘米，柄长5.5、宽0.9厘米（图六五，10；图版一〇五，2）。

镞　2件。09ⅣF1：6，尾部略残，镞首呈凿形，扁且锋锐，镞身修长，中部略内收，曲线流畅，下部厚实，铤呈圆锥状，铤尖残断。残长9.7厘米，镞身长7、厚0.3～0.9厘米，镞首宽1.1、铤直径0.3厘米（图六五，4；图版一一五，5）。09ⅣF1：7，镞身残蚀严重，仅可分辨是圆锥状铤。残长6.2厘米，铤直径0.4厘米（图六五，6）。

马衔　2件。09ⅣF1：2，仅余马衔的一半。一段衔杆呈长条形，两端各有一个圆环，两个圆环方向垂直。其中一端与外部的一个圆形铁环相套连，另一端仅为一个小圆环。衔杆长

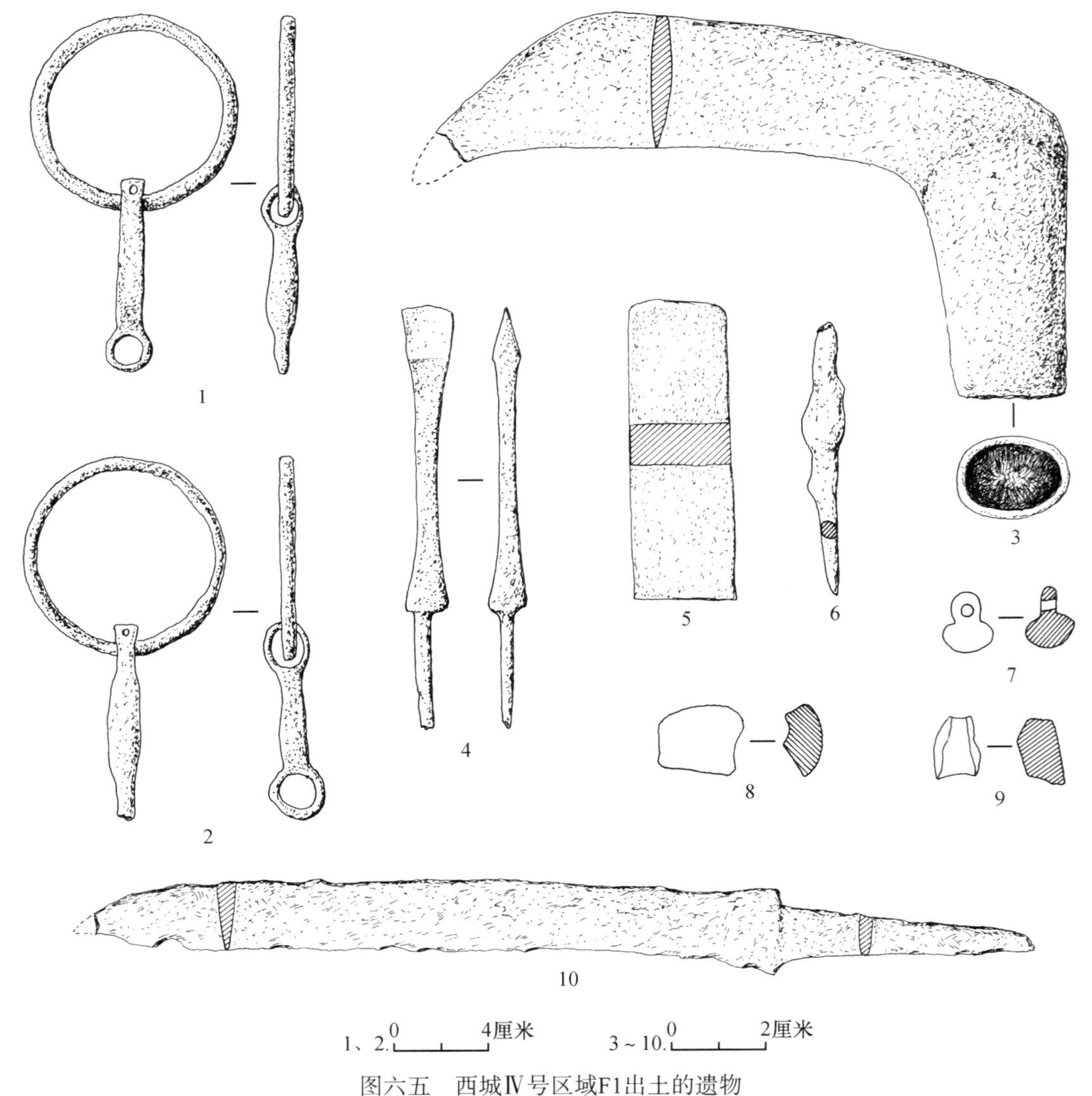

图六五　西城Ⅳ号区域F1出土的遗物

1、2. 铁马衔（09ⅣF1：2、09ⅣF1：4）　3. 铁镰刀（07ⅣF1：1）　4、6. 铁镞（09ⅣF1：6、09ⅣF1：7）　5. 砺石（08ⅣF1：3）　7. 玉饰件（09ⅣF1：8）　8、9. 玉料珠坯料（09ⅣF1：5、09ⅣF1：1）　10. 铁削（08ⅣF1：4）

8.6厘米，衔杆上的小圆环直径1.6厘米，外套的铁环直径7.8厘米（图六五，1；图版一〇八，7左）。09ⅣF1：4，形制与09ⅣF1：2相同。残存马衔的一半。一段衔杆呈长条形，两端各有一个圆环，两个圆环方向相同。其中一端与外部的一个圆形铁环相套连，另一端仅为一个小圆环。衔杆长9.6、衔杆上的小圆环直径1.4、外套的铁环的直径8厘米（图六五，2；图版一〇八，7右）。

（4）玉器

料珠坯料　2件。09ⅣF1：1，不规则四边形，白色。长1.3、宽1、厚1.1厘米（图六五，9；图版一一七，2）。09ⅣF1：5，平面为近四边形，略有内弧，蓝色。长1.8、宽1.6、厚0.8厘米（图六五，8；图版一一六，8）。

饰件　1件。09ⅣF1：8，球形纽扣状，上部为一圆环，下接一实心球。通高1.3厘米，球直径1.1、纽孔直径0.3厘米（图六五，7；图版一一七，1）。

（5）石器

砺石　1件。08ⅣF1：3，残，长方形。长7、宽2.2、厚0.9厘米（图六五，5；图版一〇二，1）。

2. ⅣF2

位于西城Ⅳ号区域T4西部，房址开口距地表0.15～0.2米，底部距地表0.25～0.35米，垂直深度为0.1～0.15米。

房址应为一圆角长方形的房址，范围长为3.5、宽为3.4米（图六六；图版九五，1）。

房内堆积现仅存一层黑土，土质松软，现残厚0.1～0.15米；居住面为一层灰褐色土，土质较为坚硬。没有发现门道和柱洞，房址周围也没有柱础发现。

房址内现发现有一南北走向的折尺形火炕，北部短炕尽头为灶址，南部长炕尽头是烟囱。火炕地势由北向南逐渐抬高，火炕现长3.15米，主炕中部炕体宽1.3米，灶址前炕体宽2.3米。火炕下设三条烟道（图版九五，2），烟道均系挖地而成的沟槽，烟道附近散有很多碎石，东侧烟道宽0.13、深0.1米；中间烟道宽0.13、深0.1米；西侧烟道宽0.14、深0.1米。烟道上面铺砌三列形状各异的大石块，石块排列不甚规整，石块表面也不甚平整，显然是铺砌比较随意，大石块中间皆填塞有小石块，火炕表面原应抹有黄泥来加以平整。

灶址为地表下挖而成，平面呈近圆形，灶底部呈锅底状，底面多为红烧土面，内存有大量炭粒。径长1.1、深0.25米，灶址表面及其周围散落有明显火烧过痕迹的石块，且与火炕表面相连，此应为灶台塌落所致；烟道与灶址底部相连且灶址底部低于烟道。

烟囱位于房址的西南角，底部平面呈近圆形，直径0.56、深0.1米，炕址的东侧烟道在南端折向烟囱，中间烟道并入东侧烟道折后的烟道，西侧的烟道与其直接相接，共同汇于烟囱底部。

遗址内填土出土有陶片、残板瓦（可复原）以及铁环等遗物。

（1）陶器

罐　09ⅣF2：5，残余底部，夹砂黄褐陶，平底。残片高4厘米，底径修复后为16厘米，壁和底厚0.6厘米（图六七，13）。

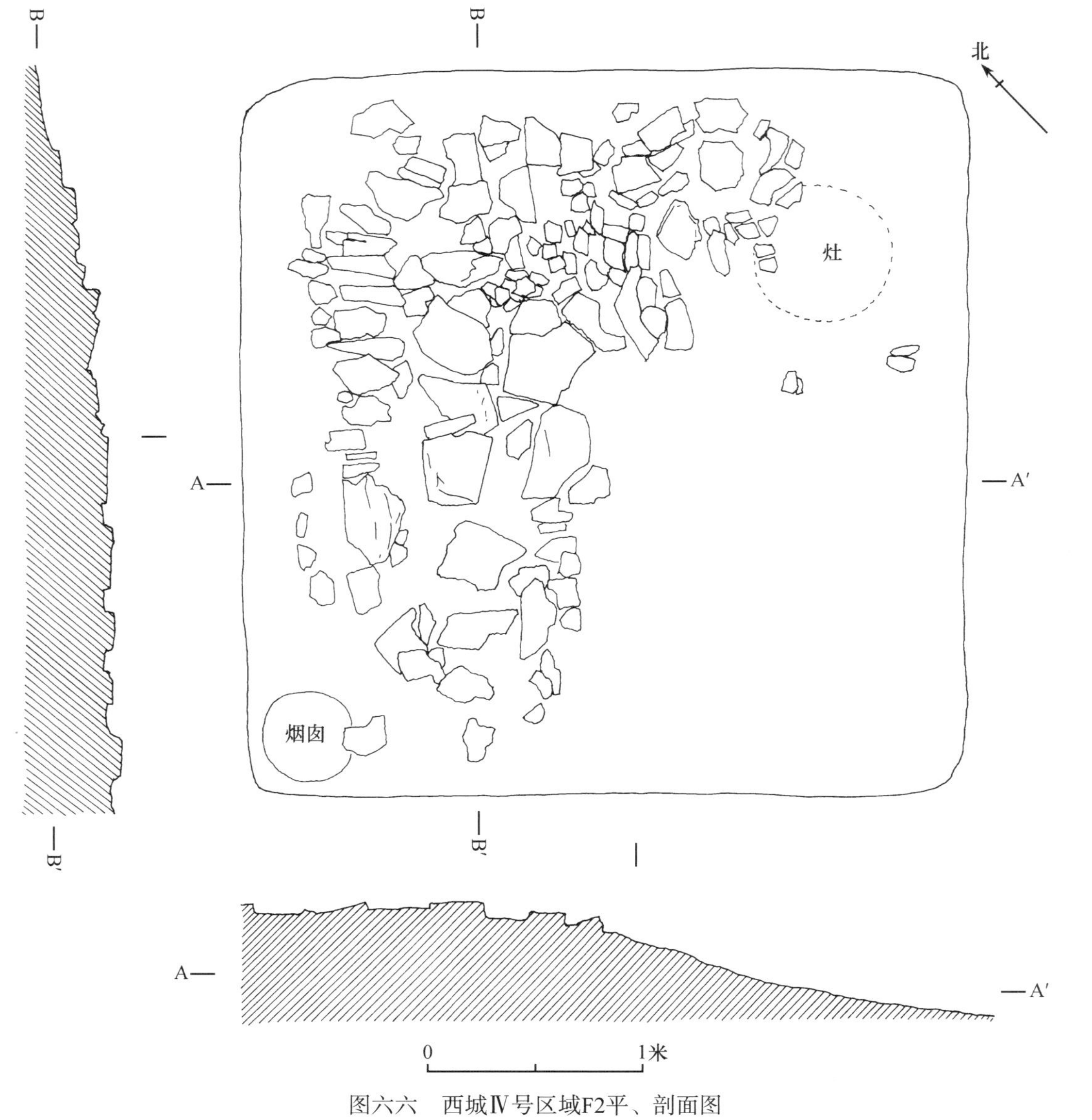

图六六　西城Ⅳ号区域F2平、剖面图

口沿　09ⅣF2：6，夹砂褐陶，侈口圆唇，束颈。残片长3.5、高1.9、壁厚0.3厘米（图六七，10）。09ⅣF2：7，夹细砂褐陶，尖唇，口微敞。残片长6.8、高3.4、壁厚0.6厘米（图六七，4）。09ⅣF2：8，泥质黄褐陶，敛口，平折沿。残片长14.6、高6.4、壁厚0.6厘米（图六七，1）。09ⅣF2：9，夹细砂褐陶，圆唇，敛口。残片长2.8、高2.8、壁厚0.4厘米（图六七，2）。09ⅣF2：10，泥质黑皮陶，尖唇侈口，外口沿下缘内勾。残片长7.3、高3、壁厚0.5厘米（图六七，12）。09ⅣF2：12，泥质灰陶，尖唇侈口，外口沿下缘内勾，束颈。残片长4.4、高2.2、壁厚0.3厘米（图六七，5）。09ⅣF2：13，泥质黄褐陶，尖唇，口微敞，外口沿下缘内勾，沿下器壁上有指压纹。残片长4.3、高3.3、壁厚0.5厘米（图六七，6）。09ⅣF2：14，夹蚌粉黄褐陶，方唇，直口，溜肩。残片长10、高6.6、壁厚0.8厘米（图六七，9）。

器底　09ⅣF2：4，夹砂黑褐陶，平底。残片高2.4厘米，壁和底厚0.6厘米（图六七，11）。

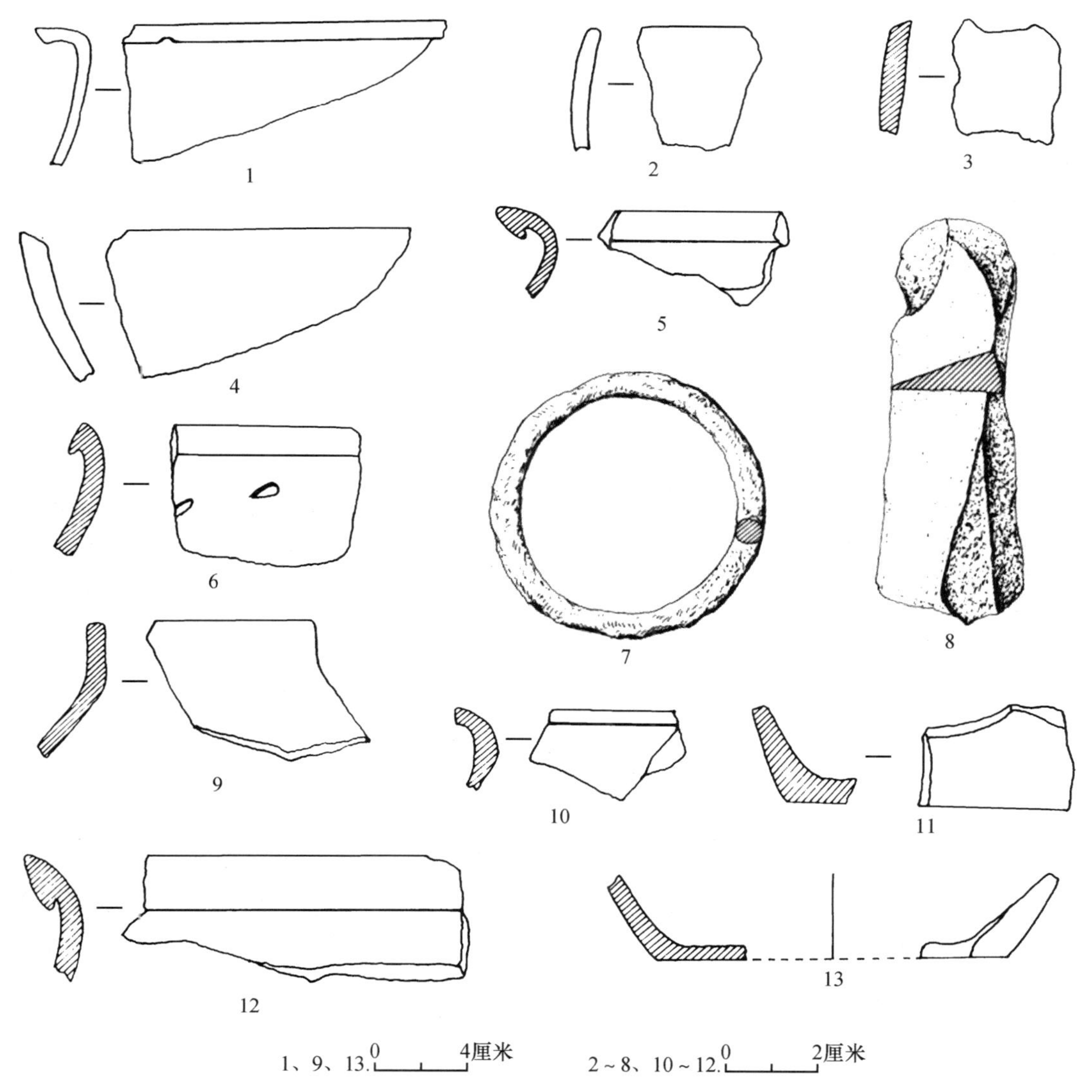

图六七　西城Ⅳ号区域F2出土的遗物

1、2、4～6、9、10、12. 口沿（09ⅣF2：8、09ⅣF2：9、09ⅣF2：7、09ⅣF2：12、09ⅣF2：13、09ⅣF2：14、09ⅣF2：6、09ⅣF2：10）　3. 陶片（09ⅣF2：11）　7. 铁环（09ⅣF2：1）　8. 砺石（09ⅣF2：3）　11. 器底（09ⅣF2：4）　13. 陶罐（09ⅣF2：5）

陶片　09ⅣF2：11，夹细砂黑褐陶，形状近方形。残片长2.7、厚0.5厘米（图六七，3）。

板瓦　09ⅣF2：2，残，瓦沿有压印纹饰呈“<”形连续排列，每组六个方点，对称分布。下沿宽22厘米（图六八，5；图版一一九，7）。

（2）铁器

环　09ⅣF2：1，圆形，系用圆柱形铁条锻成，锈蚀。孔径5厘米，环截面直径0.6厘米（图六七，7；图版一一○，3）。

锔钉　08ⅣF2：1，中部残断，仅余一半，钉脚已挫钝，桥部宽扁。残长8.2、宽0.8 厘米（图六八，3）。

犁　08ⅣF2：2，大部分残缺，仅余一小块犁镜。残长7、宽10、壁厚0.1 厘米（图六八，2）。

铁器　08ⅣF2：3，残，仅余一段环连着一个带圆孔的铁饼。总长6.7、孔径0.2厘米（图六八，1）。

（3）铜器

“祥符通宝”铜钱　09ⅣF2：15，完整，字迹清晰，“祥”字下方的方孔边缘有硬器顶过的痕迹，略有豁口。楷书，旋读。直径2.4厘米，边廓宽0.2、厚0.1厘米，方孔边长0.6厘米（图六八，4；图版一一九，3）。

（4）石器

砺石　09ⅣF2：3，平面呈长方形，一侧薄，一侧厚，表面有磨痕。长9.2、宽3.3、最厚处1厘米（图六七，8；图版一〇二，4）。

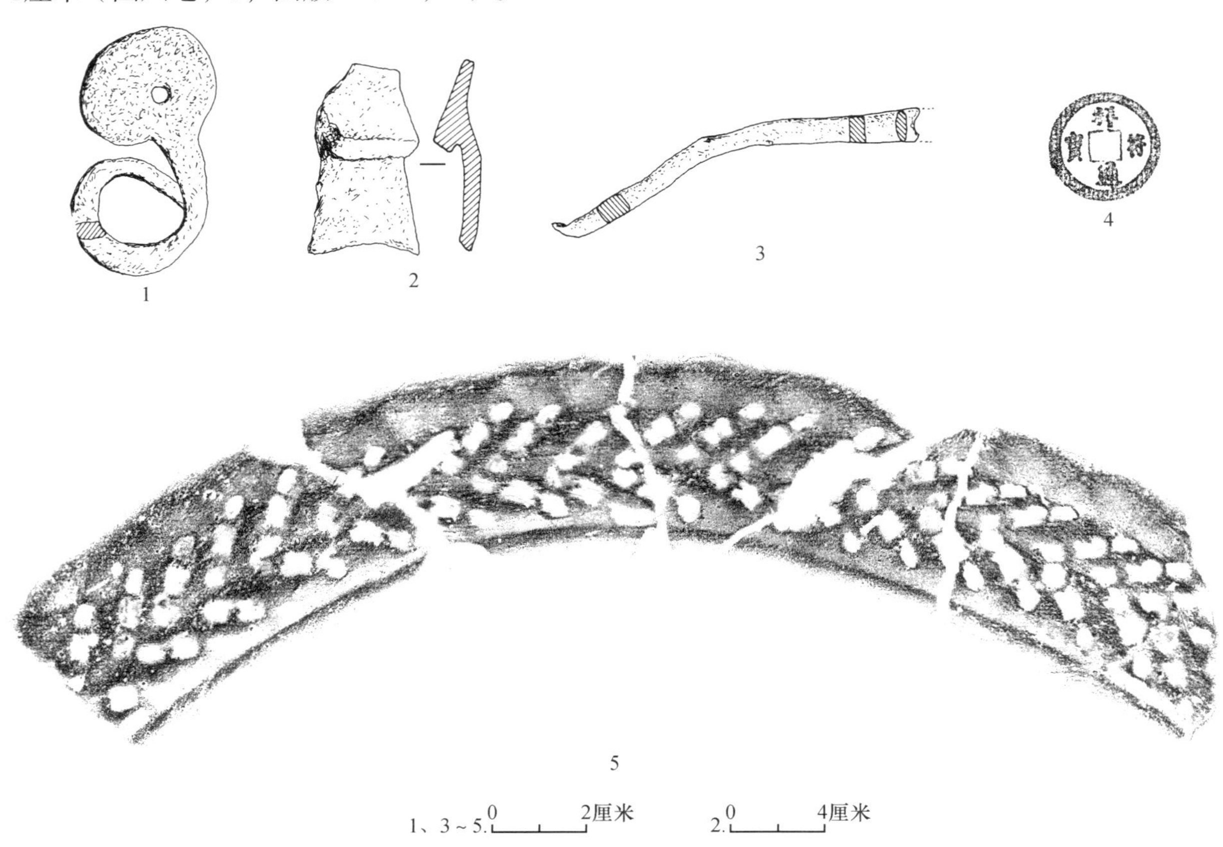

图六八　西城Ⅳ号区域F2出土的遗物及拓片

1. 铁器（08ⅣF2：3）　2. 铁犁（08ⅣF2：2）　3. 铁锔钉（08ⅣF2：1）　4. “祥符通宝”铜钱拓片（09ⅣF2：15）　5. 板瓦纹饰拓片（09ⅣF2：2）

3. ⅣF3

房址位于西城Ⅳ号区域T9中部，开口距地表残存0.15～0.2米，底部距地表残存0.35～0.45米，垂直深度为0.2～0.25米。分别打破了F4和F7，其打破关系为F3→F4，F3→F7。

房址应为一圆角长方形的房址，范围长6.1、宽4.7米，门道和墙体情况不清楚（图六九；图版九六，1）。

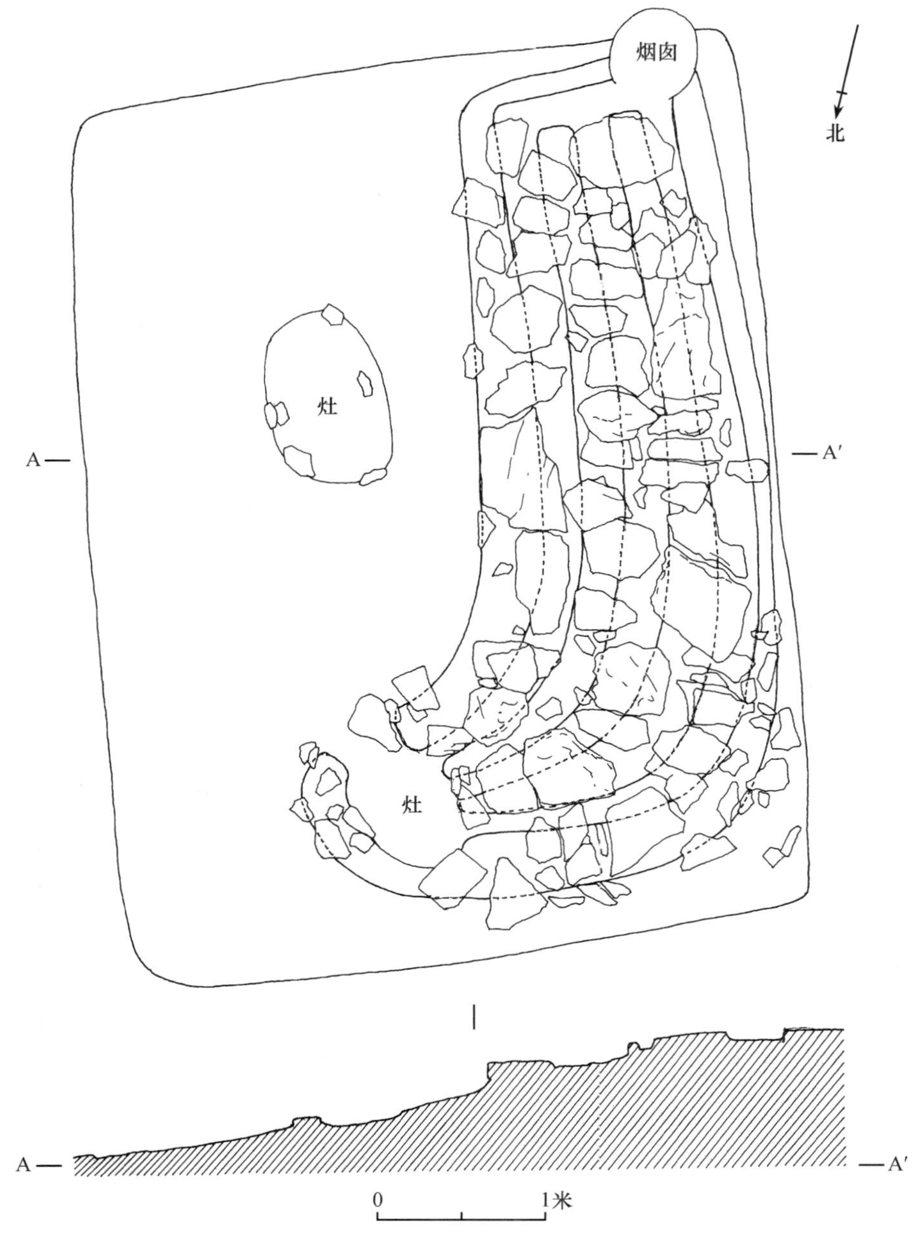

图六九 西城Ⅳ号区域F3及其炕底烟道平、剖面图

房内堆积现仅存一层夹杂木炭和红烧土颗粒的黑土，土质松软，土厚0.2～0.25米；居住面为一层黑褐色土，土质较为坚硬。没有发现门道和柱洞，但在房址四周散落有若干碎石块。

房址内现发现有一个西北—东南走向的折尺形火炕，火炕北部是短炕，尽头为灶址，长炕南端为烟囱。火炕地势由灶向烟囱逐渐抬升。火炕现长5米，长炕中部宽1.7、短炕宽2.9米。火炕下设三条烟道，烟道均系掘土而成的沟槽，烟道附近散有碎石，东侧烟道宽0.22、深0.15米，烟道外侧有一条较为规整的木炭痕迹，长2.15、宽0.1米。中间烟道宽0.2、深0.15米，西侧烟道宽0.2、深0.15米。烟道隔梁上面铺砌三列形状各异的大石块，石块排列较为规整，表面平坦，显然是经过精心挑选，在三列大石块的中间填塞有小碎石块，火炕表面原是抹有炕泥来加以平整。

灶址为地表下挖而成，平面成椭圆形，圜底。长径为0.9、短径为0.6、深为0.3米，灶址表面及周围散落一些有明显火烧过痕迹的石块，这些石块与火炕表面相连，据此推断应为灶台塌落所致。灶门朝向东南。三条烟道皆与灶址相连，灶底部低于烟道，为红烧土面，内存有大量炭粒（图版九六，2）。

烟囱位于房址的西南角，底部平面呈近圆形，直径为0.55、深为0.1米。东侧烟道南端折向烟囱，中间烟道直通汇入，西侧两条烟道与其相接，共同汇于烟囱，此段烟道宽0.2、深0.15米，从考古发掘情况来看，烟囱应位于墙体中。

炕址东侧有一积薪灶址，是一个1.05米×0.7米的近椭圆形灶址。灶址四周散落有数个石块，灶址中部土色为红色，土质坚硬，现残存厚度约0.15米。

房内填土出土有陶片、瓷片、铜钱、铁器等遗物。

（1）陶器

罐　ⅣF3：9，仅余口部，泥质黑陶，敛口大卷沿，卷至几近和器身相交。残高5.6厘米，口径复原后为20、壁厚0.6厘米（图七〇，1；图版一〇三，4）。

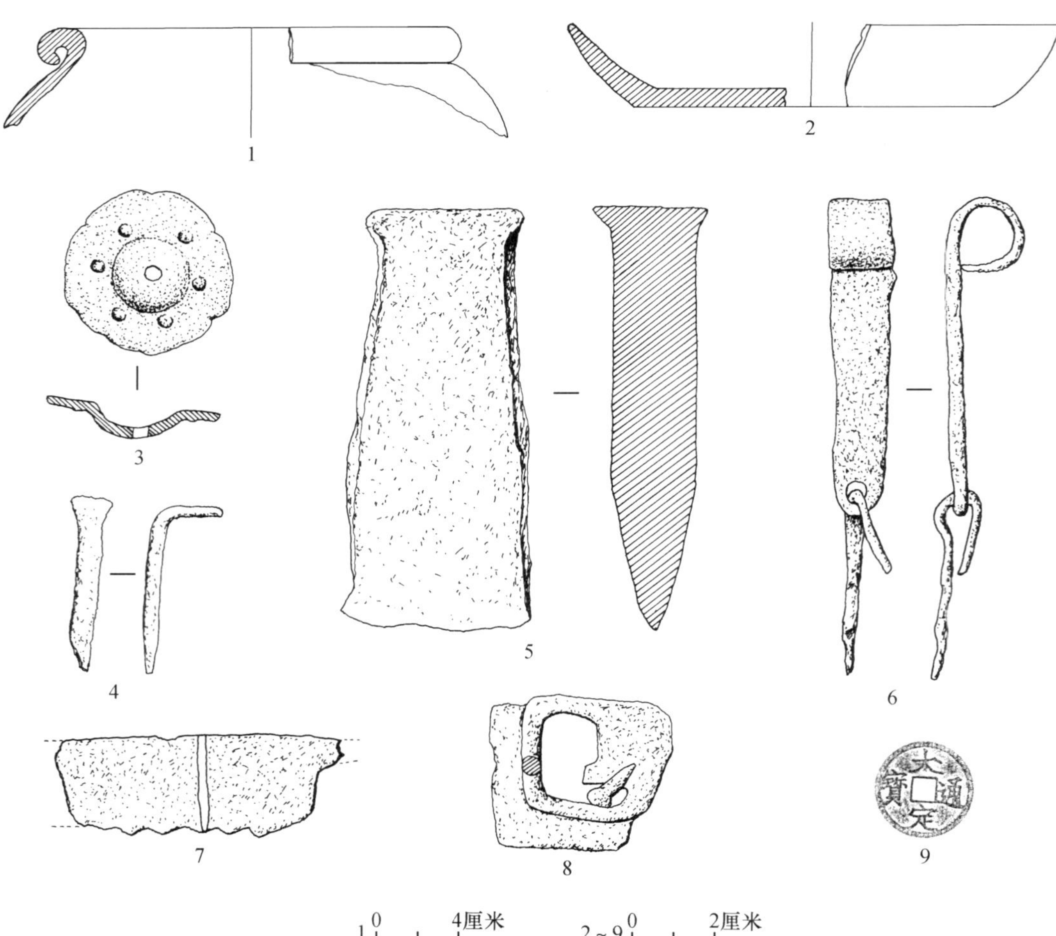

图七〇　西城Ⅳ号区域F3出土的遗物及拓片

1. 陶罐（ⅣF3：9）　2. 瓷碟（ⅣF3：8）　3. 铁饰件（ⅣF3：3）　4. 铁锔钉（ⅣF3：6）　5. 铁凿（ⅣF3：7）　6. 铁钉锅（ⅣF3：1）　7. 铁锯（ⅣF3：5）　8. 铁带扣（ⅣF3：4）　9. "大定通宝"铜拓片（ⅣF3：2）

（2）瓷器

碟　ⅣF3∶8，残可复原，天青釉，芝麻酱口，釉上有冰裂纹，圆唇敞口，斜弧腹，平底，底部有一芝麻大小的支钉痕，从残缺部分分析，器底应该有三个这样的支钉。通高2.1厘米，口径13厘米，壁从口沿到底部逐渐增厚，与底交会处达0.7、底径9.4、厚0.5厘米（图七〇，2；图版一二〇）。

（3）铁器

锔钉　ⅣF3∶6，横桥样，残，仅余一半，上部为扁片状，钉身为方锥状。钉脚长4.5厘米，截面边长0.7厘米（图七〇，4；图版一一四，4）。

凿　ⅣF3∶7，平面长方形，锈蚀，直刃，刃稍宽，尾部有锤面。长11、宽4.7、厚2.2厘米（图七〇，5；图版一一〇，2）。

钉锔　ⅣF3∶1，有两部分构成，主体部分是一个铁板条，长8.2、宽1.3～1.8、厚0.3厘米，一端卷为圆筒状，圆筒直径1.3～1.6厘米，另一端扁平，呈弧顶样，在距顶端0.3厘米的中央位置有一圆孔，孔径约0.5厘米，孔中穿挂有一圆形铁条，是另一个附属部分，铁条长12.8、直径1.8厘米（图七〇，6；图版一一四，5）。

饰件　ⅣF3∶3，扁平六瓣花形，中部隆起，隆起四周有六个乳钉样突起，均匀分布。隆起的中心有一圆形穿孔，直径4.2、孔径0.4厘米（图七〇，3；图版一一二，3）。

带扣　ⅣF3∶4，近方形，锈蚀较甚，卡、扣锈蚀在一起。边长4～4.1厘米。扣的边为圆柱形，直径0.5厘米（图七〇，8；图版一一二，4）。

锯　ⅣF3∶5，残，长方形，一侧有锯齿。残长7.3、宽2.2、厚0.2～0.3厘米（图七〇，7；图版一一七，7）。

（4）铜器

“大定通宝”铜钱　ⅣF3∶2，完好，字迹清晰。瘦金体，直读。直径2.5厘米，边廓宽0.1、厚0.1厘米，方孔边长0.6厘米（图七〇，9；图版一一八，5）。

4. ⅣF4

位于Ⅳ号区域T9西北。南部为F3所打破，房址北侧及西侧围绕防水沟G4。其开口距地表0.15～0.2米，底部距地表残存0.25～0.35米，垂直深度为0.1～0.15米。虽然F3打破F4南端，但仍可以判断出F4应为一圆角长方形的房址，范围长7.6、宽6.5米，墙体厚度不清（图七一；图版九七，1）。

房内堆积现仅存黑土，土质松软，现残厚0.1～0.15米；居住面为一层黑褐色土，土质较为坚硬，没有发现门道和柱洞，但在房址四周散落有若干石块。房址内现发现一个东北—西南走向的直尺形火炕，火炕破坏严重，现仅存火炕的南部，残长5.9、最宽处2米，火炕北部大部已遭破坏，现仅能从土质土色判断火炕北端为灶址，南部为烟囱，火炕地势由灶向烟囱端逐渐抬升。火炕下设三条烟道，烟道均系掘土形成的沟槽，烟道宽0.15～0.22、深0.15米，烟道上面铺砌三列形状各异的大石板，石板排列较为规整，表面平坦，显然是经过精心挑选，石板中间填塞有小石块，火炕表面原应是铺抹炕泥来加以平整。

从土质土色辨别灶址为一直径约0.55米的近圆形灶，深为0.15米。火炕烟囱位于房址的西

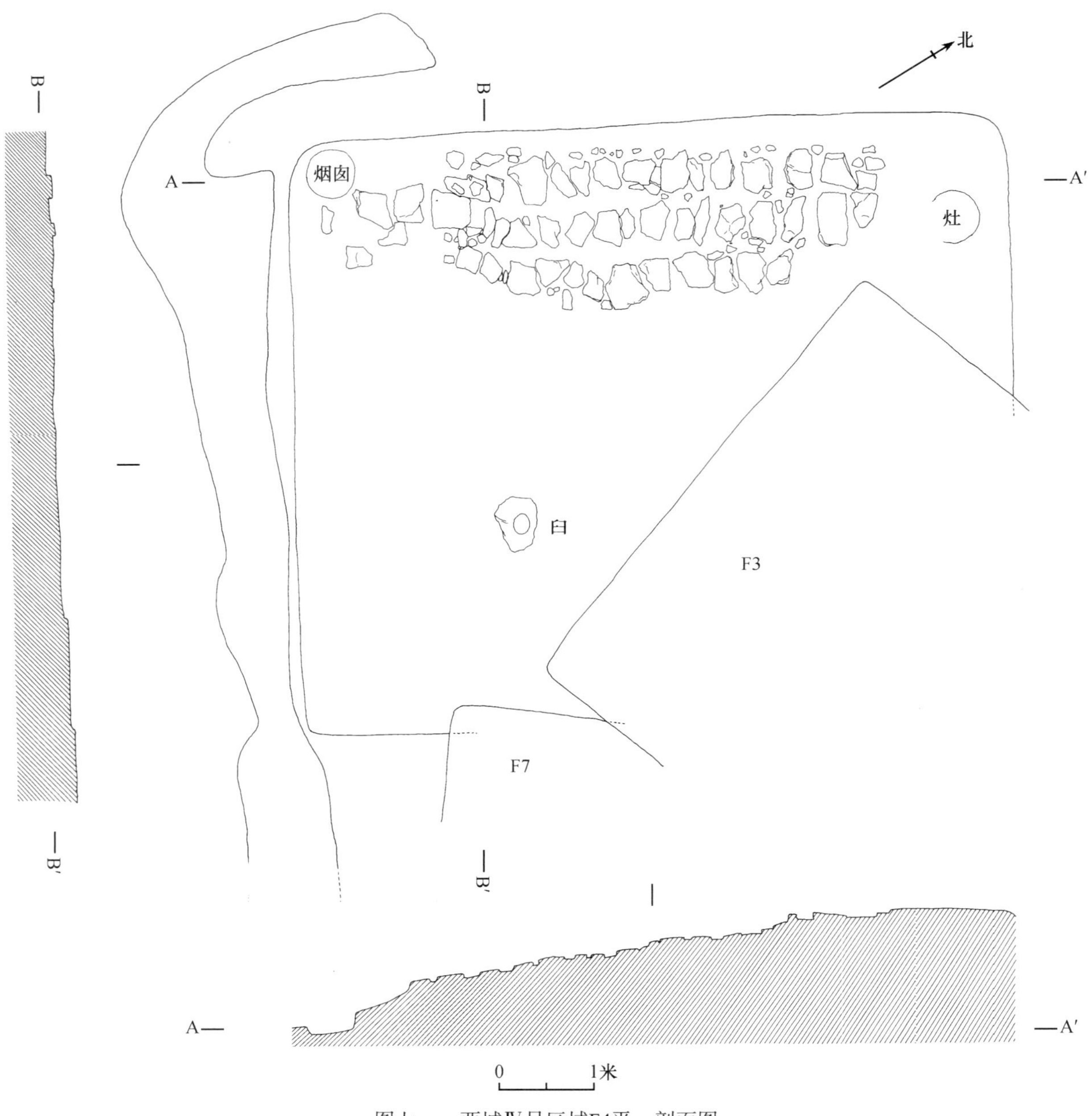

图七一　西城Ⅳ号区域F4平、剖面图

北角，底部呈近圜形，直径为0.5、深为0.1米。

房内出土有陶器、料器、铜器、铁器以及东南部发现石臼、石杵等遗物。

（1）陶器

罐　ⅣF4：9，残余口部，泥质黑皮陶，圆唇，敛口，大卷沿，沿下卷至几乎与器身相碰。残高5、壁厚0.7厘米，口径修复后为20.8厘米（图七二，1）。

器底　ⅣF4：2，残余底部，泥质黑皮陶，平底。残高4、壁厚0.6厘米，底径修复后为10厘米（图七二，2）。

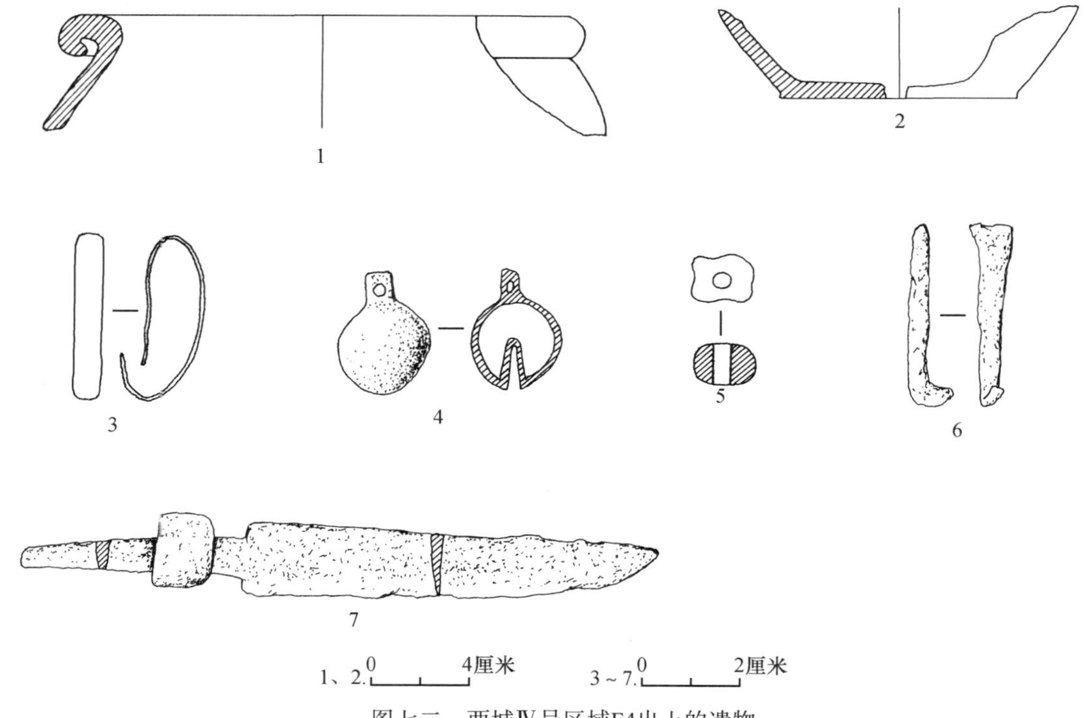

图七二 西城Ⅳ号区域F4出土的遗物

1. 陶罐（ⅣF4：9） 2. 陶器器底（ⅣF4：2） 3. 铜环（ⅣF4：1） 4. 铜铃（ⅣF4：3） 5. 玉串珠（ⅣF4：6） 6. 铁锔钉（ⅣF4：5） 7. 铁削（ⅣF4：4）

（2）铁器

锔钉 ⅣF4：5，横桥状，残余一只钉脚，桥部为扁片状，钉身为方锥状。残长4厘米，钉脚截面边长0.9厘米（图七二，6）。

削 ⅣF4：4，完整，直背，斜刃，刀尖略上翘，通体锈蚀，柄部细长，柄上套有一圆形铁箍。通长13.5、宽1.6厘米，背厚0.2厘米，柄长3厘米（图七二，7；图版一〇五，3）。

（3）铜器

环 ⅣF4：1，由扁平的铜条锻成，有变形，现呈椭圆状，有一处折断。长径3.6、短径1.3、宽0.6厘米（图七二，3；图版一一七，6）。

铃 ⅣF4：3，空心球形，下有一豁口，上有扁方形立纽，纽中有圆孔。通长2.7厘米，纽高0.7、球径1.9、孔径0.2厘米（图七二，4；图版一一七，5）。

（4）石器

杵 ⅣF4：7，完整，花岗岩材质，弹头状，尾部一端方正，头部一端圆且尖锐，中部略外鼓。长32、宽12～13厘米（图七三，1；图版一〇二，6）。

臼 ⅣF4：8，完整，花岗岩原石打就，表面呈不规则菱形，中有一圆形臼坑，底部不规则。表面长边55、短边43、高30.8厘米，臼窝径20、深15.2厘米（图七三，2；图版一〇二，5）。

（5）玉器

串珠 ⅣF4：6，平面略呈四瓣花形，圆珠状，中有一圆形穿孔。直径1.3、高1、孔径0.4厘米（图七二，5；图版一一六，7）。

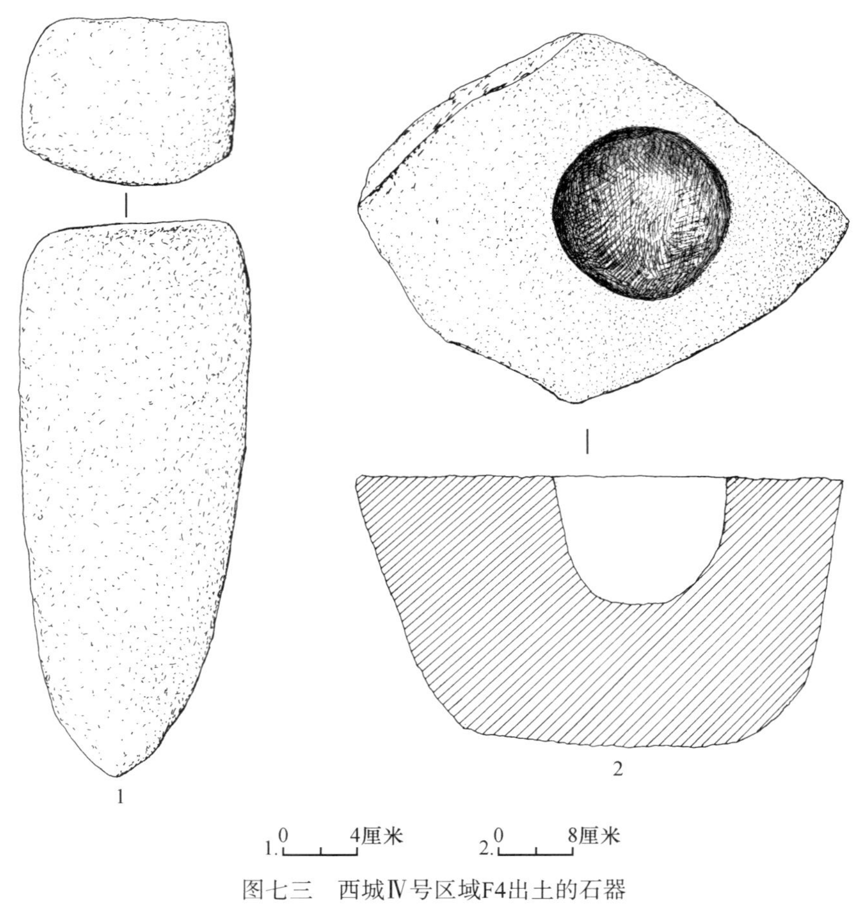

图七三　西城Ⅳ号区域F4出土的石器
1. 杵（ⅣF4：7）　2. 臼（ⅣF4：8）

5. ⅣF5

位于西城Ⅳ号区域 T3西部，编号ⅣF5。开口距地表0.2～0.25米，应为一圆角长方形的房址，遗迹范围长4.85、宽3.65米，墙体厚度不清（图七四；图版九七，2）。

房内堆积现仅存一层黑土，土质松软，厚0.08～0.15米。居住面为一层灰褐色土，土质较为坚硬。没有发现门道和柱洞，房址周围也没有发现柱础。房址内现发现有一个北—南走向的折尺形火炕址，火炕北部是短炕，尽头为灶址，主炕南端为烟囱，火炕地势由灶向烟囱端逐渐抬升。炕址长4.05米，主炕中部宽1.5米，短炕宽2.5米。火炕下设三条烟道，烟道均系掘土形成的沟槽，烟道宽0.1～0.14、深0.12米，烟道上面铺砌三列形状各异的大块板石，现存板石排列不甚规整，表面平整，板石中间填塞有小石块。灶址为地表下挖而成，底部呈锅底状，底面为红烧土，内存有大量炭粒。径长0.7、深0.3米。灶址表面及周围散落一些明显火烧过痕迹的石块，应为灶台塌落所致。三条烟道皆与灶址相连，且灶址底部低于烟道，烟囱位于房址的西南角，底部平面呈近圆形，直径0.4、深0.15米。

房内填土中除出土有少量陶片外，没有发现其他遗物。

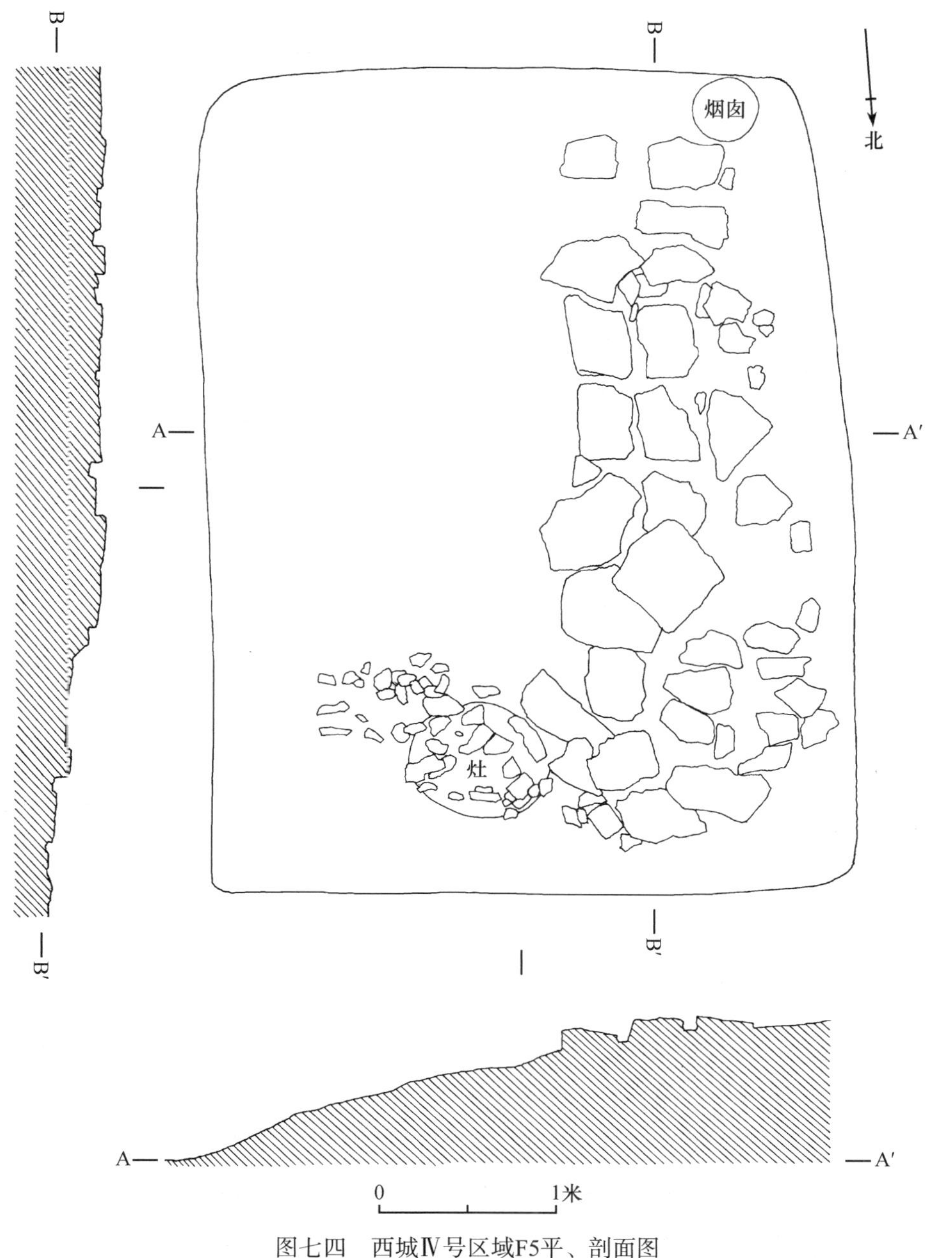

图七四 西城Ⅳ号区域F5平、剖面图

6. ⅣF6

位于西城Ⅳ号区域 T2东部，开口距地表0.15～0.25米。房址遗迹范围呈圆角长方形，长5.6、宽4.8米，房内堆积现仅存一层黑土，土质松软，现残厚0.1～0.2米；居住面为一层黑褐色土，土质较为坚硬，没有发现门道和柱洞（图七五；图版九八，1）。

房址内现发现一处火炕，南—北走向，折尺形。火炕北端为灶址，南端为烟囱，火炕灶端折向东北，火炕地势由灶端向烟囱端逐渐抬升。炕体现总长3.9米，中部长炕宽2.1米。短炕长1.5、宽2.7米。火炕上面铺砌三列形状各异、大小不一的大石板，石板现散落较为严重，尤其是其南北两端，但从整体上看，石板排列较为有序，石块间距离较大，最宽处达0.4米，三

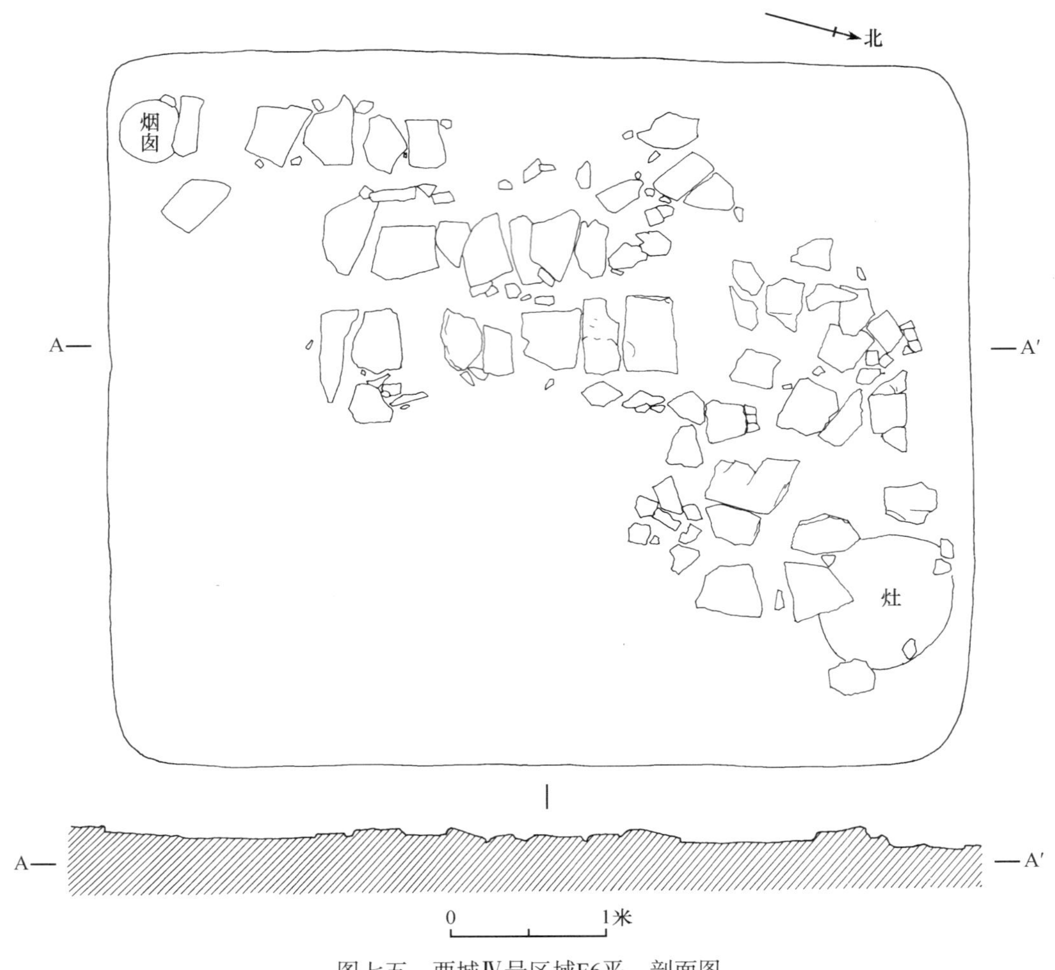

图七五　西城Ⅳ号区域F6平、剖面图

列大石块中间填塞有小石块，亦散乱不堪。石板下设有三条烟道，均系掘土形成的沟槽，现宽0.18～0.22、深0.1米，烟道内有明显的黑灰痕迹。

火炕灶址为地表下挖而成，平面成近圆形，径长0.8、深0.3米，灶址底部呈锅底状，底面多为红烧土内存有大量炭粒。灶址表面及周围散落明显有火烧过痕迹的石块，且与火炕表面相连，此应为灶台塌落所致；三条烟道皆与灶址底部相连且灶址底部低于烟道。

火炕烟囱位于房址西南角，因破坏严重仅能依靠土质土色判断其底部平面呈近圆形，直径0.4、深0.05米。

房内填土出土有陶片、铜钱等遗物。

（1）陶器

罐　ⅣF6：4，仅有底部残片，泥质黄褐陶，平底。残片高3厘米，复原后底径 7、厚0.5厘米（图七六，5）。

口沿　ⅣF6：6，泥质黑陶，尖唇，侈口，宽沿。残片长4.5、高2.5、壁厚0.4厘米（图版一二三，3）。ⅣF6：1，泥质灰陶，圆唇，敞口。残片长4.5、宽2.6、壁厚0.5厘米（图七六，1）。ⅣF6：2，泥质灰陶，宽折沿，敛口。残片长5、宽4.5、壁厚0.5厘米（图七六，4）。

器耳　1件。ⅣF6：3，泥质黄褐陶，横桥耳，大部分残缺。耳宽3.1、厚0.7厘米，器壁厚

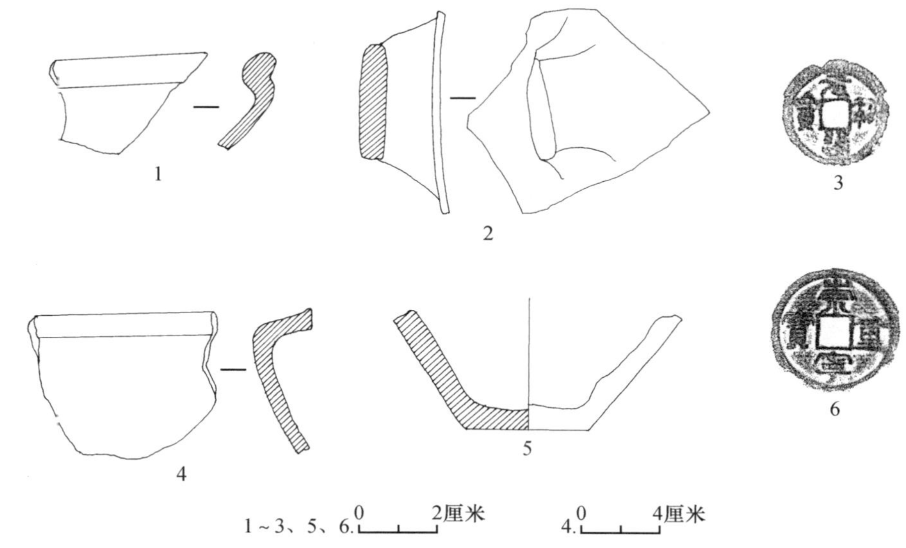

图七六 西城Ⅳ号区域F6出土的遗物及拓片

1、4. 陶器口沿（ⅣF6：1、ⅣF6：2） 2. 陶器耳（ⅣF6：3） 3. “元祐通宝”铜钱拓片（ⅣF6：5） 5. 陶罐（ⅣF6：4）
6. “崇宁重宝”铜钱拓片（ⅣF6：7）

0.2厘米（图七六，2）。

（2）铜器

“崇宁重宝”铜钱 ⅣF6：7，边沿有锈蚀残缺，钱面大部分完好，字迹清楚。隶书，直读。直径3.5厘米，边廓宽0.3、厚0.2厘米，方孔边长0.8厘米（图七六，6；图版一一八，3）。

“元祐通宝”铜钱 ⅣF6：5，边沿小块有残缺，字迹尚清晰。篆书，旋读。直径3厘米，边廓0.4、厚0.1厘米，方孔边长0.7厘米（图七六，3；图版一一八，2）。

7. ⅣF7

位于西城Ⅳ号区域T9东南，遗迹堆积现仅存一层较为纯净的黑土，土质松软，厚0.1～0.15米；居住面为一层灰褐色土，土质较为坚硬。与F3、F4互有打破，打破关系为F3→F7→F4。

开口距地表0.1～0.15，底部距地表0.2～0.3米。现仅能依据土质土色以及火炕的走向清理出大概范围，F3打破F7北端，从整体上可以明确F7应为一圆角长方形的房址，长8、宽7米。未发现门道和柱洞（图七七；图版九八，2）。

房址内发现有一“U”形火炕，东、西、南三面分布，火炕东面和西面基本成平行状，西北—东南走向，相距约2米。火炕东面及西面的北端皆有一灶址，烟囱则位于火炕的西南角，火炕地势由灶向烟囱逐渐抬升。南面火炕长6.1、宽1.6米；东面火炕长4.2、宽1.85米；西面火炕炕石散落严重，现残长3.1、宽1.6米。火炕下均设三条烟道，烟道系掘地形成的沟槽，烟道宽0.14～0.26、深0.1米，东面、南面火炕的烟道相连贯，西面火炕的烟道则与南面火炕的北侧烟道相接，火炕三面的烟道从而形成一个整体。烟道上面铺砌三列形状各异的大石板，因地势原因，现存炕石因冻融滑落的现象比较严重，尤其是西侧火炕，但从整体上看石块排列较为规整，石板表面平整，三列大石板中间填塞有小石块，火炕表面原应是抹有炕泥来加以平整，发掘中没有发现炕泥痕迹。

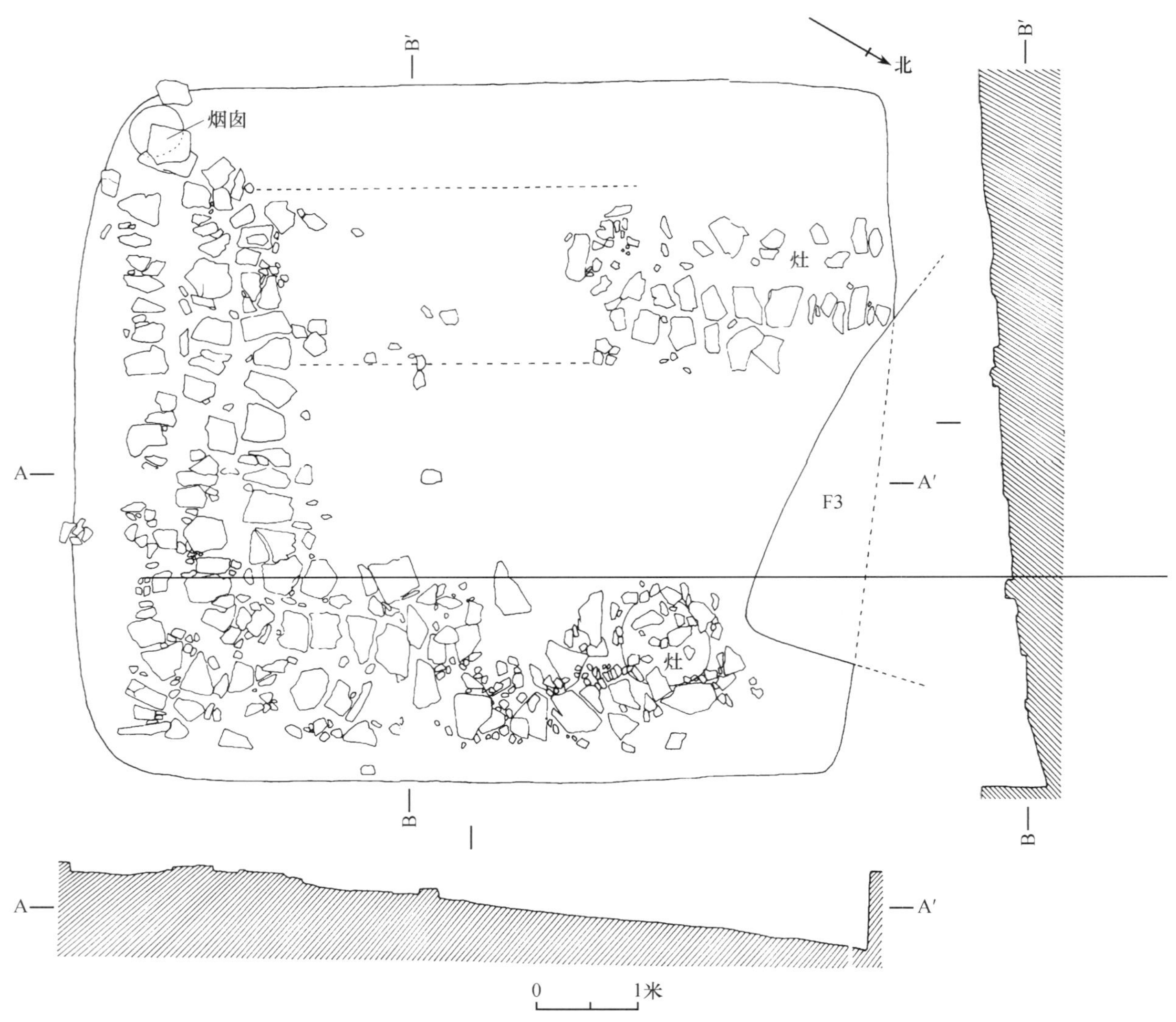

图七七　西城Ⅳ号区域F7平、剖面图

火炕东面灶址为地表下挖而成，平面成近圆形，径长0.9、深0.35米，灶址底部呈锅底状，底面多为红烧土面，内存有大量炭粒。灶址表面及周围散落明显火烧过痕迹的石块，且与火炕表面相连，此应为灶台塌落所致；三条烟道皆与灶址底部相连且灶址底部低于烟道；火炕西面灶址破坏严重，依靠土质土色判断其平面呈近圆形，径长0.45米。火炕烟囱位于房址的西南角，底部呈圜形，直径0.5、深0.15米。

遗迹内出土有陶片、铁镢、铁器残片、铁锹、铁矛以及残铁镞等遗物。

（1）陶器

罐　ⅣF7：9，残余口部，泥质灰陶，圆唇大卷沿，沿卷至与器身相接，微鼓腹。残长6、高9、壁厚0.6厘米（图七八，8）。ⅣF7：8，残余底部，泥质黑陶，平底。残高3.7厘米，底径复原后为12、壁厚0.7厘米（图七八，9）。ⅣF7：10，泥质灰陶，平底略内凹。残高3.4厘米，底径复原后为14、壁厚0.6厘米（图七八，10）。

（2）铁器

残铁器　ⅣF7：2，锈蚀较甚，片状，平面呈近三角形。长6.2、最宽3.6厘米（图七八，6）。ⅣF7：3，锈蚀，平面近月牙形，一侧边缘较平直且薄，一侧呈圆弧状且厚。长7.1、宽2.3、厚0.1～0.4厘米（图七八，5）。

镢　ⅣF7：1，完整，锈蚀。平面呈长方形，直刃，"V"形銎孔，孔口长方形，长76、宽14厘米。通体长8、宽7.5厘米（图七八，7；图版一〇九，3）。

锹　ⅣF7：4，大体完整，銎口上卷，面微内弧，中部破损一块，刃部微弧，略残损。通长30.2厘米，銎柄长8.4、面宽19、厚0.4厘米（图七八，2；图版一一〇，5）。ⅣF7：7，较完

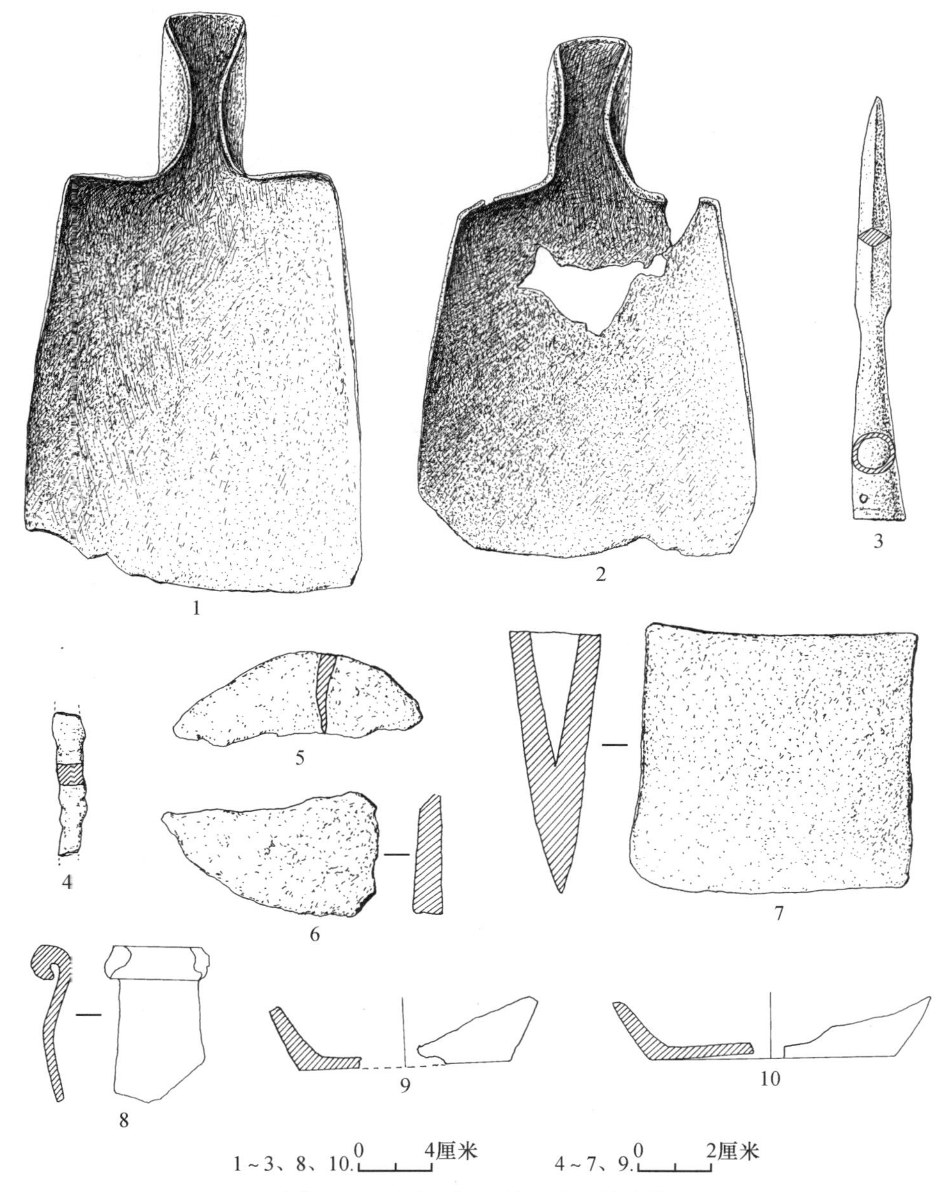

图七八　西城Ⅳ号区域F7出土的遗物

1、2. 铁锹（ⅣF7：7、ⅣF7：4）　3. 铁矛（ⅣF7：5）　4. 铁镞（ⅣF7：6）　5、6. 残铁器（ⅣF7：3、ⅣF7：2）　7. 铁镢（ⅣF7：1）　8～10. 陶罐（ⅣF7：9、ⅣF7：8、ⅣF7：10）

整，銎口上卷，面微内弧很大，刃部较直，有近一半刃口缺损。通长31.8厘米，銎柄长4.8、面宽19、厚0.4厘米（图七八，1；图版一一一，1）。

矛　ⅣF7：5，完整，矛首呈四棱锥样，规整锐利，銎为圆筒状，近根部有一个钉孔。通长24.6厘米，刃部长12.8、宽2厘米，銎孔直径3厘米（图七八，3；图版一〇八，4）。

镞　1件。ⅣF7：6，残且锈蚀严重，仅可分辨镞身是方锥形。残长4.2厘米，截面边长0.9厘米（图七八，4）。

8. ⅣF8

位于西城Ⅳ号区域T1北部，其西边是G1。遗迹开口距地表0.2～0.25，应为一圆角长方形的房址，范围长5.2、宽4.95米。房内堆积仅存一层黑土，土质松软，厚0.1～0.15米；居住面为一层灰褐色土，土质较为坚硬。房址边界不清晰，仅能依据土质土色以及火炕的走向清理出房址大概范围，没有发现门道和柱洞，在遗迹四周亦未发现柱础（图七九；图版九九，1）。

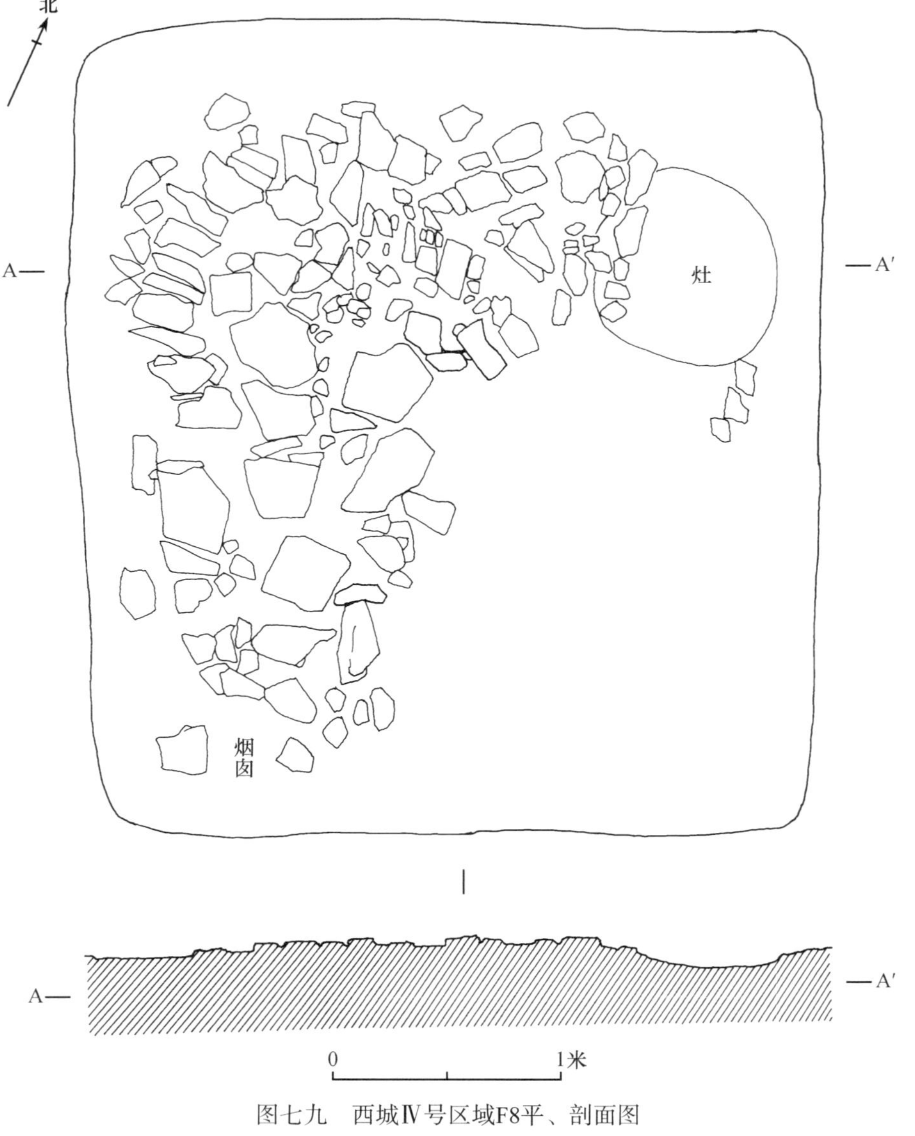

图七九　西城Ⅳ号区域F8平、剖面图

房址内发现有西北—东南走向的一个折尺形火炕，火炕北端为灶址，南端为烟囱，火炕地势由灶端向烟囱端逐渐升高。炕总长4.4、主炕中部宽1.7、短炕宽3.9米。火炕下设三条烟道，烟道均系掘地形成的沟槽，烟道宽0.12～0.18、深0.15米。烟道上面铺砌大小形状各异的石板，石板排列较为规整，表面平整，显然是经过精心挑选，三列石板中间填塞有小石块。

灶址为地表下挖而成，平面近圆形，径0.6、深0.3米，灶址表面及周围散落明显火烧过痕迹的石块，灶址底部呈锅底状，底面多为红烧土面，内存有大量炭粒。三条烟道皆与灶址底部相连，且灶址底部低于烟道。

烟囱位于房址的西南角，底部平面近圆形，直径0.45、深0.15米。

房内发现有陶罐、壶，铁镞、甲片，铜环等遗物。

（1）陶器

罐　08ⅣF8：14，仅残余部分底部，泥质灰陶，平底。残高2厘米，底径修复后为8、壁厚0.7厘米（图八〇，10）。

壶　08ⅣF8：6，仅余口部残片，泥质黑皮陶，方唇，侈口，束颈，溜肩。残高5.4厘米，口径修复后为11.4、壁厚0.4厘米（图八〇，3；图版一〇四，8）。

口沿　08ⅣF8：7，泥质黑灰陶，方唇，侈口。残片长3.2、宽8.6、壁厚0.9厘米（图八〇，2；图版一〇四，5）。08ⅣF8：8，泥质灰陶，尖唇，直口。残片长5.8、宽3.5、壁厚

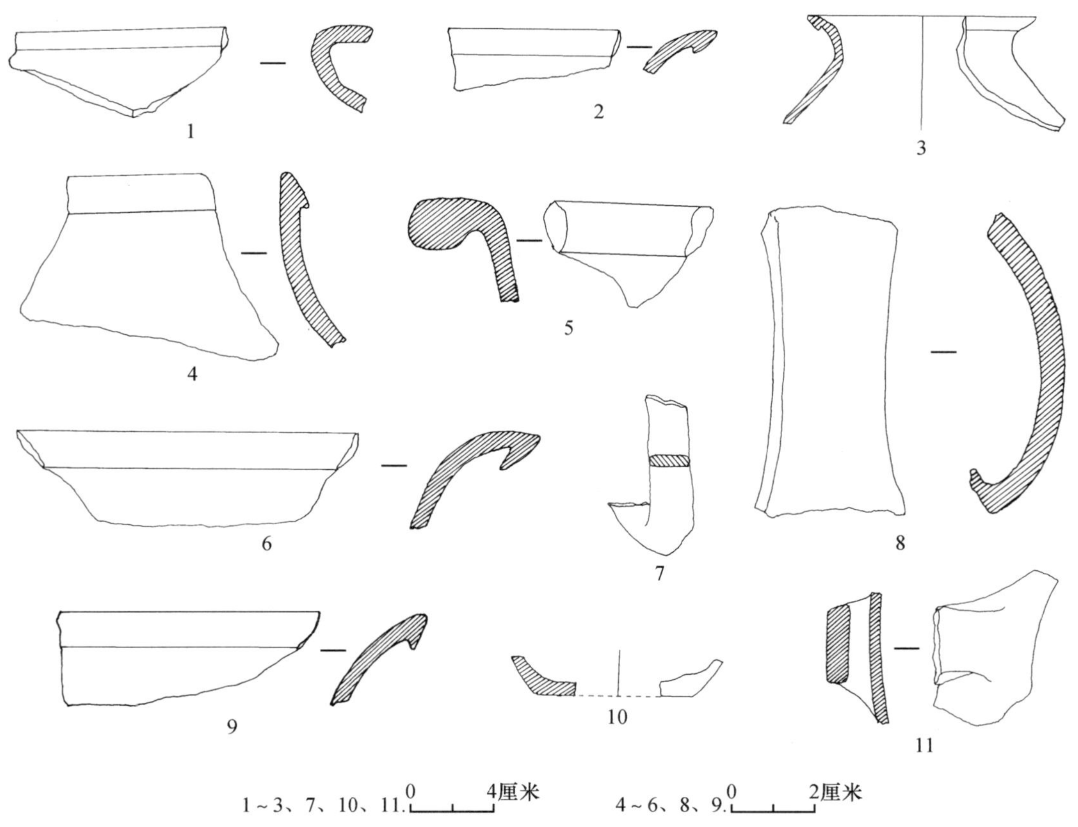

图八〇　西城Ⅳ号区域F8出土的陶器

1、2、4～6、9. 口沿（08ⅣF8：9、08ⅣF8：7、08ⅣF8：8、08ⅣF8：10、08ⅣF8：13、08ⅣF8：12）　3. 壶（08ⅣF8：6）　7、8、11. 器耳（08ⅣF8：15、08ⅣF8：17、08ⅣF8：16）　10. 罐（08ⅣF8：14）

0.4厘米（图八〇，4）。08ⅣF8：9，泥质黄褐陶，方唇，折沿，束颈。残片长10.5、宽4、壁厚0.8厘米（图八〇，1；图版一二三，4）。08ⅣF8：10，泥质黑皮陶，圆唇，大卷沿，口微敞。残片长4.2、宽2.6、壁厚0.6厘米（图八〇，5）。08ⅣF8：11，泥质灰陶，圆唇，侈口，展沿。残片长4.5、宽3.3、壁厚0.6厘米。08ⅣF8：12，泥质灰陶，尖唇，侈口。残片长6.3、宽2.4、壁厚0.6厘米（图八〇，9）。08ⅣF8：13，泥质黑皮陶，尖唇，侈口。残片长8.4、宽2.3、壁厚0.5厘米（图八〇，6；图版一〇四，6）。

器耳　08ⅣF8：15，残断，泥质灰陶，横桥耳。残长8.4厘米，耳宽2、厚1厘米（图八〇，7；图版一〇四，7）。08ⅣF8：16，大部分残断，泥质灰陶，横桥耳。耳长2、宽4、厚1厘米，器壁厚0.4厘米（图八〇，11；图版一二三，5）。08ⅣF8：17，剩余耳部，泥质灰陶，桥状耳。残长7.8、宽2.9、厚0.6厘米（图八〇，8）。

（2）铁器

刀　08ⅣF8：1，残，锈蚀较甚，刀身已断为两截，有柄。刀身部分长5.6、宽1.3厘米，刀柄长6.4、宽1厘米（图八一，10；图版一〇五，1）。

甲片　09ⅣF8：3，平面呈梯形，上有九孔。长4.2、宽2.2厘米，孔径1～3厘米（图八一，5）。

钉　08ⅣF8：5，钉头扁宽，钉身细长，中部弯曲，截面略近正方形，钉身下部略近

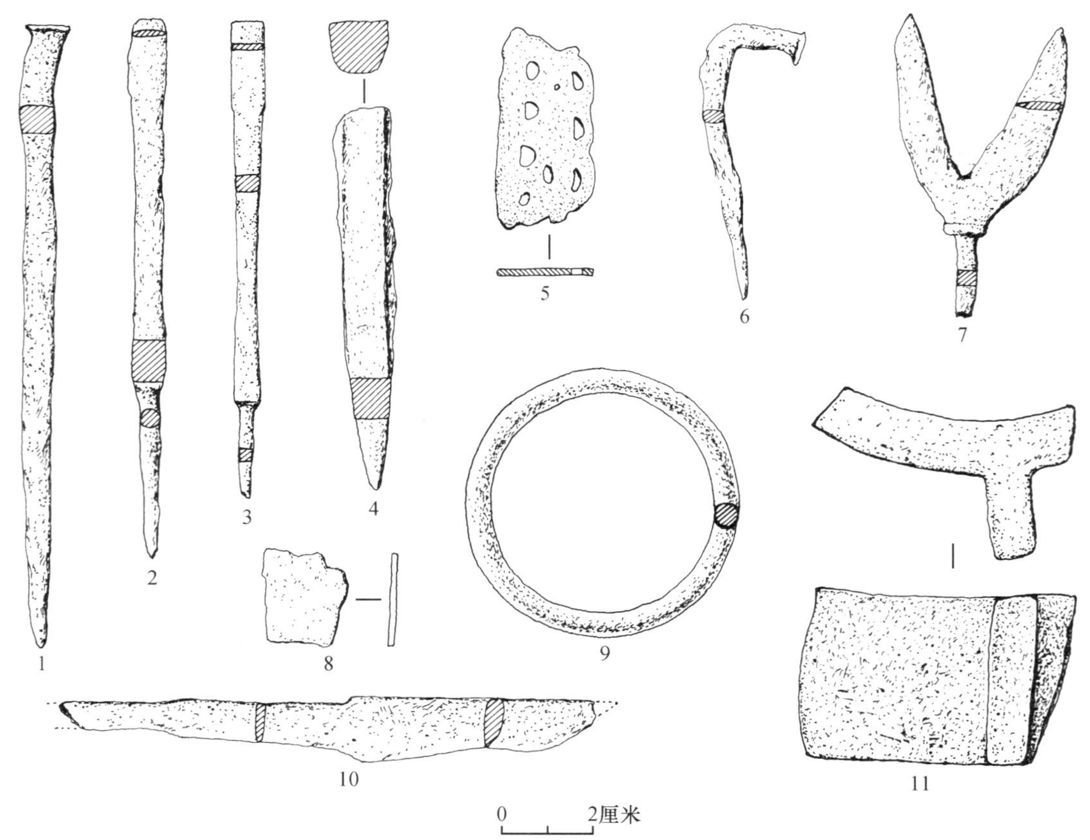

图八一　西城Ⅳ号区域F8出土的遗物

1、4、6. 铁钉（08ⅣF8：4、09ⅣF8：5、08ⅣF8：5）　2、3、7. 铁镞（09ⅣF8：6、08ⅣF8：2、08ⅣF8：3）　5. 铁甲片（09ⅣF8：3）　8. 铁片（09ⅣF8：4）　9. 铜环（09ⅣF8：1）　10. 铁刀（08ⅣF8：1）　11. 铁车釭（08ⅣF8：18）

椭圆形，钉尖锐利。现长7.9、截面边长0.5厘米（图八一，6）。08ⅣF8：4，完整，长条形，钉身方柱状，尖呈圆锥状。长14.6、宽和厚为0.6厘米（图八一，1；图版一〇九，7）。09ⅣF8：5，残，钉帽缺。四棱状，截面近长方形，锈蚀较甚。残长9、截面长1.3、宽1.2厘米（图八一，4；图版一〇九，2）。

镞　08ⅣF8：2，完整，镞首较镞身宽，呈铲形，镞身方柱形，粗壮，铤部较短，尾部圆锥形。通长11.2厘米，刃宽0.8、镞身长9.1、宽0.6、厚0.4厘米，铤长2.2、厚0.4厘米（图八一，3）。08ⅣF8：3，镞首呈燕尾形，分叉，有铤。通长7厘米，镞身长5.1、厚0.2厘米，首铤中间有过渡，铤方柱形，长2、宽厚均为 0.4厘米（图八一，7；图版一〇九，8）。09ⅣF8：6，完整，已锈蚀。凿形，镞首扁宽，刃部锋利，镞身修长，截面近正方形，铤较短，呈圆锥状。通长12.6厘米，镞身长8.6、截面边长0.9厘米，铤长4、截面直径0.5厘米（图八一，2）。

车錧　08ⅣF8：18，残，仅余一部分。长6、宽4、壁厚0.5厘米，有一耳，板状，长1.5、宽4、厚1厘米（图八一，11；图版一〇九，4）。

铁片　09ⅣF8：4，平面近长方形。长2.1、宽1.8、厚0.15厘米（图八一，8）。

（3）铜器

环　09ⅣF8：1，完整，圆形。由圆柱状铜条锻制而成。直径6.2、截面直径0.5厘米（图八一，9；图版一一七，4）。

9. ⅣF9

位于西城Ⅳ号区域T5、T6、T7、T8交接处，开口距地表0.15～0.2米，底部距地表0.35～0.45米。遗迹内堆积仅存一层夹杂木炭和红烧土颗粒的黑土，土质松软，厚0.2～0.25米；居住面为一层黑褐色土，土质较为坚硬。没有发现门道和柱洞，房址周围也没有柱础发现。

受地势、冻融因素影响，F1完全叠压到F9的南面，土质混杂，难以分辨边界，F9南面的遗址轮廓均难以清理，仅能依据土质土色清理出 F9北半部的轮廓范围，从而明确F9为一圆角长方形的房址，范围长5.05、宽4.6米（图八二；图版九九，2）。

房址内发现有一西北—东南走向的折尺形火炕，火炕北有灶，南端有烟囱，火炕地势由灶向烟囱逐渐抬升。火炕长3.55米，长炕宽1.7、短炕宽3.4米。火炕下设三条烟道，烟道均系掘地形成的沟槽，宽0.1～0.14、深0.15米。烟道上面铺砌三列形状各异的石板，石块排列较为规整，表面平整，显然是经过精心挑选，三列石板中间填塞有小石块，火炕表面原应铺有炕泥加以平整，但因开口浅，破坏严重，没有发现炕泥痕迹。

灶址为地表下挖而成，平面近圆形，径长0.75、深0.4米，灶址表面及周围散落有明显火烧过痕迹的石块，这些石块与火炕表面相连，为灶台塌落所致；灶址底部呈锅底状，底面多为红烧土面，内存有大量炭粒。三条烟道皆与灶址底部相连，且灶址底部低于烟道。

烟囱位于房址的西南角，底部近圆形，直径现为0.45米。

房址内发现的遗物有陶器、铁器、铜钱。

（1）陶器

罐　09ⅣF9：8，残余底部，泥质灰陶，平底。残高4.4厘米，底径修复后为17、器壁厚0.7、底厚0.6厘米（图八三，3）。

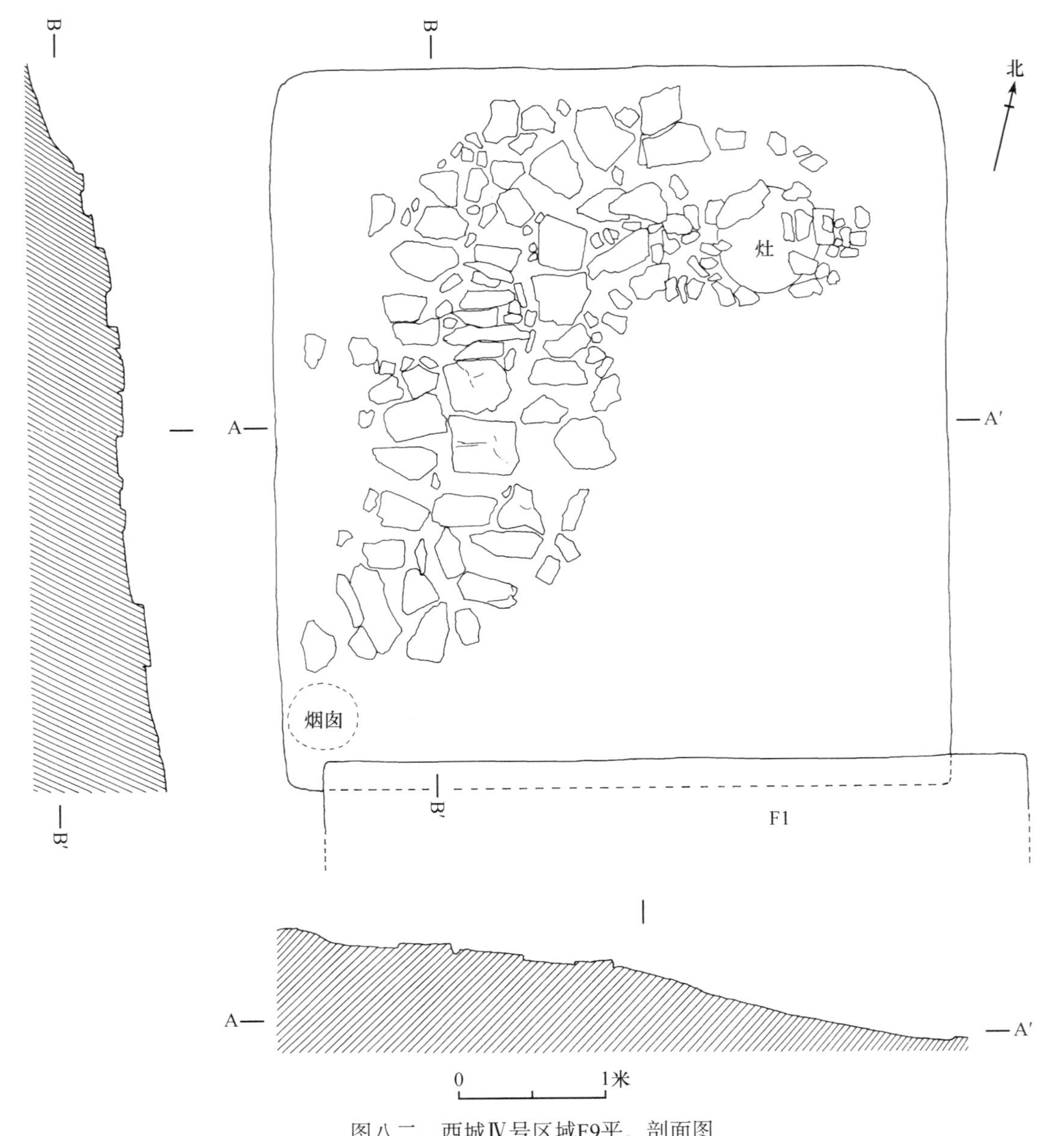

图八二　西城Ⅳ号区域F9平、剖面图

器耳　08ⅣF9：1，为桥状耳仅余器耳大部，泥质黑皮陶。残长6、宽3、壁厚1厘米（图八三，8）。

口沿　09ⅣF9：9，泥质黄褐陶，方唇，唇面有一周凹槽，折沿。残长7.6、高2.6、壁厚0.3厘米（图八三，1）。09ⅣF9：10，泥质灰陶，方唇，唇部有一周凹槽，折沿。残长6.8、高2.4、壁厚0.6厘米（图八三，2）。

陶饼　09ⅣF9：7，泥质灰陶，残器碎片加工而成，平面近圆形，周缘有人工修整的痕迹。直径4.9、厚0.6厘米（图八三，7；图版一〇三，7）。

（2）铁器

镞　08ⅣF9：3，已锈蚀。镞首呈铲形，镞身长条形，有铤细长，方柱形，末端圆锥形。

通长15、刃宽1.3厘米，镞身长7.6、宽0.9、厚0.5厘米，铤身长7.4、宽0.6、厚0.4、铤末端直径0.3厘米（图八三，13；图版一一五，3）。08ⅣF9：2，残，已锈蚀。镞首呈铲形，镞身长条形，铤细长，方柱形。通长9.8厘米，刃宽0.3、厚0.5厘米，铤长1.8、截面边长0.4厘米（图八三，5）。09ⅣF9：1，残存铤部，呈扁四棱锥状。残长3.5、厚0.6 厘米（图八三，11）。09ⅣF9：2，铤部略残，镞首宽扁呈凿形，镞身修长，腰部略收，铤为圆柱形。残长10厘米，镞身长9、宽0.5～1、厚0.3～0.8厘米，铤长1、直径0.5 厘米（图八三，6）。

甲片　09ⅣF9：3，残余一部分，长方形，上有四个完整穿孔。残长5、宽2.6、孔直径0.3厘米（图八三，4）。

铆钉　09ⅣF9：5，完整，已锈蚀。钉帽为半圆形，钉身是四棱形，尖部为宽扁状。残长3.7、钉帽直径1.2厘米（图八三，9）。

残铁器　09ⅣF9：6，平面呈长方形，顺长有一道折痕。残长3.8、宽 2厘米（图八三，10）。07ⅣF9：1，片状，有穿孔。残长3、宽5.9、孔径0.4厘米。

（3）铜器

“元丰通宝”铜钱　09ⅣF9：4，完整。行书，旋读。直径2.8厘米，边廓宽0.3、厚0.1厘米，方孔边长0.7厘米（图八三，12；图版一一八，4）。

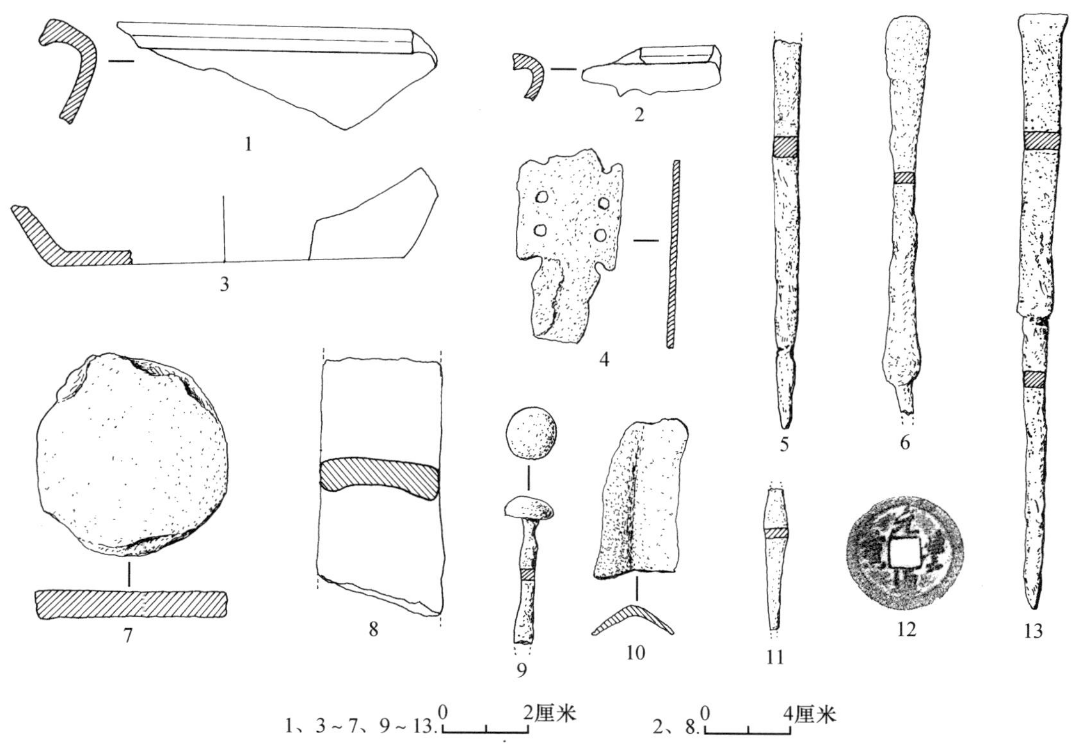

图八三　西城Ⅳ号区域F9出土的遗物及拓片

1、2. 陶器口沿（09ⅣF9：9、09ⅣF9：10）　3. 陶罐（09ⅣF9：8）　4. 铁甲片（09ⅣF9：3）　5、6、11、13. 铁镞（08ⅣF9：2、09ⅣF9：2、09ⅣF9：1、08ⅣF9：3）　7. 陶饼（09ⅣF9：7）　8. 陶器耳（08ⅣF9：1）　9. 铁铆钉（09ⅣF9：5）　10. 残铁器（09ⅣF9：6）　12. “元丰通宝”铜钱拓片（09ⅣF9：4）

10. ⅣF10

位于西城 Ⅳ号区域内的 T5东部，向东伸进到T7一部分，地处北低南高的坡地上，开口距地表0.1～0.2米，底部距地表残存0.25～0.4米。受地势冻融因素影响，F9的北端叠压到F10的南面，土质相混杂，难以分辨南面的遗迹轮廓边界，仅能依据土质土色清理出遗迹的轮廓范围。

遗迹呈圆角方形，边长4.5米，没有发现门道和柱洞，房址周围也没有发现柱础。房内堆积现仅存一层夹杂木炭和红烧土颗粒的黑土，土质松软，厚0.1～0.15米；居住面为一层黑褐色土，土质较为坚硬（图八四；图版一〇〇，1）。

房址内现发现一个南北走向的折尺形火炕，主炕北部折转为一段短炕，炕头连着灶址，主

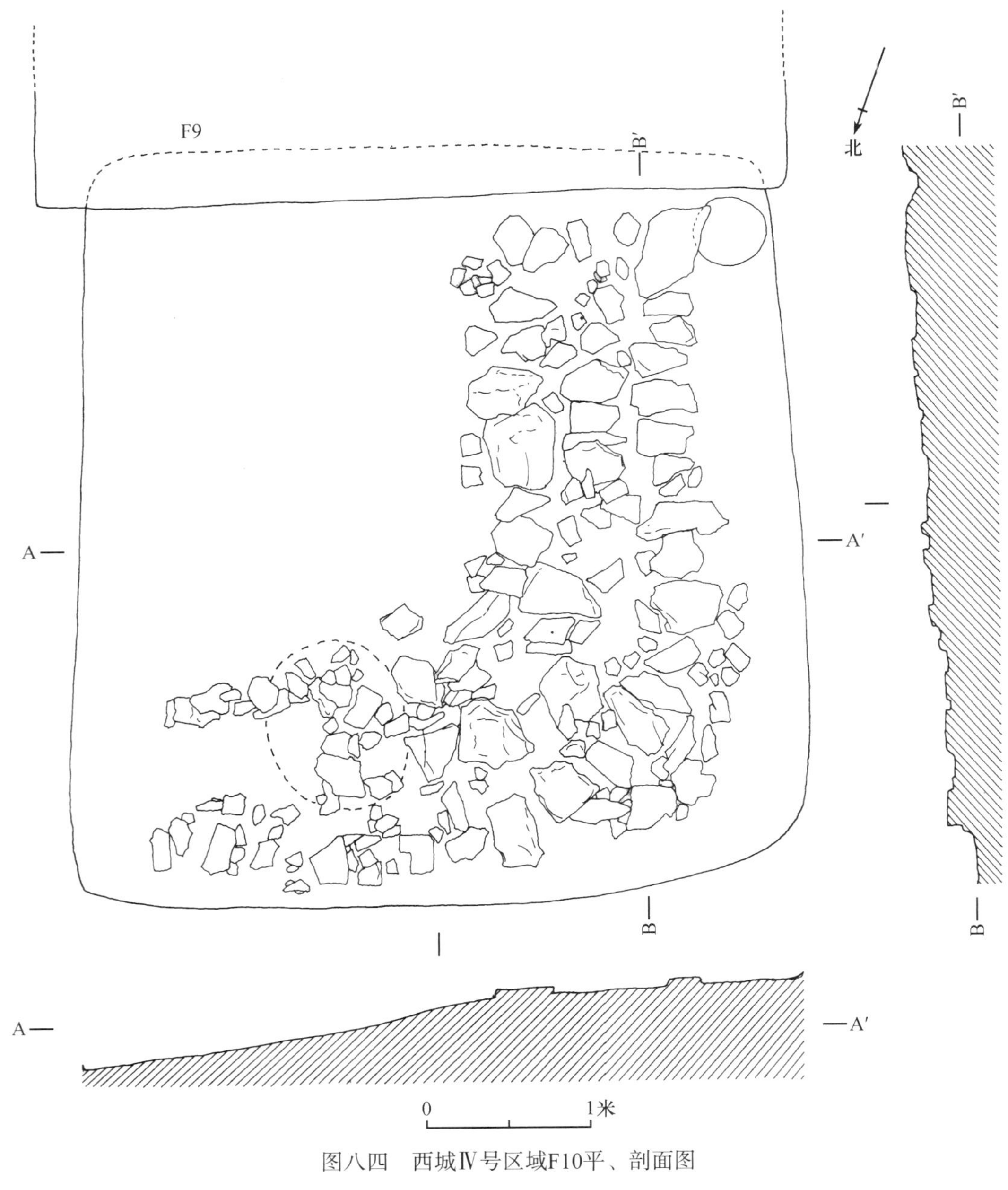

图八四　西城Ⅳ号区域F10平、剖面图

炕南端为烟囱。火炕长4.1、主炕中部宽1.7、短炕宽3米。

火炕下设三条烟道，烟道均系掘地形成的沟槽，宽0.12～0.18、深0.15米。烟道上面铺砌三列形状大小各异的石板，石块排列较为规整，表面平整，显然是经过精心挑选，三列石板中间填塞有小石块。灶址为地表下挖而成，平面近圆形，径长0.8、深0.35米，灶址底部呈锅底状，底面多为红烧土面，内存有大量炭粒。灶址表面及周围散落有明显火烧过痕迹的石块，这些石块与火炕表面相连，应为灶台塌落所致；三条烟道皆与灶址底部相连，且灶址底部低于烟道，烟囱位于房址的西南角，底部近圆形，直径0.45、深0.12米。

房内填土出土有陶片、饰件、铁器残片以及铁镞、铜钱等遗物。

（1）铁器

铁片　ⅣF10：7，平面略呈菱形。残高3.9、宽1.9、厚0.3厘米（图八五，8）。

镞　ⅣF10：6，完整，做工精致，通体修长，镞首蛇头形，截面略呈菱形，镞身方柱形，铤和镞身交会有骨节样突起。通长14.9厘米，镞首长2、镞身长10、铤长2.9、镞宽0.8、厚0.4厘米（图八五，3）。ⅣF10：8，镞首残，镞身扁长。残长8.3、厚0.3厘米（图八五，2）。

带卡　ⅣF10：3，长方形四框，框的断面为正方形，中部有卡鼻。长7、宽4.3、卡鼻长1.6厘米（图八五，4）。

剪刀　ⅣF10：1，完整，和近代的剪子相仿，通体长14.2厘米。剪口长3.7、把长8.5、厚0.3厘米（图八五，1；图版一一四，2）。

铁钩　ⅣF10：2，四棱形铁条一端弯转成圆圈，另一端打弯成鱼钩状，尖锐利。通体长5.1厘米，截面宽0.5、钩长2.8厘米，圈的外直径2厘米（图八五，6；图版一一四，1）。

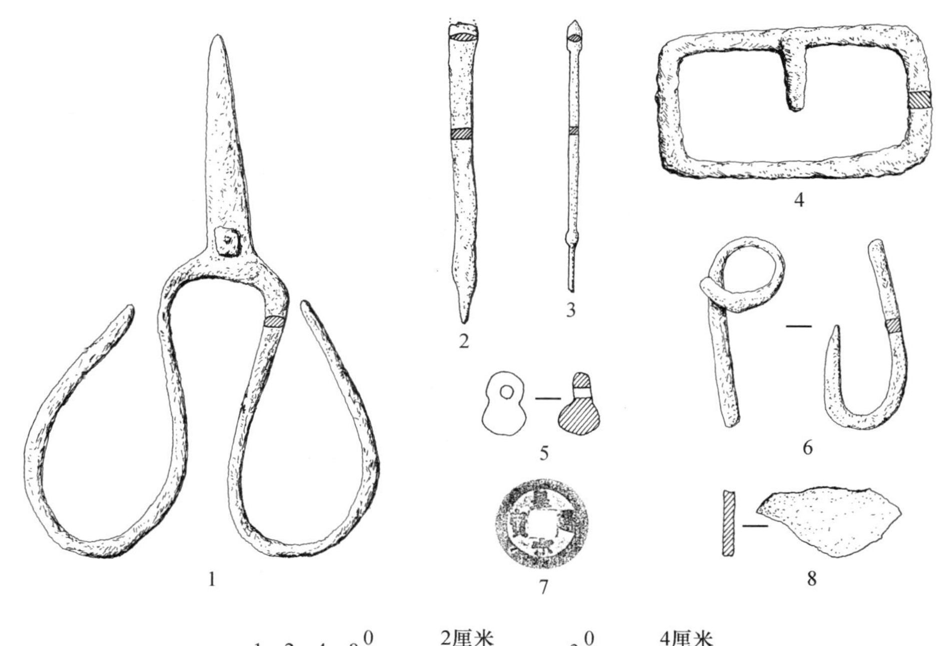

图八五　西城Ⅳ号区域F10出土的遗物及拓片

1. 铁剪刀（ⅣF10：1）　2、3. 铁镞（ⅣF10：8、ⅣF10：6）　4. 铁带卡（ⅣF10：3）　5. 料器饰件（ⅣF10：5）　6. 铁钩（ⅣF10：2）　7. "皇宋通宝"铜钱拓片（ⅣF10：4）　8. 铁片（ⅣF10：7）

（2）铜器

“皇宋通宝”铜钱　ⅣF10：4，完整，字迹清晰。楷书，直读。直径2.5厘米，边廓宽0.4、厚0.1厘米，方孔边长0.7厘米（图八五，7；图版一一九，2）。

（3）料器

饰件　ⅣF10：5，完整，球形纽扣样，下部为球体，上部有一个圆形纽，纽中心有个圆形穿孔。球径1.2、纽孔径0.3厘米（图八五，5；图版一一七，3）。

11. ⅣF11

位于西城的Ⅳ号区域 T2东北部，在T2向东扩方中暴露出遗迹的西部一角。由于工作时限等原因，没有完成对该房址的整体，仅清理暴露出的遗迹部分发掘。房址发现有三排烟道的火炕，房址发掘部分最长处3.6、最宽处2.2米（图八六；图版一〇〇，2）。

房内填土出土有陶器、铁器等遗物。

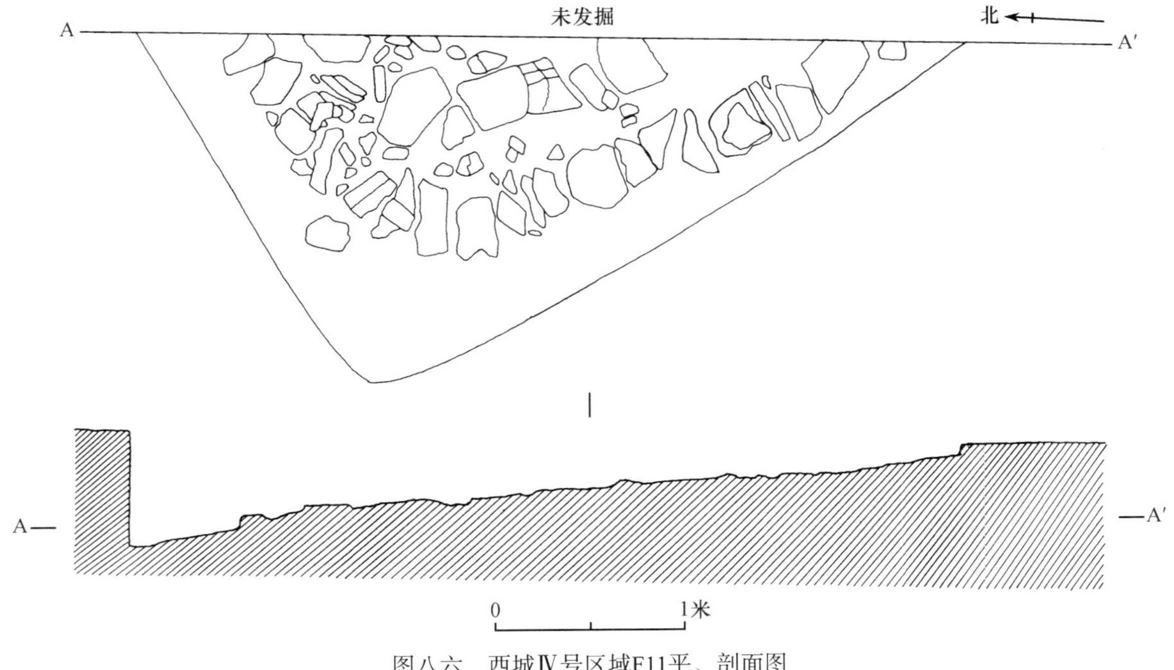

图八六　西城Ⅳ号区域F11平、剖面图

（1）陶器

口沿　ⅣF11：1，泥质灰陶，尖唇，侈口。残片长8.8、宽4.4、壁厚0.5厘米（图八八，1；图版一〇四，4）。

（2）铁器

残铁器　ⅣF11：2，长条形，上端有一圆孔。长7.8、宽2.2、厚0.4厘米（图八八，4）。ⅣF11：3，残断，长条形，上窄下宽，窄一侧有细柄伸出，铁器上有两圆孔。残长9厘米，柄长2.3、宽3.2厘米，上孔径0.3、下孔径0.4厘米（图八八，3）。

矛　ⅣF11：4，完整，分首和銎二部分。通长14.8厘米，首宽3.2、厚0.8厘米，銎内径2、外径2.8、长14厘米（图八八，7；图版一〇八，3）。

12. ⅣF12

位于西城的Ⅳ号区域 T4东部，遗迹开口距地表0.15～0.2米，遗迹内堆积现仅存一层黑土，土质松软，厚0.1～0.15米；居住面为一层灰褐色土，土质较为坚硬。

从发掘情况来看，F12应为一圆角长方形的房址，范围长3.3、宽3.1米。没有发现门道和柱洞，房址周围也没有柱础发现（图八七；图版一〇一，1）。

房址内发现有一处南北走向的折尺形火炕址，短炕北端有灶址，主炕南端为烟囱，火炕因地势由灶向烟囱逐渐抬升，火炕长2.8、主炕宽1.5，短炕宽2.15米。炕下设三条烟道，烟道均系掘地形成的沟槽，烟道宽0.12～0.16、深0.12米，烟道上面铺砌三列形状各异的大石板和石块，石块排列不甚规整，石块表面不甚平整，是随意挑选铺砌，火炕的大石块中间皆填塞有小石块，炕表面原应有炕泥加以平整，但因年代久远且开口浅，破坏严重，发掘中没有发现炕泥痕迹。

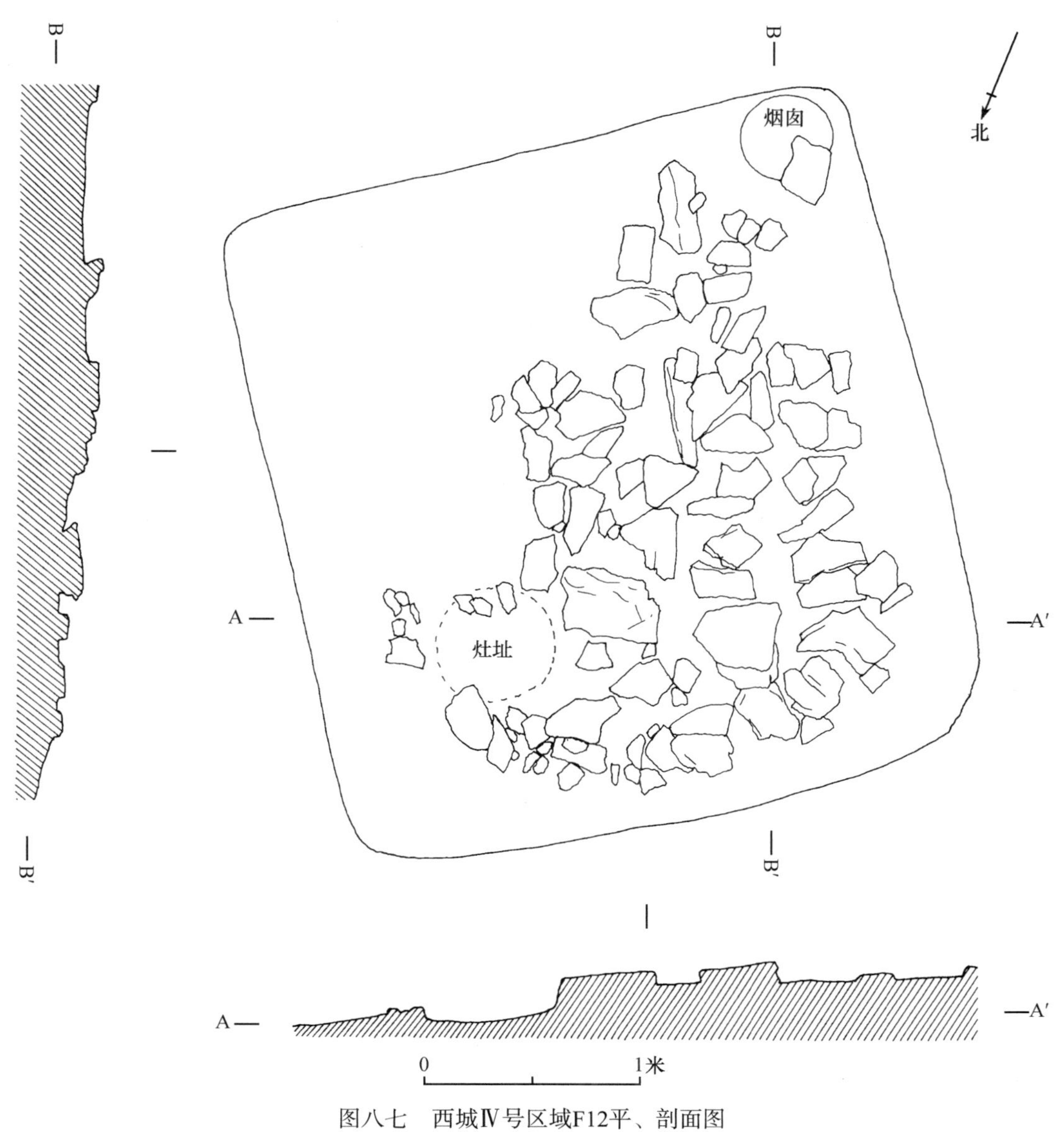

图八七　西城Ⅳ号区域F12平、剖面图

火炕的灶址为挖地而成，平面呈近圆形，径长0.6、深0.25米，底部呈锅底状，底面多为红烧土面，内存有大量炭粒。灶址表面及其周围散落有明显火烧过痕迹的石块，这些石块与火炕表面相连，应为灶台塌落所致，灶门朝向东南。烟道与灶址底部相连，灶底部低于烟道。

火炕的烟囱位于房址的西南角处，底部平面近圆形，直径0.4、深0.12米。

房内填土出土有瓷片、铁器、铜钱等遗物。

（1）瓷器

杯　ⅣF12：3，残余口部局部，白瓷，圆唇，直口，弧腹。残片长4.5、残高7、壁厚0.5厘米（图八八，8；图版一二三，6）。

碗　ⅣF12：2，残余底部，白瓷，圜底。残高3厘米，圈足高0.6、复原后圈足内径6.5、圈足外径7.5厘米（图八八，2）。

（2）铁器

锔钉　ⅣF12：1，长方形锔钉，一钉脚残缺。残长5.9、宽0.9、钉脚长2、直径0.2厘米（图八八，5）。

（3）铜器

“开元通宝”铜钱　ⅣF12：4，完整，有小的裂痕，字迹清晰。隶书，直读。直径2.5厘米，边廓宽0.2、厚0.1厘米，方孔边长0.7厘米（图八八，6；图版一一九，1）。

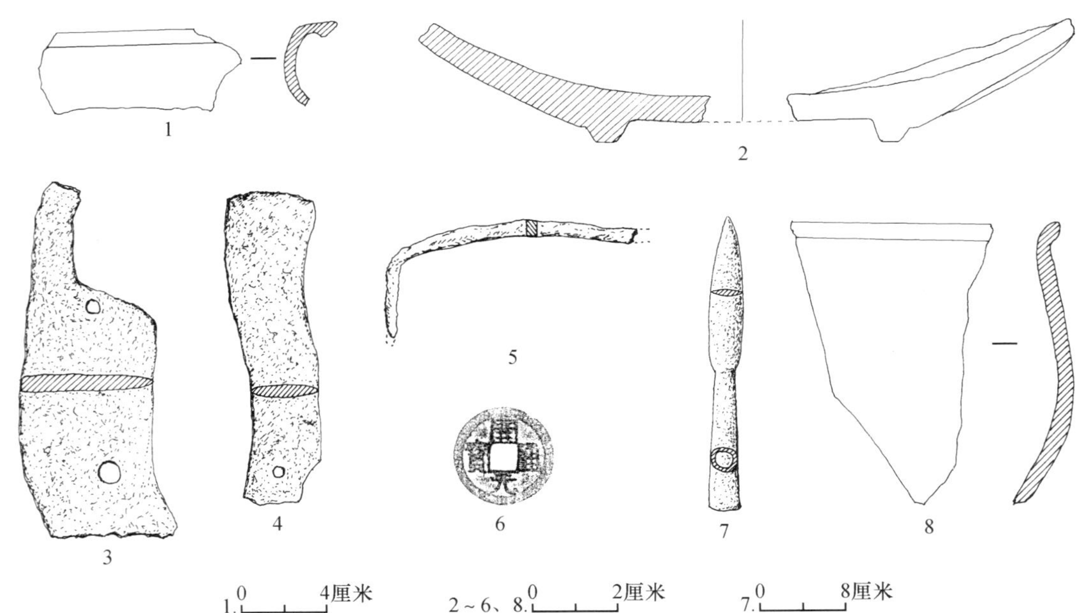

图八八　西城Ⅳ号区域F11、F12出土的遗物及拓片

1. 陶器口沿（ⅣF11：1）　2. 瓷碗（ⅣF12：2）　3、4. 残铁器（ⅣF11：3、ⅣF11：2）　5. 铁锔钉（ⅣF12：1）　6. “开元通宝”铜钱拓片（ⅣF12：4）　7. 铁矛（ⅣF11：4）　8. 瓷杯（ⅣF12：3）

13. ⅣF13

位于西城的Ⅳ号区域T3南部，开口距地表残存0.15～0.2米，应为一圆角长方形的房址，长为4、宽为3.1米，墙体厚0.3米左右，房内堆积现仅存一层黑土，土质松软，厚0.1～0.15米。没有发现门道和柱洞，房址周围也没有发现柱础（图八九；图版一〇一，2）。

房址内发现有一南北走向的折尺形火炕址，短炕北端为灶址，主炕南端为烟囱，火炕地势由灶向烟囱逐渐抬升，火炕长3.1米，长炕宽1.4、短炕宽2.6米。火炕下设两条烟道，烟道均系掘地形成的沟槽，烟道宽0.16、深0.15米，烟道上面铺砌两列形状各异大块的石板和石块，石

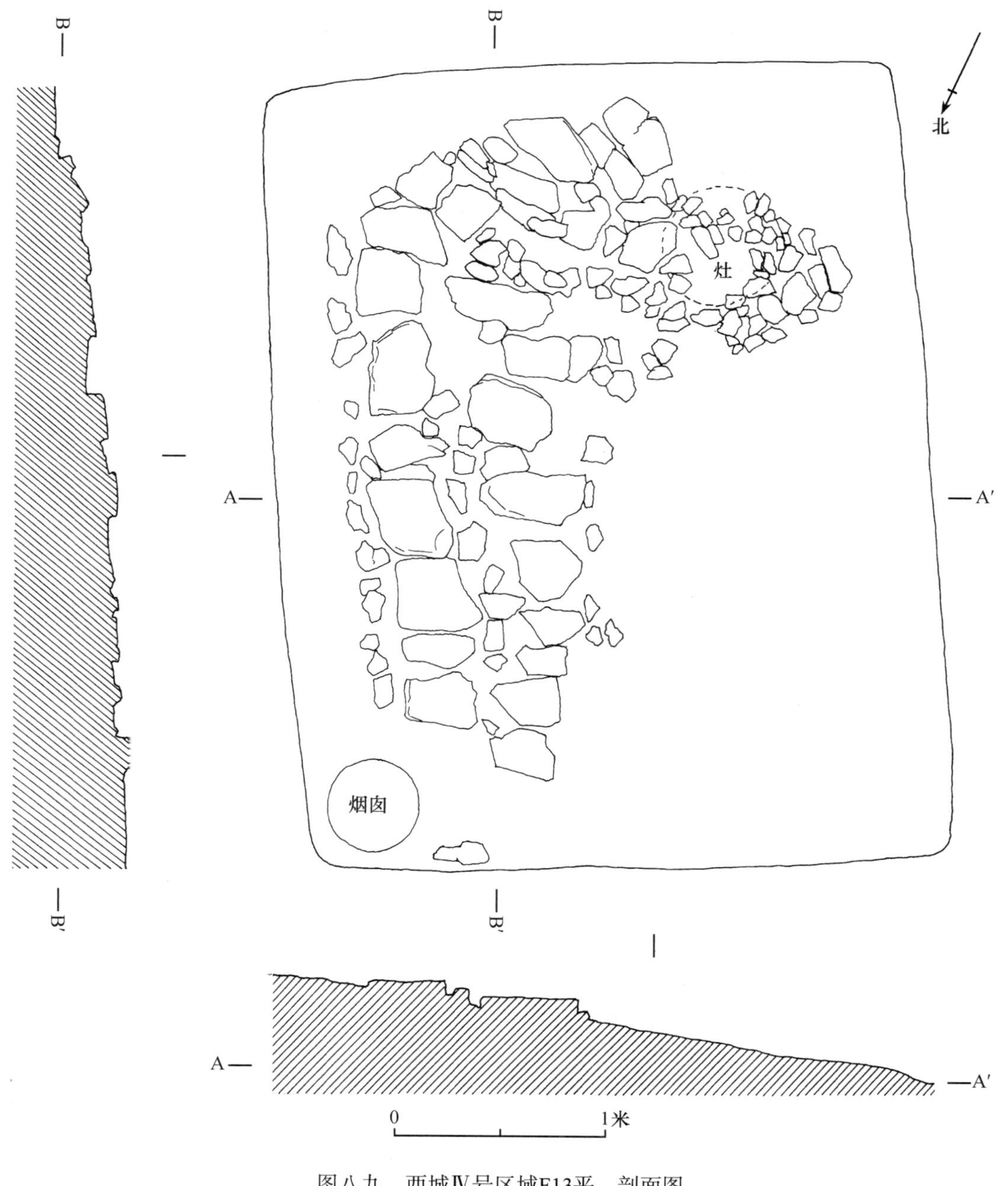

图八九　西城Ⅳ号区域F13平、剖面图

板、石块排列不甚规整，表面不甚平整，显然是随意挑选铺砌，两列火炕的大石块中间皆填塞有小石块。

火炕的灶址为挖地而成，平面呈近圆形，直径0.6、深0.35米，灶址底部呈锅底状，底面多为红烧土面，内存有大量炭粒。灶门朝向东南，灶址表面及其周围散落有明显火烧过痕迹的石块，这些石块与火炕表面相连，应为灶台塌落所致；烟道与灶底部相通，且灶址底部低于烟道。火炕的烟囱位于房址的西南角处，底部平面呈近圆形，直径0.45、深0.15米。

房内填土中仅出土有少量碎陶片等遗物。

（三）南门城墙内NMF1

遗迹位于A线2段（AK0+276～AK0+460）的尾端，西城南城墙内侧，距离2号门址（西门）460米，距离4号门址（南门）180米，是在一个较长的山谷与陡崖交会的位置，当地俗称“南门”的地方（图三五；图版七八，2）。这里地处山坡冲沟之处，连年雨水冲刷，城垣倒塌较甚，加之又是进入西城Ⅰ号区域内的捷径，所以当地群众把这里称为“南门”，2007年和2008年对此处进行了考古发掘。

发现一处房址，遗迹编号为NMF1（图九〇；图版七九，2）。

遗迹开口距地表0.2～0.3米，遗迹堆积一层黑色腐殖土，土质松软，厚0.35米。

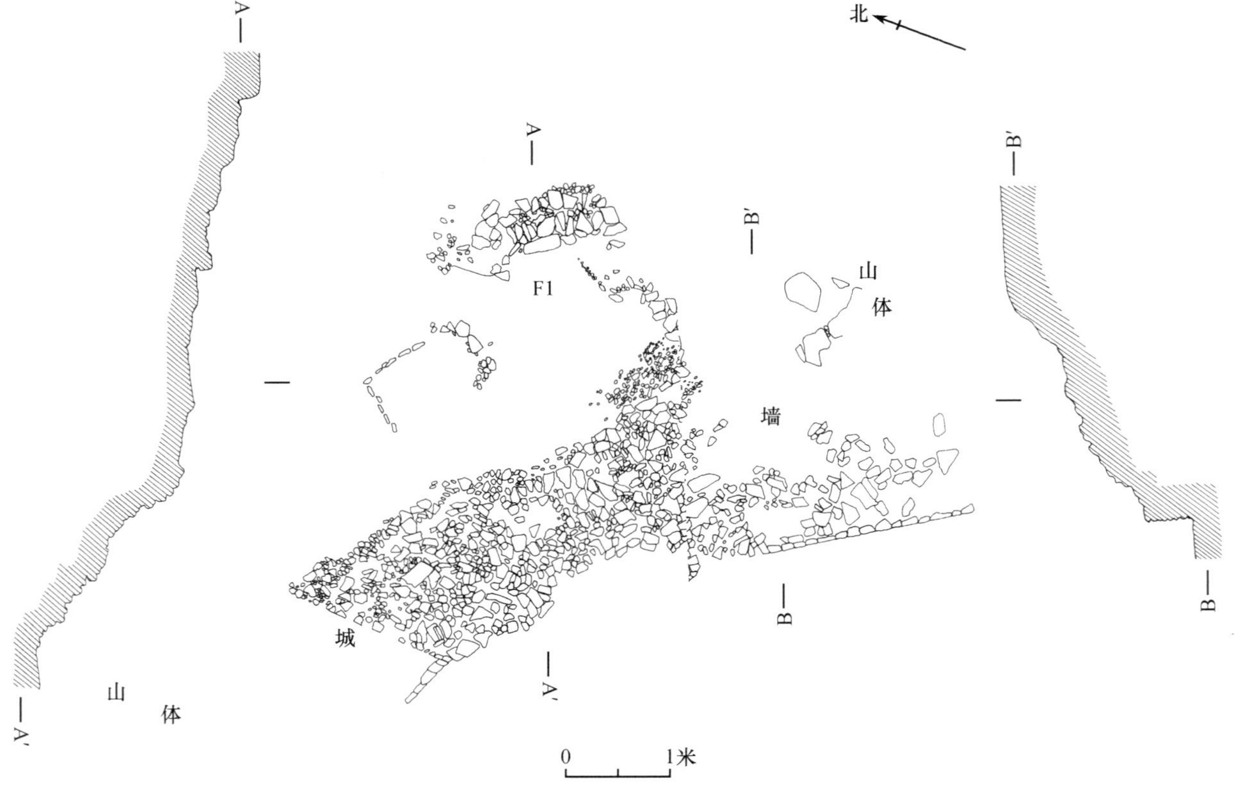

图九〇　西城NMF1遗迹平、剖面图

房址为圆角近方形，与城墙相随，长5.2、宽4.8米，未发现墙体。房址内及周围没有发现柱洞和础石。

门道位于西壁北部，宽约1米，方向338°（图九一）。在靠近城墙的位置有一排宽约0.6米的碎石铺就的墙基础（图版七九，1），东、西有大石块排列的墙基础，北墙依托山体，墙下有一个直尺形的火炕。房址的地面土质较为坚硬，且杂有碎石，土色呈浅黄色。东部略高，有一个现代勘探的土坑，扰坑长1.6、宽0.7米，深及岩石层。

房址内发现有一处火炕遗迹，直尺形，东北—西南走向。火炕西端为灶址，东端有烟囱。火炕巧妙利用山体坡势，随坡搭建。长3.4、宽1.8米，高出居住面约0.3米。火炕下设有2条烟道，烟道均系掘地形成的沟槽，沟槽两侧有散碎石块搭砌，用以辅助炕面石的水平，现已散乱。2条烟道平行铺设，烟道两端交会互通于灶和烟囱，烟道宽0.25、深0.12米。

烟道上有二列大小不一、形状各异的大块石板覆盖在其上。石板排列规整，表面平整，

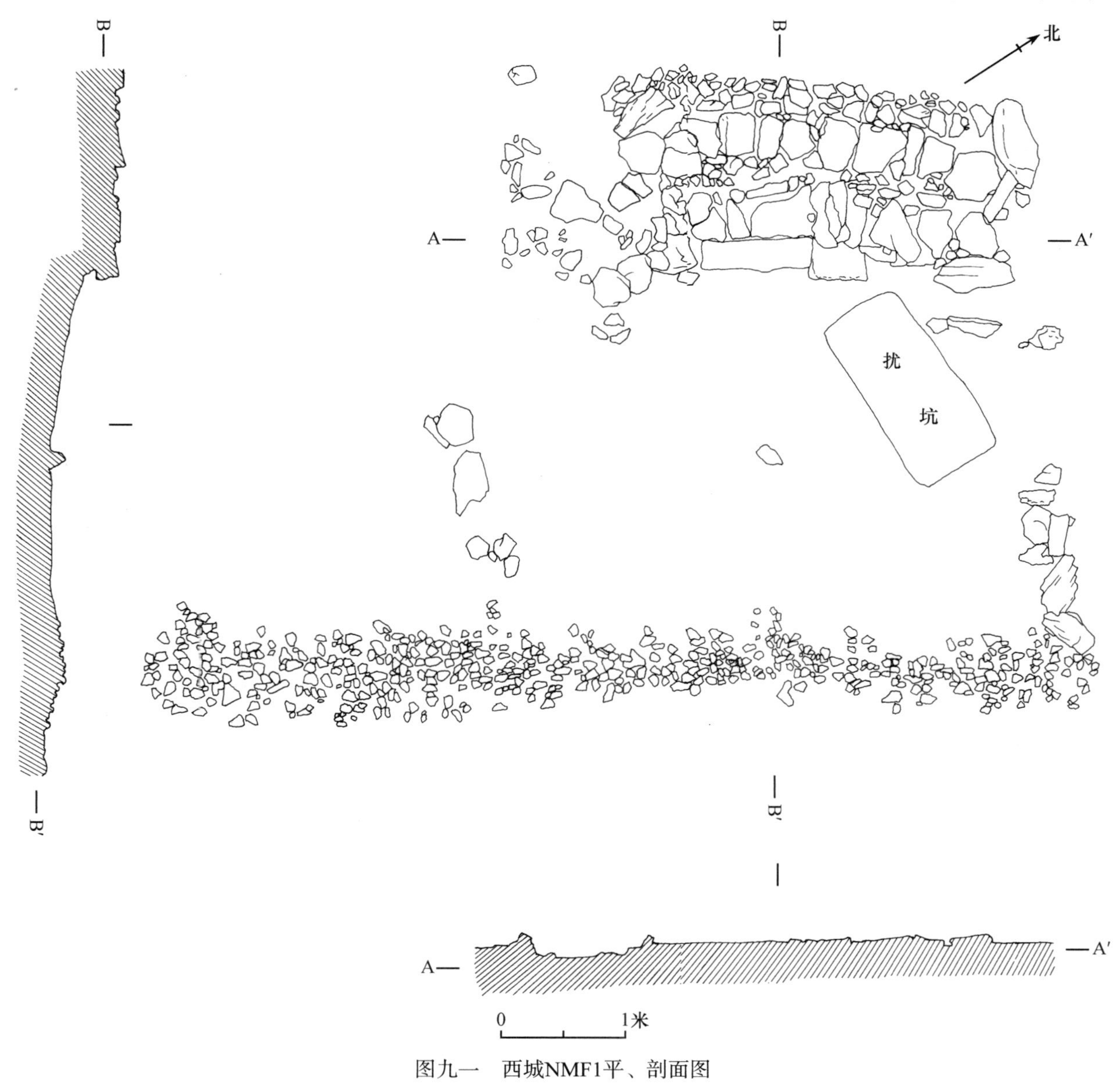

图九一　西城NMF1平、剖面图

显然是精心挑选铺砌，石板中间皆填塞有形状不一的小石块，炕沿是用大石条和石块直砌，形状规整。

火炕的灶址为挖地而成，平面呈近圆形，径0.6、深0.35米，灶址底部呈圜底状，为红烧土面，内存有大量黑土和烧过的黑色炭粒，灶内出土有铁镞、陶片、瓷壶等。灶址表面及其周围散落有明显火烧过痕迹的石块，这些石块与火炕表面相连，系灶台塌落所致；灶门朝向西北，烟道与灶址底部相连，且灶底部低于烟道（图九二）。

火炕的烟囱位于房址的东北角处，平面呈近圆形，圜底。直径现为0.2、深0.25米。

房内填土出土有陶片、瓷片、铁器、铜钱等遗物。

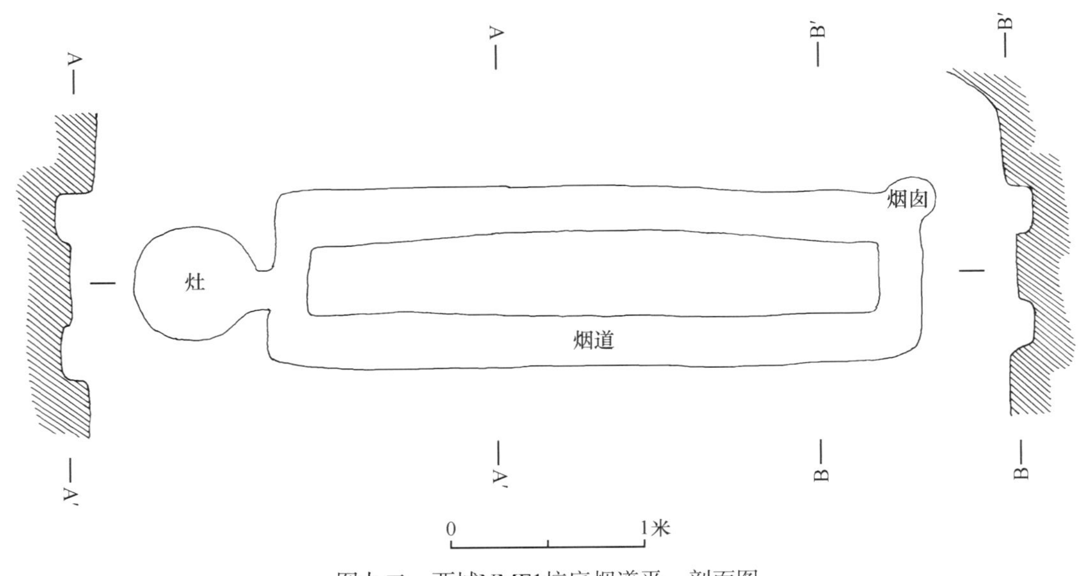

图九二　西城NMF1炕底烟道平、剖面图

（1）陶器

盆　NMF1：5，可修复。泥质灰陶，圆唇，折平沿，束颈，圆鼓腹，腹上部有一对鸡冠状横耳。平底略内凹。通高20.2厘米，口径34.4、腹径32.8、壁厚0.4厘米；底径17、厚0.5厘米（图九三，10；图版一二四）。

壶　NMF1：6，泥质灰黑陶，圆唇外卷，口微侈，束颈，圜底，矮圈足。残高5.6厘米，口径12.4、壁厚0.8厘米（图九三，13）。

口沿　NMF1：8，泥质黄褐陶，尖唇侈口，附加堆纹，堆纹上有连续的压印纹，呈波浪状。残长6.4、宽6.8厘米，壁厚0.5厘米（图九三，12）。NMF1：7，泥质灰陶，直口圆唇，口沿粗大。残片长4.2、宽4.8、壁厚0.6厘米（图九三，9）。

（2）瓷器

壶　NMF1：3，残，可修复。胎质灰色，黑褐釉，束颈，溜肩，垂腹，圜底，圈足，双系，腹部有六道凸棱。残高11厘米，腹径8.8、底厚0.6、圈足径5.4、圈足高0.6厘米（图九三，1；图版一一九，6）。

器底　NMF1：4，白釉，平底，圈足。残高2.6厘米，底径10、圈足直径9.4、高0.6、壁厚0.6厘米（图九三，14）。

（3）铁器

矛　NMF1：1，完整，整体修长，通长23.5厘米。首为三角形，扁且锋锐，长4.5、宽2、厚0.6厘米；中部有铤，呈四棱状，铤长7、宽0.6、厚1.5厘米；尾部是銎孔，呈圆管状，长12、孔内径1.8、外径2厘米（图九三，4）。

凿　NMF1：13，完整，凿头前部为锥形，扁四棱貌，棱线略弧，凿头后部为呈圆筒形銎孔，内残留有木质柄的痕迹。通长10.8厘米，銎内径1.8、外径3.6厘米（图九三，5；图版一〇八，8）。

镞　NMF1：2，残长8.1厘米，截面近长方形。长0.8、宽0.4厘米（图九三，3）。NMF1：9，镞首呈铲形。通长11.7厘米，镞身长8、横截面边长0.6厘米，铤长3.7、横截面边长0.4厘米（图九三，8）。NMF1：10，残，镞首呈铲形。残长6.2、截面边长0.4厘米（图九三，

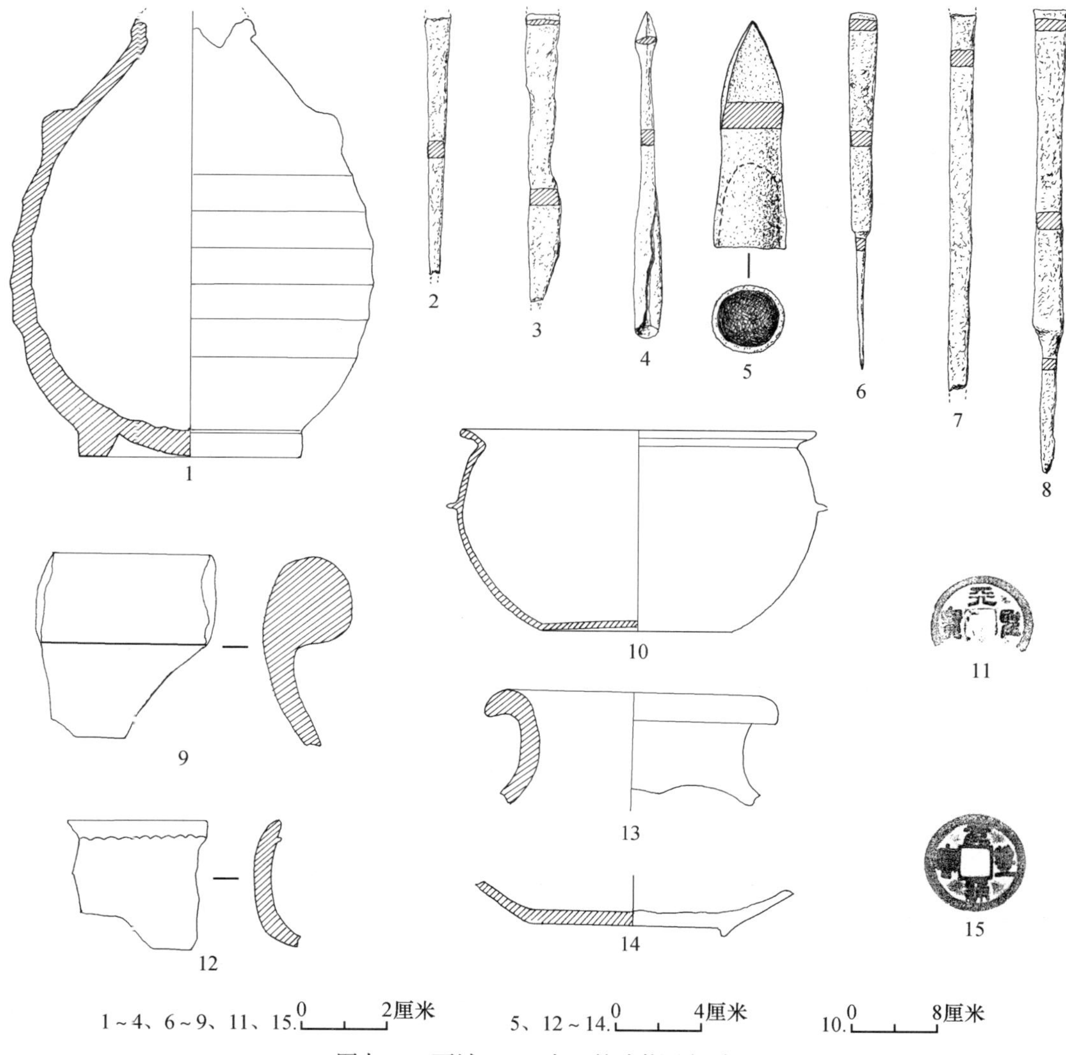

图九三　西城NMF1出土的遗物及拓片

1. 瓷壶（NMF1：3）　2、3、6～8. 铁镞（NMF1：10、NMF1：2、NMF1：11、NMF1：12、NMF1：9）　4. 铁矛（NMF1：1）　5. 铁凿（NMF1　13）　9、12. 陶器口沿（NMF1：7、NMF1：8）　10. 陶盆（NMF1：5）　11. “天圣元宝”铜钱拓片（NMF1：15）　13. 陶壶（NMF1：6）　14. 瓷器底（NMF1：4）　15. “元丰通宝”铜钱拓片（NMF1：14）

2）。NMF1：11，完整，通长9厘米。镞首略宽，呈铲形，扁且宽，镞身长5.5厘米，截面近正方形，边长0.6厘米；铤呈四棱锥状，尾部尖锐，长3.4厘米，截面亦近正方形，边长0.2厘米（图九三，6；图版一一五，4）。NMF1：12，首和铤均有残断，镞首呈铲形，镞身截面近正方形。残长9.4、宽和厚均0.7厘米（图九三，7）。

（4）铜器

“元丰通宝”铜钱　NMF1：14，完整，字迹清晰，旋读，篆书，小平钱。直径2.5厘米，边廓宽0.2、厚0.1厘米，方孔边长0.7厘米（图九三，15；图版一一八，6）。

“天圣元宝”铜钱　NMF1：15，残破近钱面的三分之一，钱文是篆书，缺失下面的一个字，另外三个字是“天圣□宝”，根据款式和字体风格，对比钱谱，应为宋代“天圣元宝”。直径2.5厘米，边廓0.2、厚0.1厘米，方孔边长0.7厘米（图九三，11；图版一一八，1）。

五、灰　沟

发现的灰沟均位于西城的Ⅳ号区域1号门址内侧的西侧坡地上，与房址交错分布，长短、大小不一，根据灰沟中有散碎的石块堆积在一起的情况分析，这些灰沟内的堆积石块应该是房址铺设火炕用的石块筛选出来的剩余石块。这些灰沟的设置功能应该是一致的，其一是为了房址建筑中的取土，用作炕面和墙面之需；其二可做散水之用，为了保护坡地上的房址不受雨水的冲袭；其三是用于填置垃圾，如石炕面的弃石。

考古发掘中共发现灰沟4条（图九四）。

（一）G1

G1分布于西城的Ⅳ号区域的T1中，在F8北侧及其西侧，呈长条形，南北走向（图九五）。

沟全长6.15、宽1.45、深0.35米，沟内填土为黑褐色土，土质松软，沟壁不规整，沟底不平，沟南部堆有石块。

沟内堆积中出土有陶片、四耳铁盘及铁削等遗物。

（1）陶器

罐　G1：10，仅有口部残片，可复原。泥质灰陶，侈口，尖唇，折沿，溜肩。残片高4.6厘米，口径复原后为18、壁厚0.3厘米（图九六，8）。G1：4，仅有底部残片，可复原。泥质灰陶，平底内凹。底径复原后为16.8厘米，残片高3.6、壁厚0.6厘米（图九六，9）。

口沿　6件。G1：5，泥质灰陶，直口，方唇，宽平折沿。残片长9.2、高3.6、壁厚0.25厘米（图九六，3）。G1：6，泥质灰陶，圆唇，宽平折沿，沿略下垂。残片长7.4、高4.2、壁厚0.3厘米（图九六，6）。G1：7，泥质黄褐陶，直口，宽平折沿。残片长5.2、高2.1、壁厚0.5厘米（图九六，2）。G1：8，泥质灰陶，尖唇，侈口。残高2.6、壁厚0.4厘米（图九六，1）。G1：11，泥质灰陶，方唇直口，平折沿。残片长4、高3.7、壁厚0.5厘米（图九六，4）。

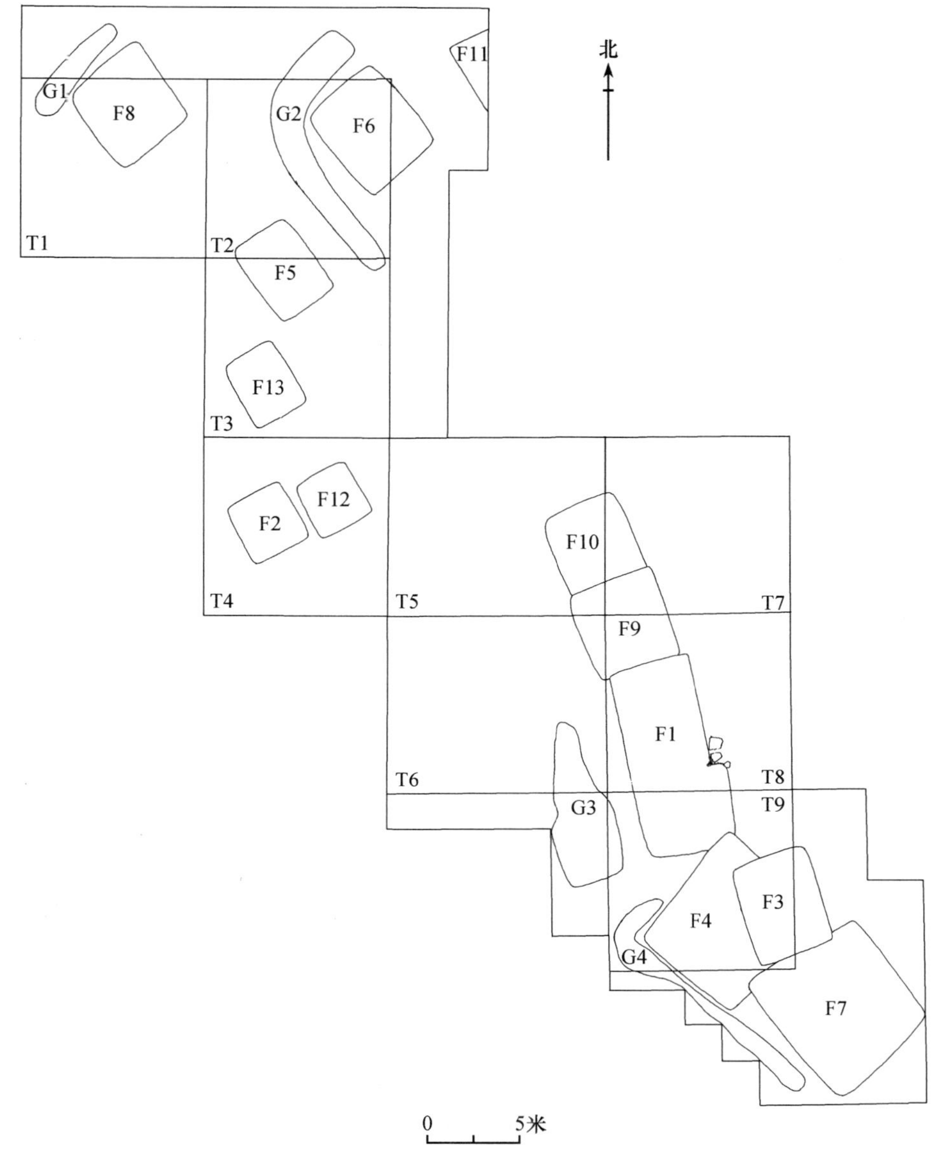

图九四 西城Ⅳ号区域房址和灰沟遗迹位置分布图

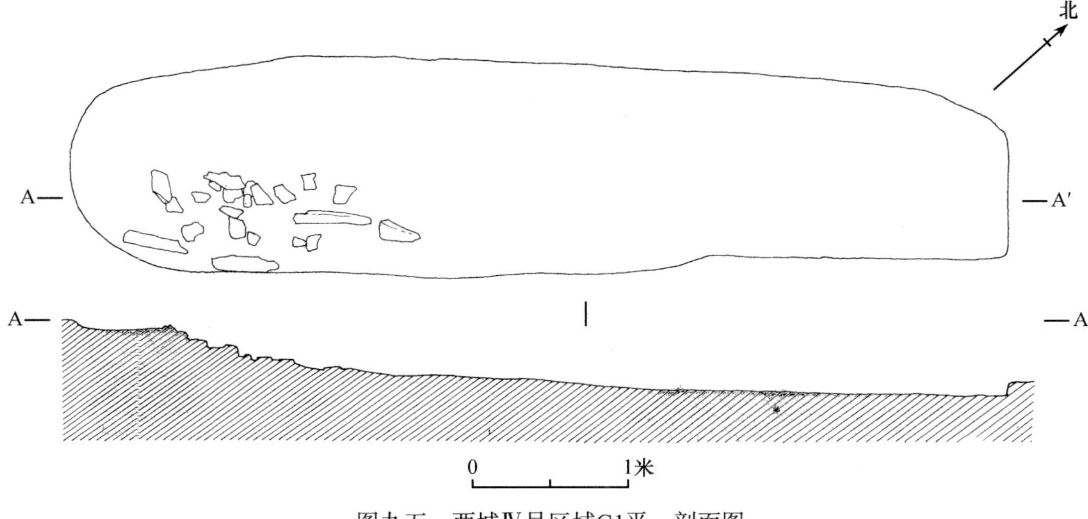

图九五 西城Ⅳ号区域G1平、剖面图

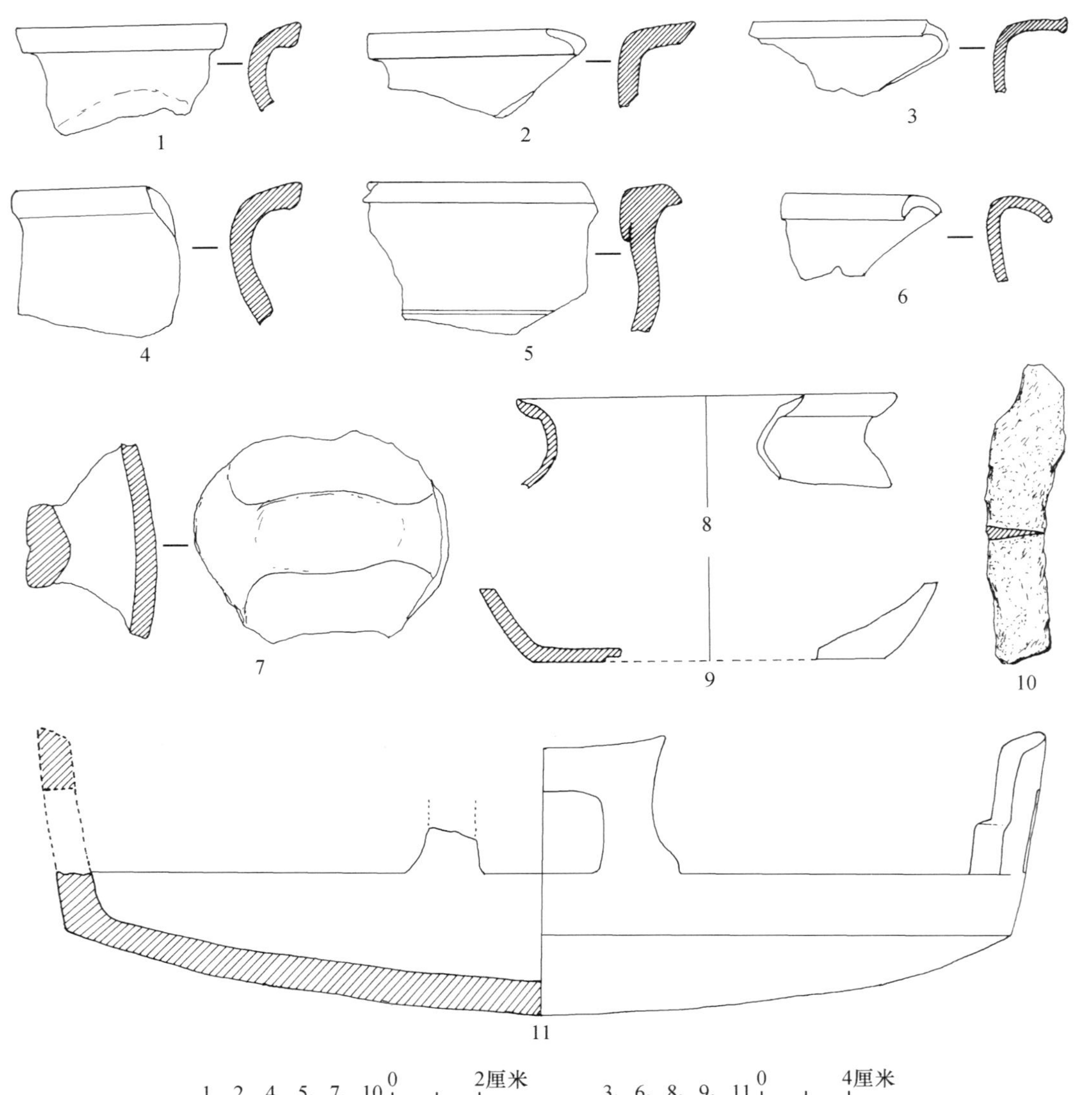

图九六　西城Ⅳ号区域G1出土的遗物

1～6. 陶器口沿（G1：8、G1：7、G1：5、G1：11、G1：2、G1：6）　7. 陶器耳（G1：9）　8、9. 陶罐（G1：10、G1：4）　10. 铁削（G1：3）　11. 铁盘（G1：1）

G1：2，泥质黑陶，直口，宽沿，弧收腹。残片长5.3、高3.8、壁厚0.6厘米（图九六，5）。

器耳　G1：9，完整，泥质灰陶，横桥状。耳长6、宽2、厚1厘米（图九六，7）。

（2）铁器

铁盘　G1：1，直口，方唇，立耳，浅腹，圜底。四耳呈“十”字对称分布，一对方耳，一对圆耳，其中相邻的两耳残缺，仅余二耳。通高14厘米，口径48、中心深5.2、壁厚1.6厘米（图九六，11；图版一一二，1）。

削　G1：3，残，锈蚀较甚。直背，凹刃。残长7.2、宽1.7、背厚0.3厘米（图九六，10；图版一〇五，5）。

（二）G2

G2位于西城的Ⅳ号区域的T2、T3内，环于F6的西侧和北侧，平面呈“L”形，弧曲较大。沟全长15.6、宽1.7～2米。沟壁不规整，底亦不平，深10～45厘米。沟内填土为黑色，土质较松软，沟内的中部和南部有大量石灰岩石块，形制不一（图九七）。

沟内出土有瓷器、陶片、铁护心镜等遗物。

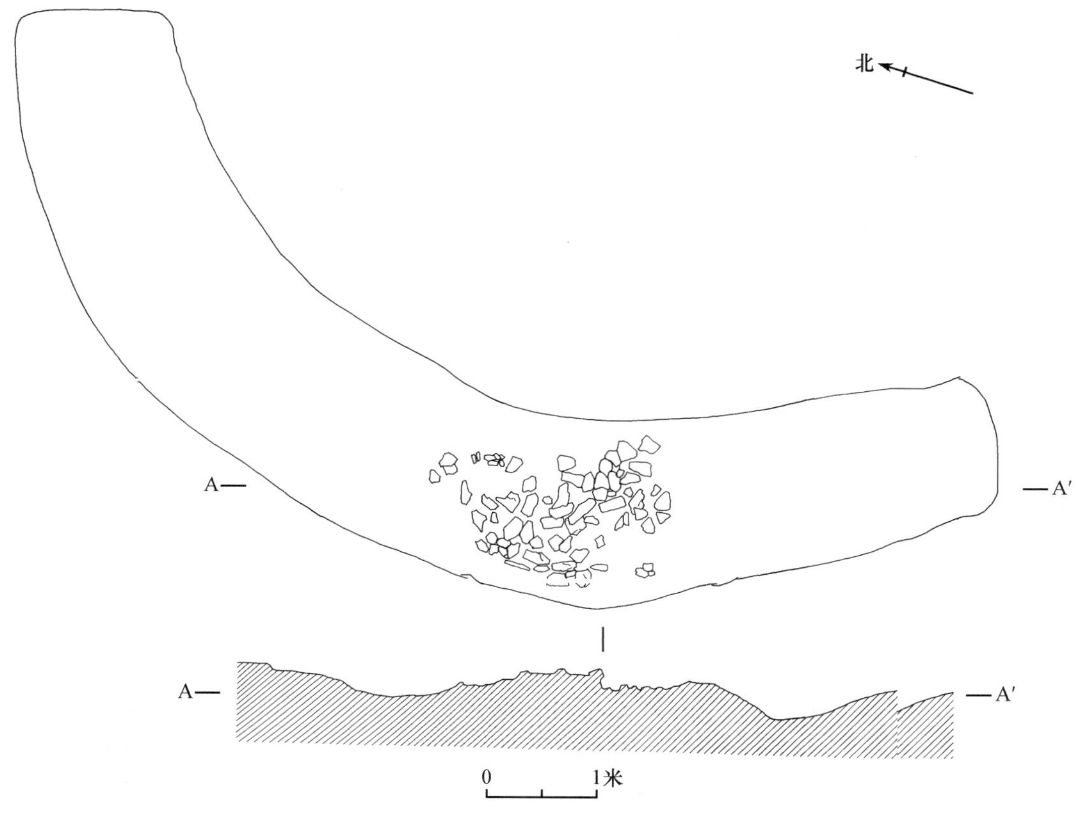

图九七　西城Ⅳ号区域G2平、剖面图（局部）

（1）陶器

罐　G2：7，仅有底部残片。泥质灰陶，平底。底径复原后为20、残片高3、厚0.6厘米（图九八，5）。

口沿　G2：3，泥质灰陶，侈口圆唇，沿下缘内勾。残片长10.6、高3.2、壁厚0.4厘米（图九八，6）。G2：5，泥质灰陶，侈口方沿，沿上有一周凹槽。残片长5.2、高1.7、壁厚0.3厘米（图九八，4）。G2：6，泥质灰陶，展沿侈口。残片长10、高3、壁厚0.6厘米（图九八，3）。G2：8，泥质黑皮陶，侈口尖唇，宽沿。残片长3.6、高3、壁厚0.5厘米（图九八，2）。

（2）瓷器

瓮　G2：4，仅有口部残片。缸胎，酱黑釉，圆唇，口微敛，短领，溜肩。残片高10.8厘米，口径修复后为14、壁厚1.2厘米（图九八，1）。

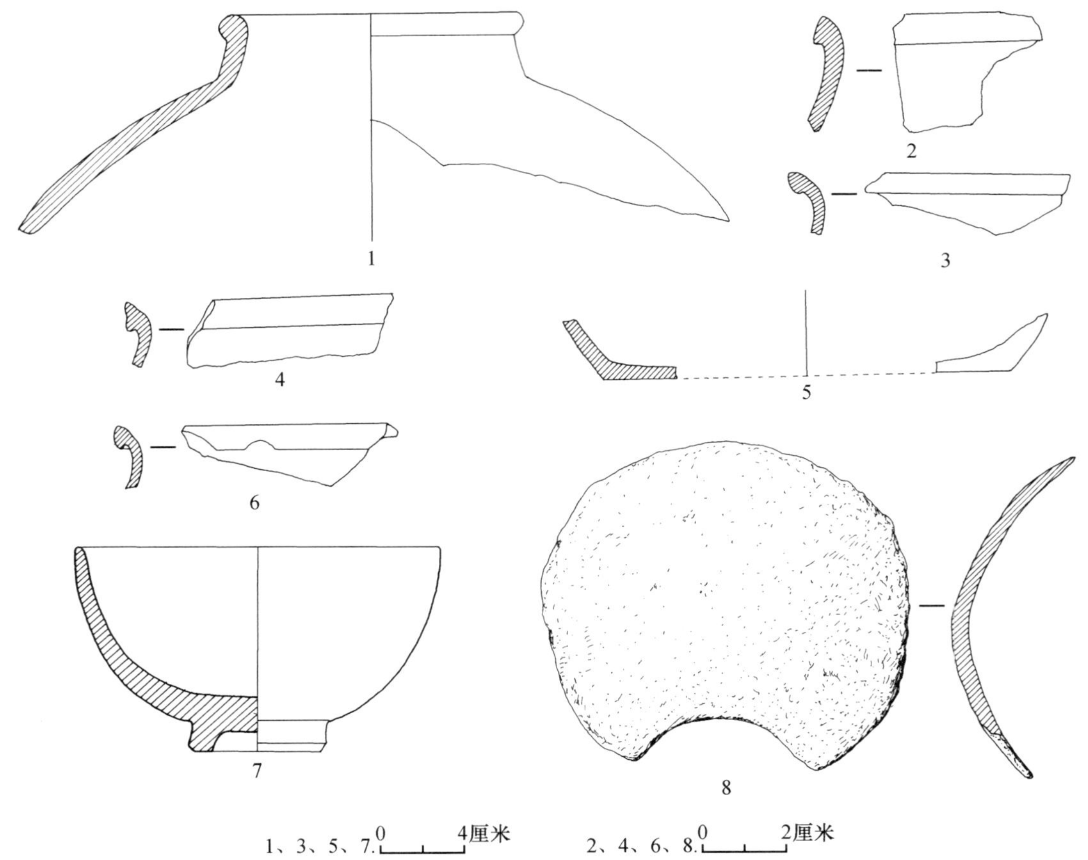

图九八　西城Ⅳ号区域G2出土的遗物

1. 瓷瓮（G2：4）　2～4、6. 陶器口沿（G2：8、G2：6、G2：5、G2：3）　5. 陶罐（G2：7）　7.瓷碗（G2：1）　8. 铁护心镜（G2：2）

碗　G2：1，残破，可修复。胎体厚重，形制较规整，器壁从口至底逐渐增厚。豆青釉，有开片，圆尖唇直口，斜收腹，高圈足，圈足外侧内削一周。口径18、高10.4厘米，足径6.2、底厚1.8厘米（图九八，7；图版一二二）。

（3）铁器

护心镜　G2：2，圆形，有一个缺口，外侧隆起。直径9、厚0.2～0.5厘米（图九八，8；图版一一一，4）。

（三）G3

G3位于西城Ⅳ号区域的T7、T9内，ⅣF1的西侧，距离ⅣF1约1.4米。

G3的平面形状不规则，南面宽，北面窄，呈近葫芦形，底不平。因地处坡地，遇山洪或水大的季节，水会顺沟迅速排除，对ⅣF1房址有重要的保护作用。沟全长9.6、宽3、深0.25米，沟内填土为黑褐土，土质松软（图九九）。

沟内出土有陶器、铁器、铜器等遗物。

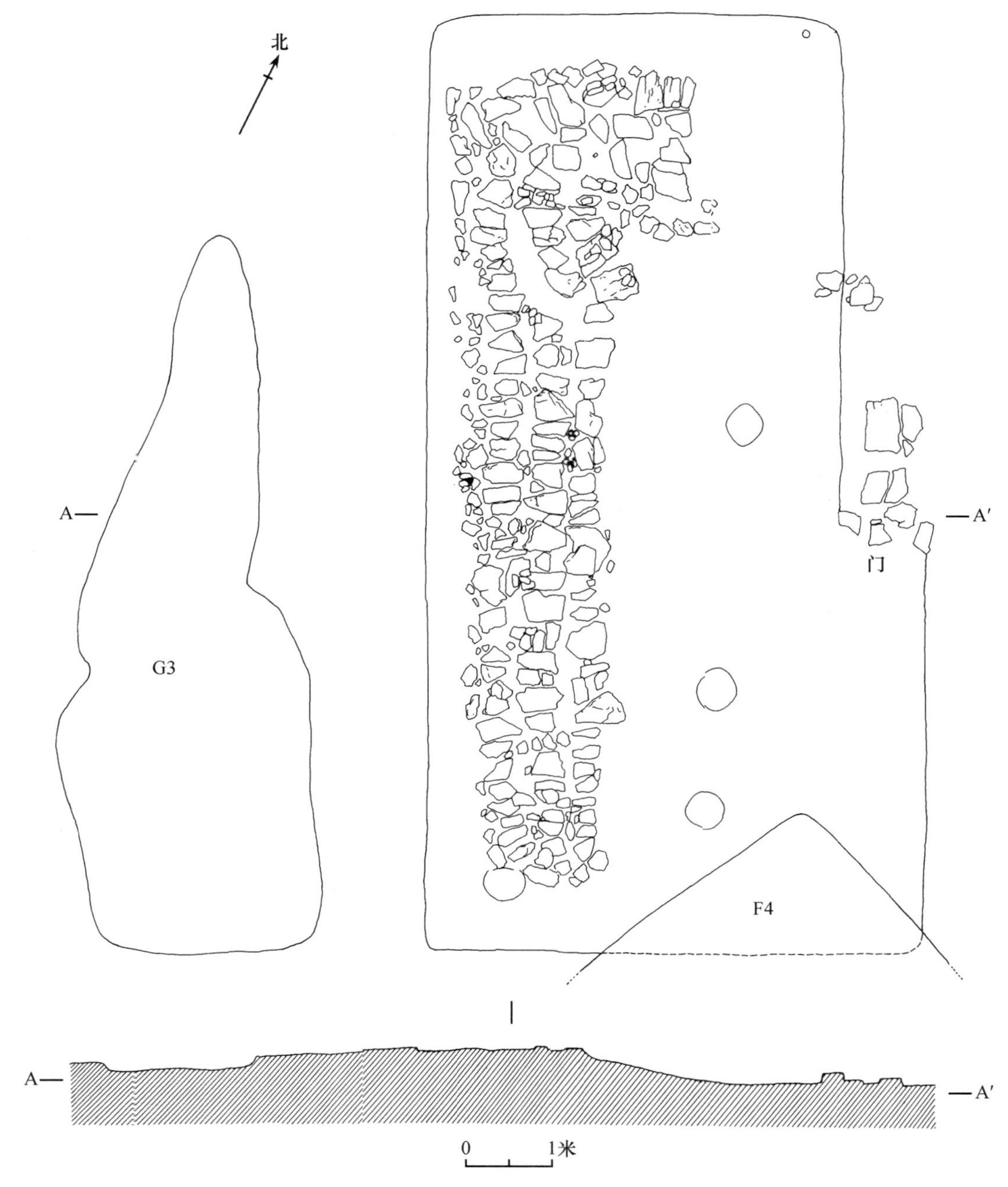

图九九　西城Ⅳ号区域G3平、剖面图

（1）陶器

罐　2件。G3：10，残余底部，泥质灰陶，平底。底径复原后为16、高4.4、壁厚0.6厘米（图一〇〇，13）。G3：17，残余底部，泥质灰陶，平底。底径复原后为12、残高2.5、壁厚0.7、底厚0.6厘米（图一〇〇，10）。

口沿　G3：8，泥质黄褐陶，侈口尖唇。残6.1、高2、壁厚0.3厘米（图一〇〇，1）。G3：11，泥质灰陶，侈口方唇，唇中部有一周凹槽。残长12、高6.8、壁厚0.8厘米（图一〇〇，7）。G3：13，泥质黄褐陶，侈口尖唇。残长13.2、高5、壁厚0.6厘米（图一〇〇，3）。

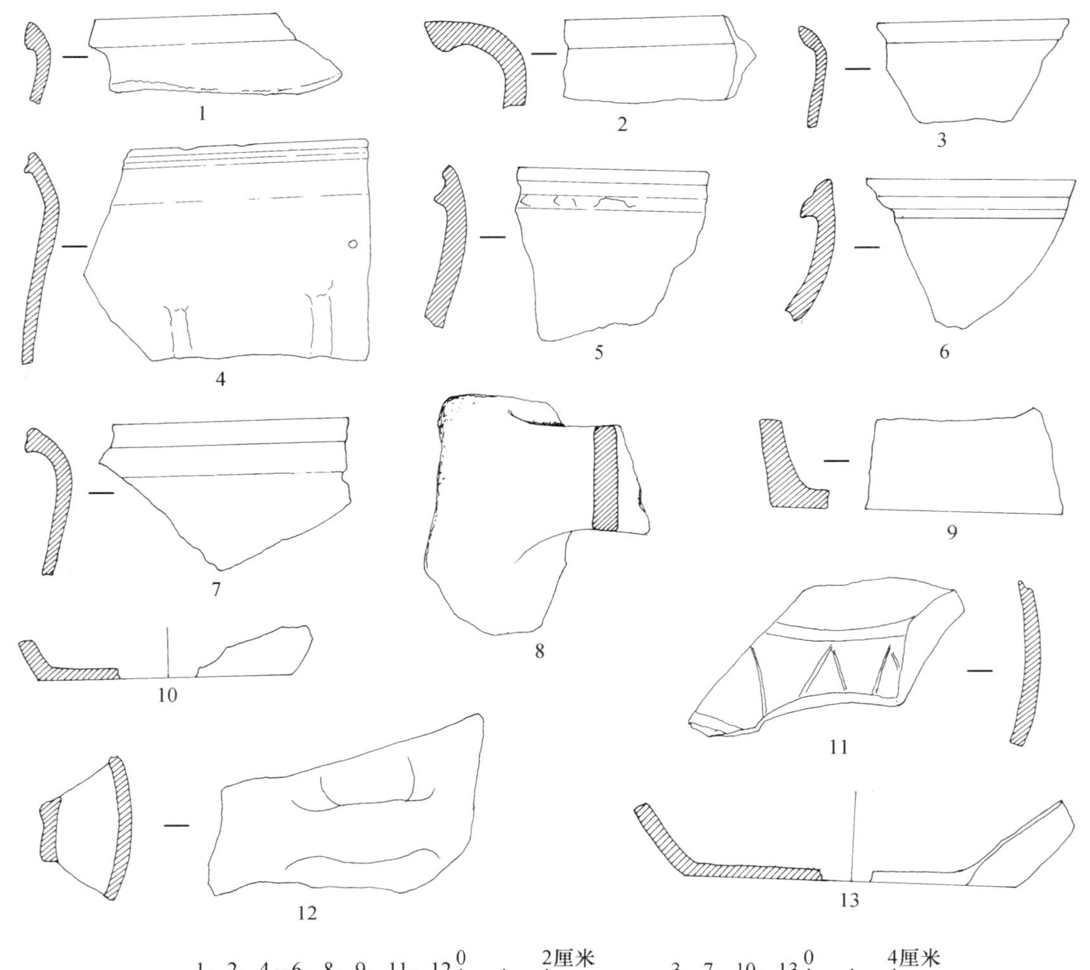

1、2、4～6、8、9、11、12. 0 2厘米　　3、7、10、13. 0 4厘米

图一〇〇　西城Ⅳ号区域G3出土的陶器

1～7. 口沿（G3：8、G3：15、G3：13、G3：20、G3：18、G3：16、G3：11）　8、12. 器耳（G3：9、G3：14）　9. 器底（G3：19）　10、13. 罐（G3：17、G3：10）　11. 纹饰陶片（G3：12）

G3：15，泥质黑陶，方唇，展沿。残长4.8、高2.1、壁厚0.5厘米（图一〇〇，2）。G3：16，泥质灰陶，直口尖唇，沿下有一周宽棱。残长5、高3.7、壁厚0.5厘米（图一〇〇，6）。G3：18，夹砂褐陶，尖唇，直口，口沿下有一周凹槽，再下饰附加堆纹，堆纹上有戳印坑点。残长4.5、高4.3、壁厚0.5厘米（图一〇〇，5）。G3：20，泥质灰陶，方唇，侈口，沿外侧有一周凸棱，肩部的横耳残，只留耳的基部痕迹。残长14、高11、壁厚0.6厘米（图一〇〇，4）。

器底　G3：19，夹砂褐陶，平底。长4.8、高2.6、壁厚0.5厘米（图一〇〇，9）。

器耳　G3：9，夹砂灰褐陶，横桥耳，残余一半。耳宽2.6、厚0.6厘米（图一〇〇，8）。G3：14，泥质黄褐陶，系器身一部分，完整。耳长3.5、宽1.5、厚0.3厘米（图一〇〇，12）。

纹饰陶片　G3：12，泥质灰陶，器身一块残片，饰有刻划之字形纹及弦纹。残长4.9、残高3.2、壁厚0.4厘米（图一〇〇，11）。

（2）铁器

带卡　G3：5，较完整，卡头前部为长方形，中间有方孔，孔最上端是圆柱边，两侧是方柱边框。孔下嵌有一个卡鼻，卡头后部为扁片状。通长4.5、宽4、鼻长2厘米（图一〇一，3；图版一一〇，4）。

镞 G3：1，完整，蛇头形镞首，镞身细长，铤略细。通长18.3、宽0.7、厚0.4、铤长4.4厘米（图一〇一，2）。G3：3，完整，镞首蛇头形，镞身细长，铤略细。通长18、宽0.6、厚0.4、镞长6.6厘米（图一〇一，1）。

环 G3：6，椭圆形环，截面近长方形。长径1.8、短径1.1厘米，截面长0.5、宽0.3厘米（图一〇一，4）。

（3）铜器

环 G3：7，圆形，扁片状。外径3.4、内径1.9、厚 0.15厘米（图一〇一，5）。

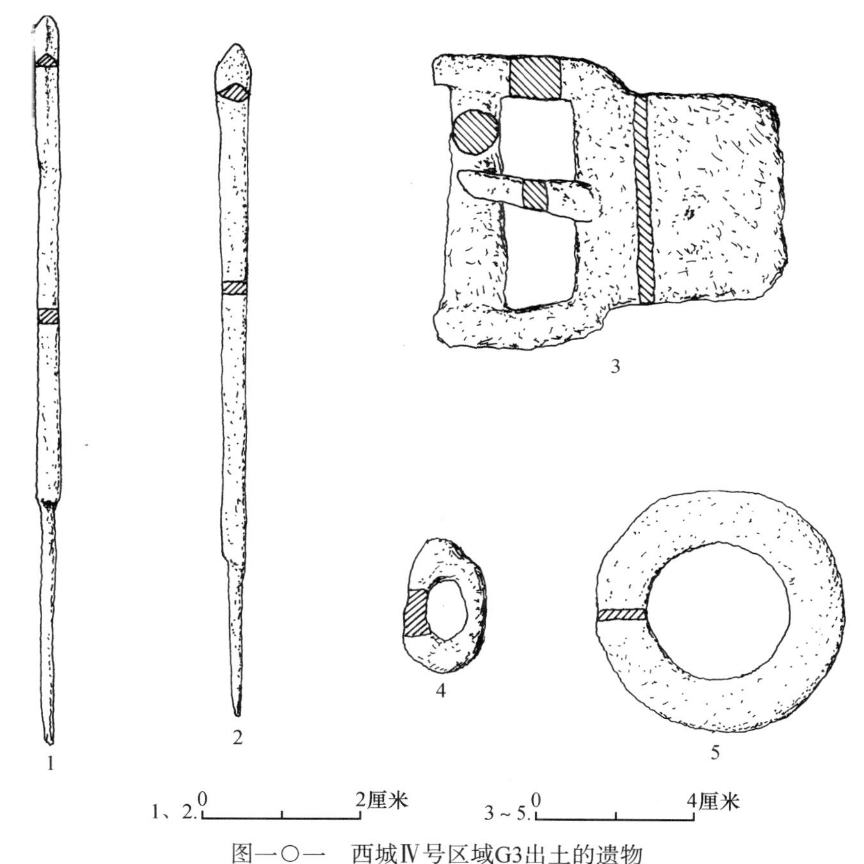

图一〇一 西城Ⅳ号区域G3出土的遗物

1、2. 铁镞（G3：3、G3：1） 3. 铁带卡（G3：5） 4. 铁环（G3：6） 5. 铜环（G3：7）

（四）G4

位于西城Ⅳ号区域的T9内，ⅣF4的西南外侧，方向35°。沟呈“L”形，长15.2、宽1.6、深0.5米，沟壁不规整，沟底不平。沟内填土为黑褐色土，土质松软，比较纯净，质地松软（图九四）。

遗迹中未发现遗物。

第二节　遗　　物

一、地层出土（按探方）的遗物

地层出土的遗物主要在Ⅰ号区域出土。

Ⅰ号区域根据发掘的先后划分有三个发掘区，分别是A区、B区、C区。其中A区是位于Ⅰ号区域西北的一块坡地，现为菜地，地势比较宽阔，没有经过勘探，由于20世纪90年代的环境整治，使得这个坡地遭到人为损毁。按照理论布方，2007年考古发掘共布5米×5米探方10个，实际发掘面积237.5平方米（图一〇二）。

A区的地层十分简单，耕土层下面就是岩石层，因为位于坡地上，所以地层呈现坡下厚、坡上薄的特点，有扰乱现象。在地层中发现了一些文物，多出土于耕土层下部，有陶器残片、铁器等。

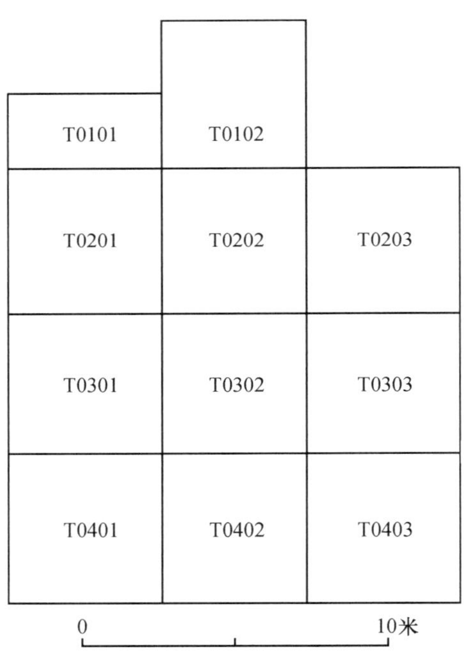

图一〇二　西城Ⅰ号区域A区探方分布示意图

1. ⅠT0101

位于发掘区的西北角，由于覆盖植被的原因，原计划没有布方，由于T0201内发现一处火炕的残迹，向北扩方，故发掘了其南部一半面积。没有发现其他遗迹。

出土陶器残片主要是泥质灰陶片，铁器有铁镞等。

铁镞　ⅠT0101②：1，镞首三角形，尖部略有残缺，通体修长，有短铤。通长15.3、镞身四棱形，长13.1、宽0.4、厚0.4厘米，铤四棱锥样，长2.2、宽0.4 厘米（图一〇三，

1）。ⅠT0101②：2，通长10.4厘米，铤长1.5、镞身截面边长0.6厘米（图一〇三，2）。ⅠT0101②：3，通长6.7、镞首长5厘米。镞首截面近正方形，边长2.6、铤长1.7厘米，铤部截面亦近正方形，边长0.2厘米（图一〇三，6）。

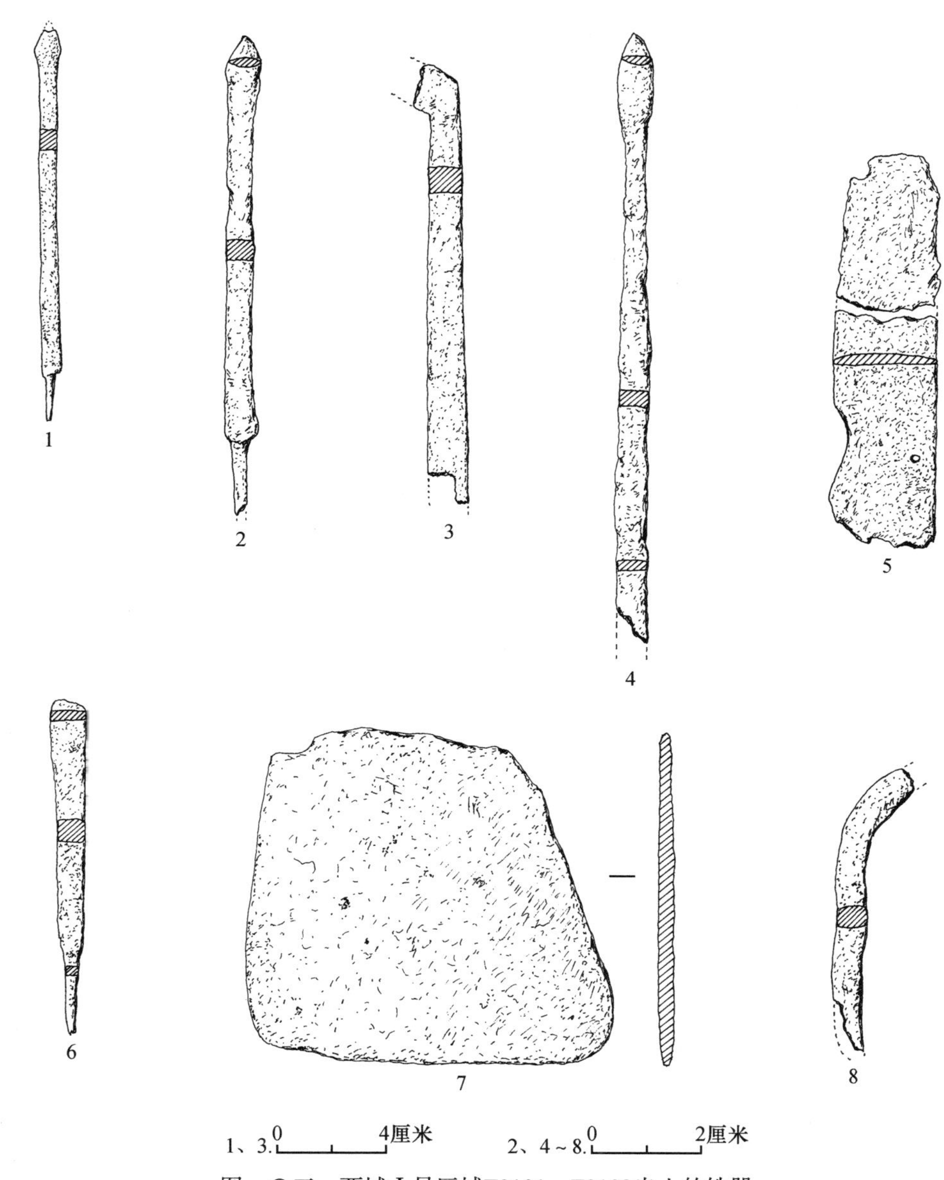

图一〇三　西城Ⅰ号区域T0101、T0102出土的铁器

1、2、4、6. 镞（ⅠT0101②：1、ⅠT0101②：2、ⅠT0102②：3、ⅠT0101②：3）　3. 残铁器（ⅠT0102②：4）　5. 甲片（ⅠT0102②：1）　7. 铁片（ⅠT0102②：5）　8. 锔钉（ⅠT0102②：2）

2. ⅠT0102

位于发掘区的西部，南邻T0201，北、东、西没有布方，探方内没有发现任何遗迹。

出土陶器残片主要是泥质灰陶，还有少量的铁器，陶器残部可辨识有口沿、横鋬耳、器底，以及器物的腹部陶片等，口沿主要是卷沿、直口。陶器以泥质灰陶为主，还有少量泥质夹砂陶、夹蚌粉陶。陶色除灰色外，还有浅黄、灰黑、黑皮等。纹饰以素面为主，还有少量弦纹加水波纹，另外还出土绿釉和黑釉的瓷片。铁器有铁刀、锔钉、甲片等。

（1）陶器

罐　ⅠT0102②：8，残余口部，泥质黑陶，方唇，折沿，直腹。修复后的口径28厘米，残片高5.4、壁厚0.6厘米（图一〇四，6）。ⅠT0102②：15，残余口部，泥质灰陶，平底。复原后的底径15、厚0.6、残片高7.4、壁厚0.7厘米（图一〇四，14）。ⅠT0102②：16，残余口部，泥质黑皮陶，平底。底径复原后为23、残片高6.6、壁厚0.8厘米（图一〇四，12）。

口沿　8件。ⅠT0102②：6，泥质灰陶，尖唇外翻，侈口。残片长10.8、宽3.6、壁厚0.6厘米（图一〇四，4）。ⅠT0102②：7，泥质黄褐陶，窄沿，尖唇，侈口，沿下内勾。残片长10.6、宽6.6、壁厚0.6厘米（图一〇四，7）。ⅠT0102②：9，泥质黄褐陶，平折沿，方唇，唇中部有一道凹槽。残片长5.8、宽4.6、壁厚0.7厘米（图一〇四，2）。ⅠT0102②：10，泥质黄褐陶，直口，尖唇，沿外部有二周凸棱。残片长5.2、宽3、壁厚0.6厘米（图一〇四，8）。ⅠT0102②：11，夹砂褐陶，微侈口，圆尖唇，沿下内勾。残片长8.4、宽3.4、壁厚0.6厘米（图一〇四，1）。ⅠT0102②：12，夹蚌粉灰褐陶，方唇，侈口，折沿，颈微束。残片长6.7、高3.8、壁厚0.4厘米（图一〇四，9）。ⅠT0102②：13，泥质灰陶，侈口，尖唇，沿下内勾。残片长7、高2.4、壁厚0.5厘米（图一〇四，3）。ⅠT0102②：14，泥质灰陶，侈口，尖唇，沿下内勾。残片长6.2、高2.6、壁厚0.4厘米（图一〇四，5）。

器耳　ⅠT0102②：17，器腹残片，横桥状耳，残断。泥质灰陶，残长9、耳宽6.5、厚0.9厘米（图一〇四，15）。ⅠT0102②：18，器腹残片，横桥状耳，完整。泥质黄褐陶，长6.1、耳宽4.6、厚1厘米（图一〇四，13）。ⅠT0102②：19，器腹残片，横鋬耳，较完整。泥质黑陶，长10.1、耳宽4.1、厚0.6厘米（图一〇四，11）。

纹饰陶片　ⅠT0102②：20，器腹残片，泥质黄褐陶，饰复合刻划纹，其中有两道弦纹，弦纹下饰波浪纹，现可见到有两组。残片泥质黄褐陶，长5.5、宽4.3、壁厚0.6厘米（图一〇四，10）。

（2）铁器

甲片　ⅠT0102②：1，锈蚀且残，长方形，薄片状，有一穿孔。残长7.7、宽2、厚0.4厘米（图一〇三，5）。

锔钉　ⅠT0102②：2，锈蚀严重，两端均有缺损，中部宽扁，钉脚残断。残长5.5、宽0.7、厚0.4厘米（图一〇三，8）。

镞　ⅠT0102②：3，锈蚀较甚，镞首蛇头形，无铤。通长12厘米，镞首厚0.2、宽0.6、镞身厚0.3厘米（图一〇三，4）。

残铁器　ⅠT0102②：4，长条形，一端有折，两端均残断，用途不明。残长17.2、宽1.4、厚1厘米（图一〇三，3）。

铁片　ⅠT0102②：5，四边形，用途不详。长6.7、宽7.1、厚0.6厘米（图一〇三，7）。

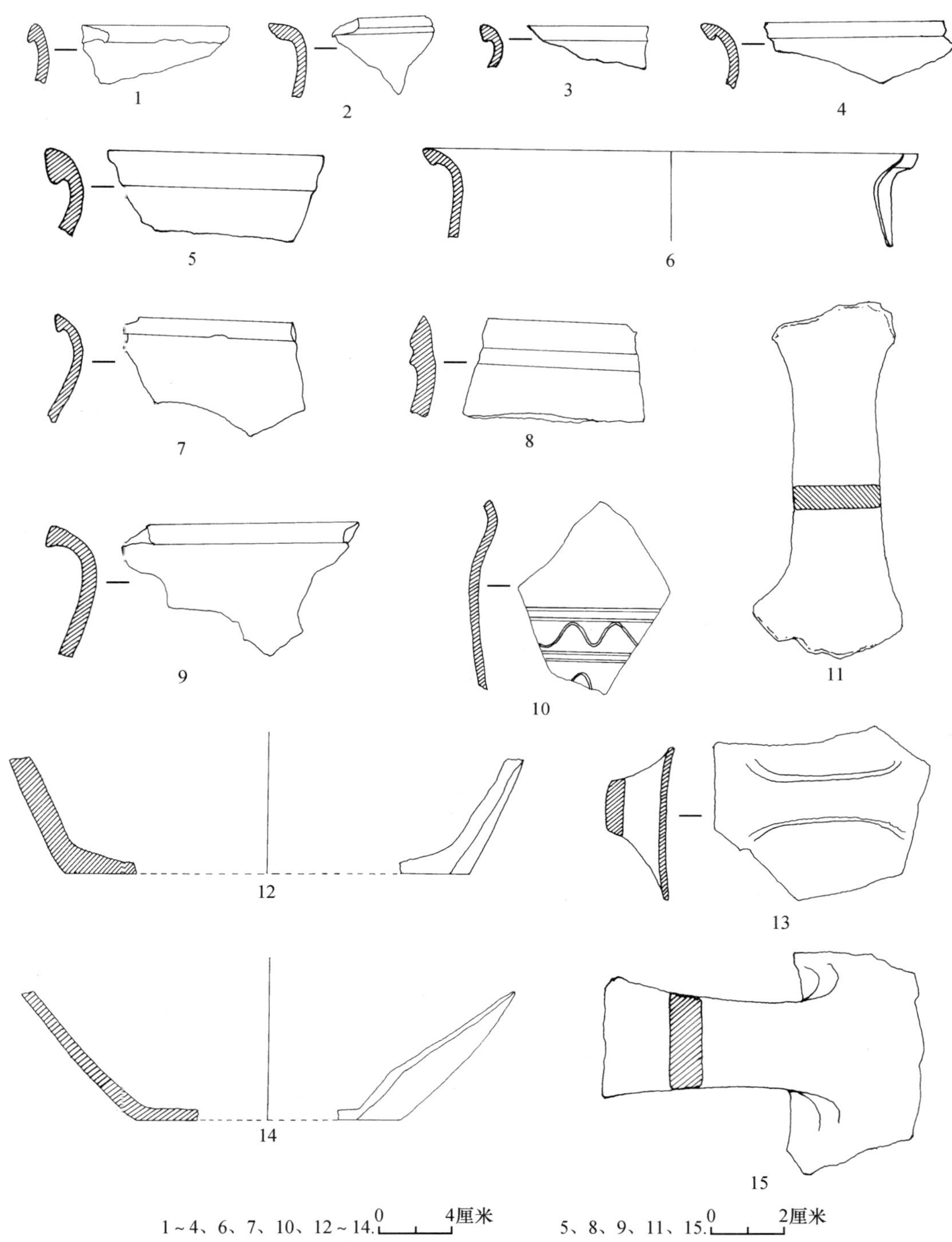

图一〇四　西城Ⅰ号区域T0102出土的陶器

1～5、7～9. 口沿（ⅠT0102②：11、ⅠT0102②：9、ⅠT0102②：13、ⅠT0102②：6、ⅠT0102②：14、ⅠT0102②：7、ⅠT0102②：10、ⅠT0102②：12）　6、12、14. 罐（ⅠT0102②：8、ⅠT0102②：16、ⅠT0102②：15）　10. 纹饰陶片（ⅠT0102②：20）　11、13、15. 器耳（ⅠT0102②：19、ⅠT0102②：18、ⅠT0102②：17）

3. Ⅰ T0103

没有布方。

4. Ⅰ T0201

位于发掘区的西部，东邻T0202，南邻T0301。该探方内发现一处房址内的火炕遗迹，编号Ⅰ F1。

出土陶器残片主要是泥质灰陶，还有少量的铁器。陶器残部可辨识有口沿、横錾耳、器底，以及器物的腹部陶片等，口沿主要是卷沿、直口。陶器可分为泥质、泥质夹砂、夹砂三类；陶色有灰、浅黄、灰黑等；纹饰以素面为主，器形有甑等。铁器有铁镞，还有铜钱。

（1）陶器

甑　Ⅰ T0201②：1，泥质黄褐陶，残余底部，形状不规则，近长方形，尚存一孔。残片长6.6、宽5.6、厚0.8厘米，孔径0.7厘米（图一〇五，3；图版一一九，8）。

罐　Ⅰ T0201②：5，残余底部，泥质黑陶，平底。底径复原为20厘米，残片高3.6、壁厚0.7、底厚0.8厘米（图一〇五，5）。

口沿　Ⅰ T0201②：2，泥质灰陶，直口，方唇，平折沿。残片长5.4、高3.8、壁厚0.5厘米（图一〇五，1）。Ⅰ T0201②：3，泥质灰陶，侈口，圆唇，卷沿。残片长10.8、高2.6、壁厚0.5厘米（图一〇五，2）。

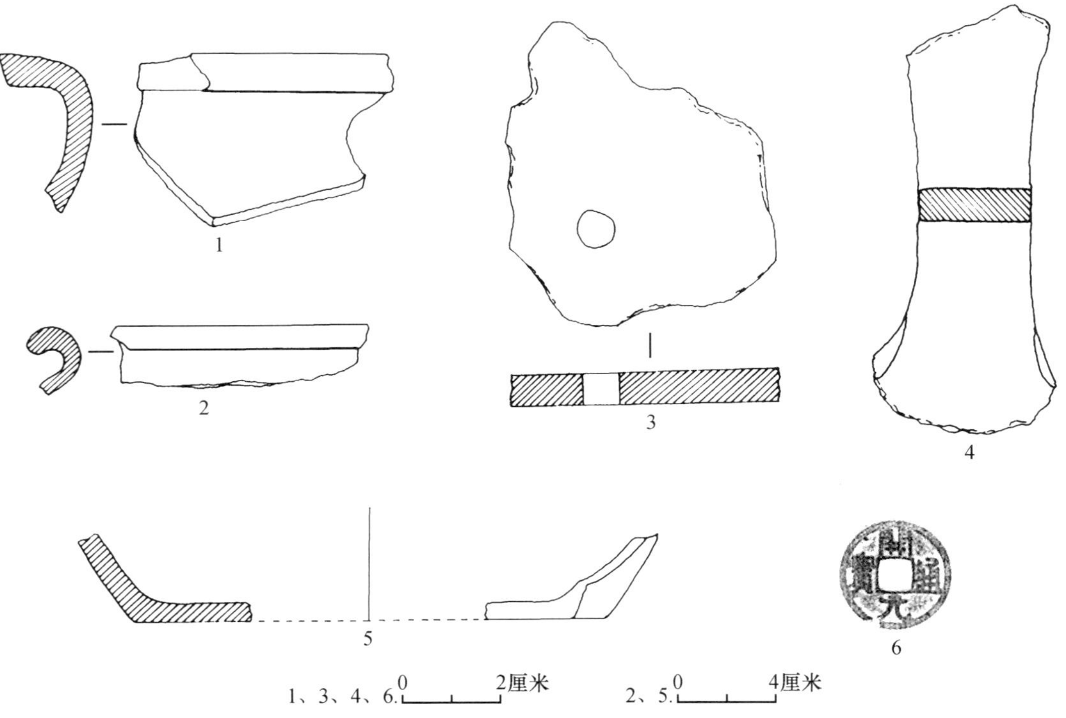

图一〇五　西城Ⅰ号区域T0201出土的遗物及拓片

1、2. 陶器口沿（Ⅰ T0201②：2、Ⅰ T0201②：3）　3. 陶甑（Ⅰ T0201②：1）　4. 陶器耳（Ⅰ T0201②：4）　5. 陶罐（Ⅰ T0201②：5）　6. "开元通宝"铜钱拓片（Ⅰ T0201②：6）

器耳 ⅠT0201②：4，器物上的一部分，横桥耳，残断，泥质黑皮陶。残片长9.2、耳宽3.9、厚0.7厘米（图一〇五，4）。

（2）铜器

"开元通宝"铜钱 ⅠT0201②：6，完整，字迹清晰，隶书，直读。直径2.3厘米，边廓宽0.1、厚0.1厘米，方孔，孔边长0.7厘米（图一〇五，6；图版一一八，8）。

5. ⅠT0202

位于发掘区的中部，东邻T0203、西邻T0201、北邻T0102、南邻T0202。该探方内没有发现遗迹现象。

出土的遗物以陶器残片和铁器为主，还有少数缸胎粗瓷。陶器残片可辨识的有罐的口沿、器耳、器底等。陶器质地有泥质、泥质夹砂、夹砂三类；陶色有灰、浅黄、灰黑等；纹饰以素面为主，少量饰有弦纹。铁器有铁镞。

（1）陶器

壶 ⅠT0202②：3，泥质黑皮陶，圆唇，卷沿，敞口，束颈。口径复原后为14厘米，残片长7.5、高6、壁厚0.6厘米（图一〇六，1）。

甑 ⅠT0202②：4，残余底部，不规则形状，且有一残孔。残片高4.5、厚0.5厘米（图一〇六，6）。

口沿 3件。ⅠT0202②：2，泥质黑陶，高领，尖唇，侈口，沿下勾。残片长7.8、高3、壁厚0.6厘米（图一〇六，5）。ⅠT0202②：6，泥质灰陶，敛口，平折沿，束颈，唇沿中部有一周凹槽。残片长4.8、高2.8、壁厚0.4厘米（图一〇六，2）。ⅠT0202②：7，泥质黄褐陶，敛口，折沿，束颈。残片长10.6、高7.2、厚0.7厘米（图一〇六，4）。

器耳 ⅠT0202②：5，器身残片，泥质灰陶，横錾耳，已残断。残片长10、耳宽6.2、厚0.7厘米（图一〇六，9）。

（2）瓷器

口沿 ⅠT0202②：1，缸胎粗瓷，酱釉，圆沿，微敛口。残片长5.8、高7.2、壁厚0.8厘米（图一〇六，3）。

（3）铁器

镞 ⅠT0202②：8，完整，做工精致，镞首呈六边形，小巧锋利，镞身细长，呈四棱柱状，铤部直且细。通长17厘米，镞首与身长12.6、镞身宽0.6、厚0.6厘米，铤长4.4厘米，横截面为正方形，边长0.3 厘米（图一〇六，7；图版一一五，1）。ⅠT0202②：9，镞身细长，铤部弯曲，镞首呈铲形。通长16厘米（图一〇六，8）。

6. ⅠT0203

位于发掘区的东部，西邻T0202，南邻T0303，东、北没有布方。在该探方内发现一处破坏的房址，残存火炕，编号ⅠF2。

出土的遗物以陶器残片和铁器为主，陶器可辨识有罐的口沿等，有卷沿圆唇尖唇、直口。陶器质地有泥质、泥质夹砂、夹砂三类；陶色有灰、浅黄、灰黑等；纹饰以素面为主。铁器锈

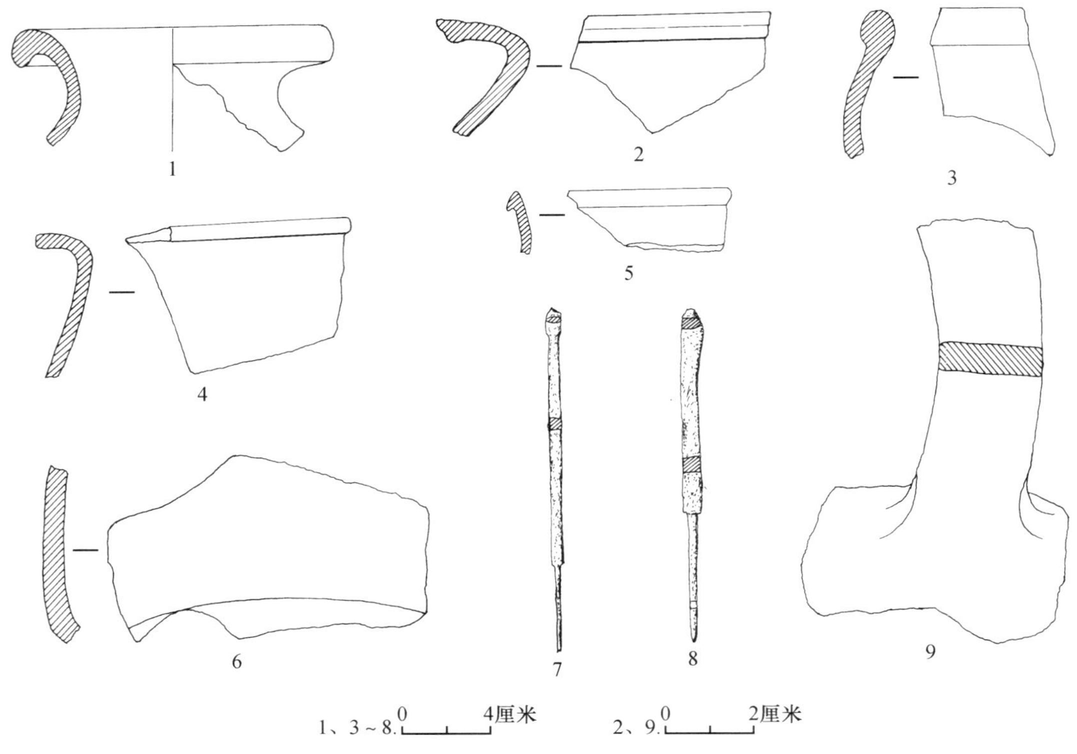

图一〇六　西城Ⅰ号区域T0202出土的遗物

1. 陶壶（ⅠT0202②：3）　2、4、5. 陶器口沿（ⅠT0202②：6、ⅠT0202②：7、ⅠT0202②：2）　3. 粗瓷器口沿（ⅠT0202②：1）　6. 陶甑（ⅠT0202②：4）　7、8. 铁镞（ⅠT0202②：8、ⅠT0202②：9）　9. 陶器耳（ⅠT0202②：5）

蚀严重，有镞、锔钉、锥等。

（1）陶器

甑　ⅠT0203②：18，残余底部，泥质黄褐陶，平底，现有两孔。残片高5.8、底厚0.6、孔径0.3厘米（图一〇七，13）。ⅠT0203②：16，仅余口部，泥质灰陶，方唇，平折沿。残片高6.2厘米，口径复原后为22、壁厚0.4厘米（图一〇七，10）。

瓮　ⅠT0203②：17，残余口部，泥质灰陶，方唇，直口。残片高5.6厘米，口径复原后为27.6、厚0.9厘米（图一〇七，1）。

罐　ⅠT0203②：19，残余底部，泥质黄褐陶，平底。残片高3、壁厚0.8厘米，底径复原后为20、底厚0.8厘米（图一〇七，12）。ⅠT0203②：20，残余底部，夹砂红褐陶，平底。残片高2.3、底径复原后为6、底厚0.6厘米（图一〇七，7）。

口沿　ⅠT0203②：9，泥质黄褐陶，尖唇，侈口，沿下内勾，颈部施连续的三角形指压纹浅坑。残片长9.2、高2.8、壁厚0.5厘米（图一〇七，6）。ⅠT0203②：11，泥质灰陶，尖唇，侈口，束颈，颈部有连续的指压纹。残片长9.4、高3.2、壁厚0.6厘米（图一〇七，3）。ⅠT0203②：12，夹砂褐陶，尖唇侈口，唇沿中部有一周凹槽。残片长4.9、高3.9、壁厚0.5厘米（图一〇七，9）。ⅠT0203②：13，泥质黑皮陶，直口，尖唇，卷沿，沿下缘内勾。残片长5.2、高3.4、壁厚0.6厘米（图一〇七，5）。ⅠT0203②：14，泥质灰陶，侈口，卷沿，圆唇。残片长10、高2.8、壁厚0.6厘米（图一〇七，2）。ⅠT0203②：15，泥质灰陶，侈口，方沿，

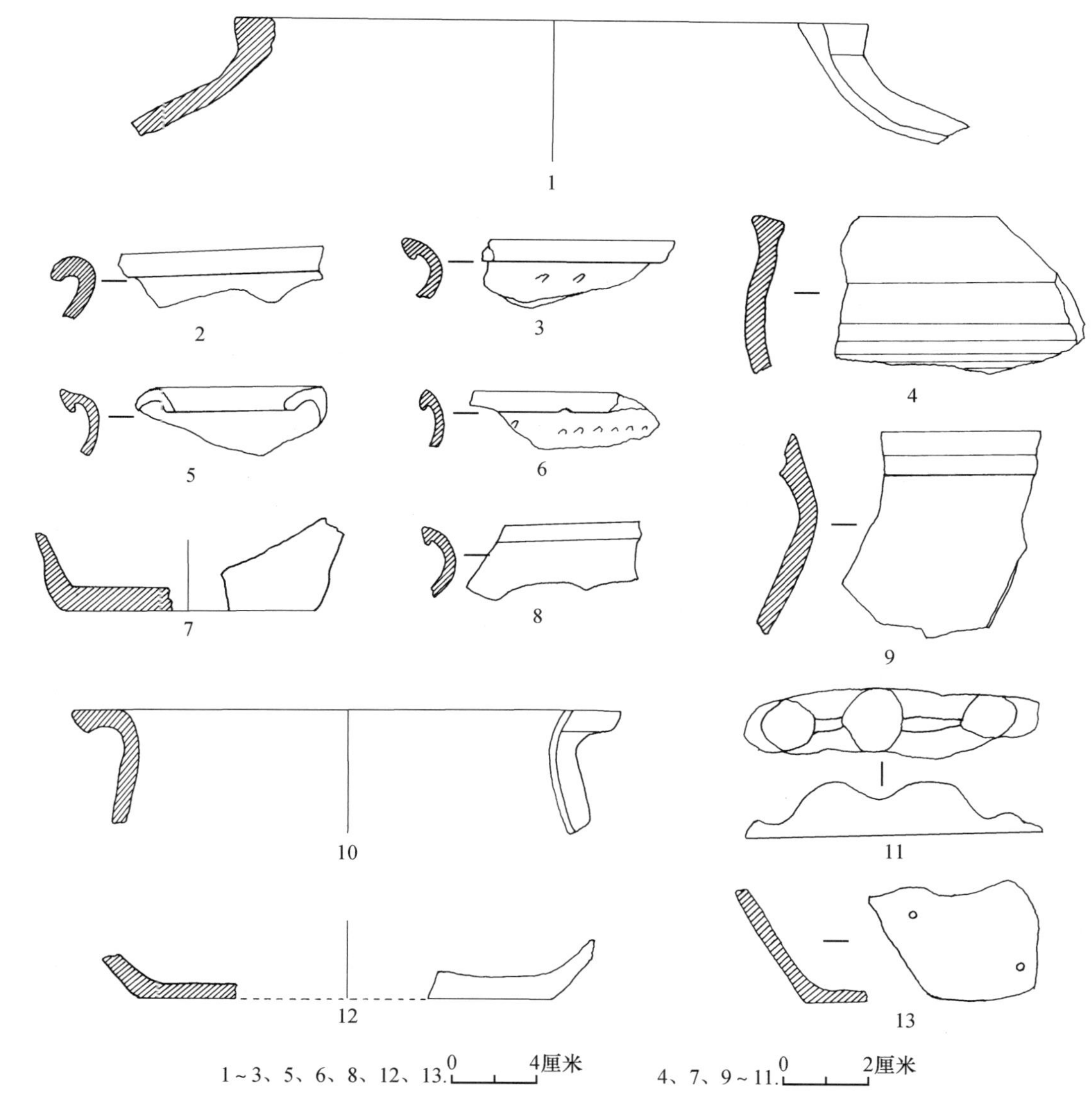

图一〇七 西城Ⅰ号区域T0203出土的遗物（一）

1. 陶瓮（ⅠT0203②：17） 2、3、5、6、8、9. 陶器口沿（ⅠT0203②：14、ⅠT0203②：11、ⅠT0203②：13、ⅠT0203②：9、ⅠT0203②：15、ⅠT0203②：12） 4. 瓷器口沿（ⅠT0203②：10） 7、12. 陶罐（ⅠT0203②：20、ⅠT0203②：19） 10、13. 陶甑（ⅠT0203②：16、ⅠT0203②：18） 11. 纹饰陶片（ⅠT0203②：21）

沿下缘内勾，颈微束。残片长8.6、高3.6、壁厚0.4厘米（图一〇七，8）。

纹饰陶片 ⅠT0203②：21，器身残片，泥质灰陶，施附加堆纹。残片长7.2、宽1.6、厚1.4厘米（图一〇七，11）。

（2）瓷器

口沿 ⅠT0203②：10，仅有口部残片，粗砂酱釉，直口，方唇。残片长6、高3.9、壁厚0.5厘米（图一〇七，4）。

（3）铁器

锔钉 ⅠT0203②：1，有一个钉脚残缺，中部宽扁，钉脚尖锐，残长8.6、宽0.7厘米（图一〇八，1）。

残铁器　Ⅰ T0203②：8，残，上宽下窄。残长3.5、宽1、厚0.2 厘米（图一〇八，6）。

锥　Ⅰ T0203②：3，锥体是较细的长条形，方棱状，顶部带环，尖部残。残长11.6、宽0.4、厚0.2厘米，环直径1 厘米（图一〇八，4；图版一一三，7）。

镞　Ⅰ T0203②：6，残，三角形镞首，镞首尖锐，通体扁且轻。现长6.6厘米，镞身宽0.8、厚0.4厘米（图一〇八，2）。Ⅰ T0203②：2，完整，略有锈蚀，制作精细。通长13.3厘米，镞首扁六边形，长2.8厘米，镞身正方柱形，截面边长0.7厘米，铤长3.9、截面边长0.4厘米，尾端圆锥状（图一〇八，8）。Ⅰ T0203②：4，镞首部分残缺，尾部弯曲，锈蚀较甚。残长5.3、宽0.6、厚0.4 厘米（图一〇八，7）。Ⅰ T0203②：5，首尾均有残断。菱形镞首，铤细长，方柱形。残长4.2、镞首宽1.4、铤宽0.3厘米（图一〇八，3）。

（4）玉器

环　Ⅰ T0203②：7，青白色，环状，残，仅余一小段。横截面为椭圆形，内侧略薄，环表面施两组由两道凹弦纹组成的复合纹饰，细且浅。残长1.3、厚0.3厘米（图一〇八，5；图版一一六，5）。

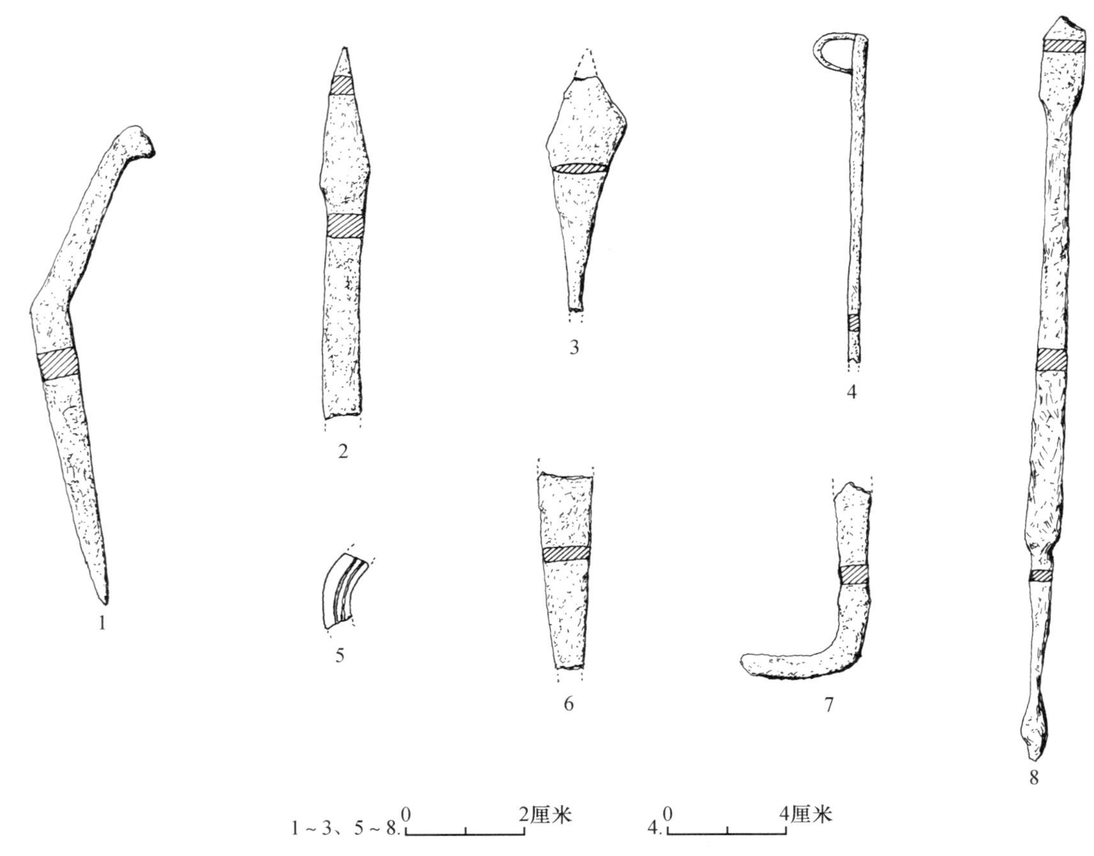

图一〇八　西城Ⅰ号区域T0203出土的遗物（二）

1. 铁锔钉（Ⅰ T0203②：1）　2、3、7、8. 铁镞（Ⅰ T0203②：6、Ⅰ T0203②：5、Ⅰ T0203②：4、Ⅰ T0203②：2）　4. 铁锥（Ⅰ T0203②：3）　5. 玉环（Ⅰ T0203②：7）　6. 残铁器（Ⅰ T0203②：8）

7. I T0301

位于发掘区的西部，北邻T0201，东邻T0302，西、南没有布方。该探方内没有发现遗迹现象。

出土的遗物以陶器残片和铁器、瓷器为主。

陶器仅可辨识有罐的口沿碎片。陶器质地有泥质、泥质夹砂、夹砂三类；陶色有灰、浅黄、灰黑等；纹饰以素面为主。铁器有铁镞，瓷器有串珠等。

（1）瓷器

串珠　I T0301②：3，瓷质，球形，算盘珠状，白底蓝釉，釉色脱落严重。直径0.9、孔直径0.25、厚0.6厘米（图一〇九，5；图版一一六，6）。

（2）铁器

镞　I T0301②：1，锈蚀较甚，形状不清。残长5.2、镞身宽0.8 厘米（图一〇九，4）。I T0301②：2，残，仅有镞身局部和铤的一部分。现长6.8、镞身长4.2、宽0.6、厚0.4厘米；铤长2.6、宽0.4、厚0.3 厘米（图一〇九，6）。

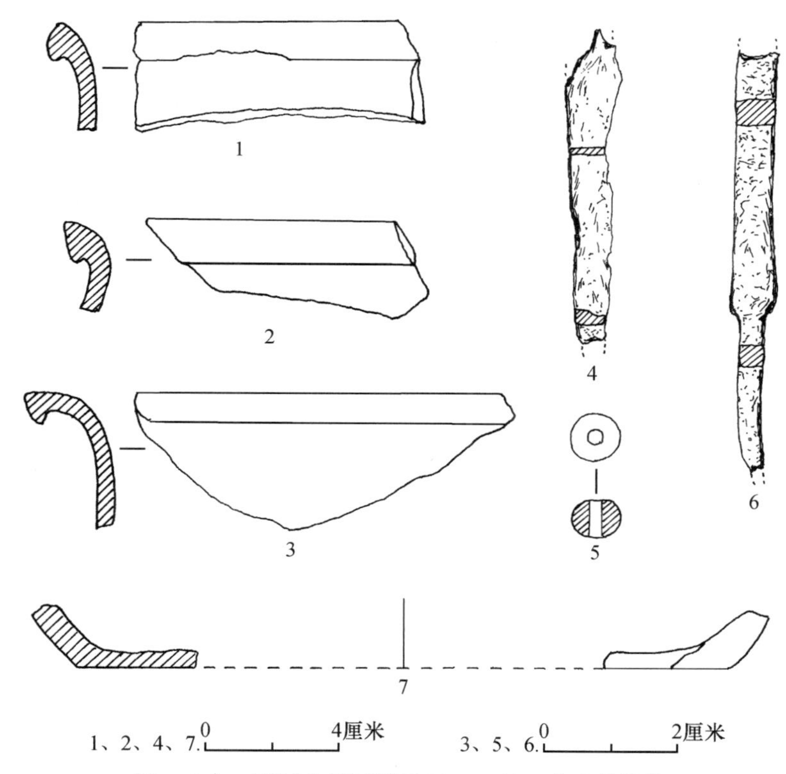

图一〇九　西城 I 号区域T0301、T0303出土的遗物

1～3. 陶器口沿（I T0303②：3、I T0303②：2、I T0303②：4）　4、6. 铁镞（I T0301②：1、I T0301②：2）　5. 瓷串珠（I T0301②：3）　7. 陶罐（I T0303②：1）

8. Ⅰ T0302

位于发掘区的中部，北邻T0202，西邻T0301，南邻T0402，东邻T0303。该探方内没有发现遗迹现象。

出土的遗物以陶器残片和铁器为主，陶器可辨识有罐的口沿、器底等。陶器质地有泥质、夹砂、泥质夹砂三类，陶色有灰、浅黄、灰黑等，纹饰以素面为主。铁器有铁镞、甲片、削等。

（1）陶器

甑　Ⅰ T0302②：11，残存底部，泥质黑皮陶，中间有一完整孔，周边有4个残孔。残片长8.8、宽5.4、厚0.9厘米，孔径0.4厘米（图一一〇，9；图版一〇四，1）。

盆　Ⅰ T0302②：10，残余底部，泥质灰陶，平底。残片高4厘米，底径复原后为34、壁厚1.1、底厚1厘米（图一一〇，4）。

口沿　Ⅰ T0302②：8，泥质灰陶，尖唇，平折沿，沿下内勾。残片长11、高4.4、壁厚0.6厘米（图一一〇，1）。Ⅰ T0302②：9，泥质黄褐陶，宽沿，沿下内勾，侈口。残片长7、高4.8、壁厚0.4厘米（图一一〇，2）。

器耳　Ⅰ T0302②：12，残，泥质灰陶，耳中有一穿孔。残片长3.5、宽2.6、壁厚0.4、耳厚0.8厘米（图一一〇，3）。

（2）铁器

甲片　Ⅰ T0302②：1，片状，平面略呈梯形，可见一个穿孔。残长6.3、宽2.5～3.6，厚0.2厘米，孔直径0.1 厘米（图一一〇，13）。Ⅰ T0302②：2，片状，圆角长方形，可见两个并列的穿孔。残长13.5、宽3～4、厚0.15厘米，孔直径0.1 厘米（图一一〇，11）。Ⅰ T0302②：13，残较甚，长方形。残长5.5、宽2.1、厚0.2厘米（图一一〇，12）。

削　Ⅰ T0302②：3，直背，直刃，刃尖微残，有柄。残长14.8、宽0.8～1.6、背厚0.3、柄长3.5、宽0.6 厘米（图一一〇，10；图版一〇五，6）。

镞　Ⅰ T0302②：4，长角形镞身，首部已弯曲，有铤，残断。残长11.3厘米，镞身长10.7、宽0.6厘米；铤现长0.3、宽0.4 厘米（图一一〇，5）。Ⅰ T0302②：5，残，现长14.8厘米，制作较好，分镞首、镞身、铤三部分。镞首较镞身宽，尖为三角形，长1.2、宽0.5、厚0.2厘米。镞身截面近正方形，镞身长10.5厘米，方柱形，截面边长0.5厘米，铤长2. 3、截面边长0.3厘米（图一一〇，6）。Ⅰ T0302②：6，残，现长8.4厘米。分首、身、铤三部分。镞首宽1厘米，镞身长5.8、宽0.6、厚 0.5厘米，铤长2.6厘米，圆锥状，直径0.4厘米（图一一〇，7）。Ⅰ T0302②：7，锈蚀，铤稍有残断。蛇头形镞首，尖锐，现长8.1厘米，镞首宽1、厚0.25厘米，铤宽05、厚0.3厘米（图一一〇，8）。

9. Ⅰ T0303

位于发掘区的东部，北邻T0203，西邻T0302，南邻T0403，东侧没有布方。该探方内没有发现遗迹现象。

出土的遗物以陶器残片为主，可辨识有口沿、器耳、器底等。其中口沿多为卷沿。陶器质

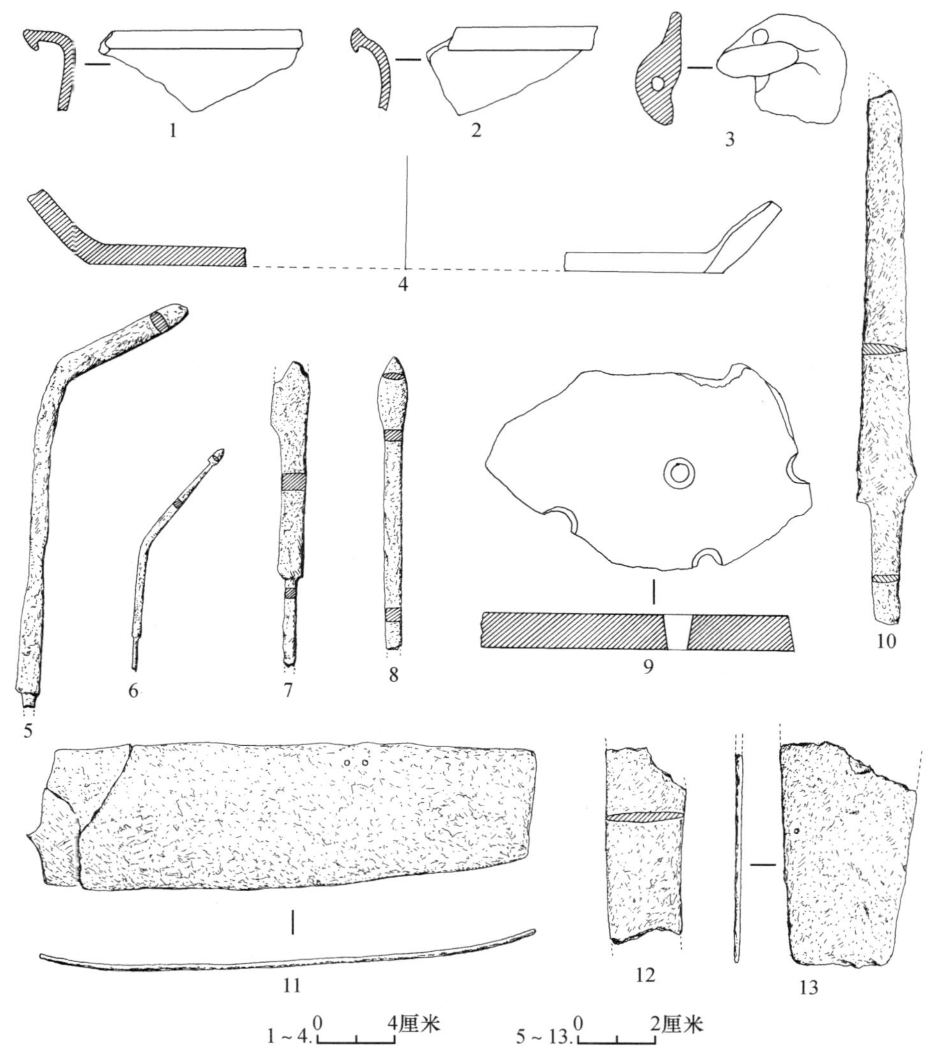

图一一〇　西城Ⅰ号区域T0302出土的遗物

1、2. 陶器口沿（ⅠT0302②：8、ⅠT0302②：9）　3. 陶器耳（ⅠT0302②：12）　4. 陶盆（ⅠT0302②：10）
5～8. 铁镞（ⅠT0302②：4、ⅠT0302②：5、ⅠT0302②：6、ⅠT0302②：7）　9. 陶甑（ⅠT0302②：11）
10. 铁刬（ⅠT0302②：3）　11～13. 铁甲片（ⅠT0302②：2、ⅠT0302②：13、ⅠT0302②：1）

地有泥质、夹砂、泥质夹砂三类；陶色有灰、灰褐、黑皮、黄褐等；纹饰以素面为主，还有少量弦纹。

罐　ⅠT0303②：1，残余底部，泥质黑皮陶，平底。残片高2、底径复原后为20.4、壁厚0.6、底厚0.5厘米（图一〇九，7）。

口沿　ⅠT0303②：2，泥质灰陶，侈口尖唇，沿下内勾。残片长9、高3、壁厚0.6厘米（图一〇九，2）。ⅠT0303②：3，泥质灰陶，侈口尖唇，沿下垂。残片长9、高3.4、壁厚0.6厘米（图一〇九，1）。ⅠT0303②：4，泥质黄褐陶，侈口尖唇，沿下内勾。残片长11.6、高4.4、壁厚0.4厘米（图一〇九，3）。

10. Ⅰ T0401

没有发掘。

11. Ⅰ T0402

位于发掘区的南部，北邻T0302，东邻T0403，西、南没有布方。在探方的西南部发现一个现代扰坑。

出土的遗物有陶器、铁器、石器，陶器以泥质陶为主，还有少量泥质夹砂陶；陶色有灰、灰褐、浅黄；纹饰以素面为主。

（1）陶器

纺轮　Ⅰ T0402②：27，残余一半。泥质褐陶。直径4.6、厚1.4、孔径1.6厘米（图一一一，10；图版一〇四，3）。

罐　Ⅰ T0402②：11，仅余口部残片，泥质黄陶，有慢轮修整痕迹，方唇侈口，束颈，溜肩。残片高6厘米，复原后的口径为13.4、壁厚0.6厘米（图一一一，2）。Ⅰ T0402②：19，残余口部，泥质黑皮陶，侈口，束颈，沿中部有一周凹槽。残片高4、口径复原后为27、壁厚0.8厘米（图一一一，1）。Ⅰ T0402②：26，残余底部。泥质黑皮陶，平底。残片高2.4、壁厚0.7、底径复原后为16、底厚0.6厘米（图一一一，15）。

盘　Ⅰ T0402②：24，残，泥质黑皮陶，尖唇，敞口，斜直腹内收，平底。通高3、壁与底厚0.5厘米（图一一一，13）。

口沿　Ⅰ T0402②：13，泥质灰陶，方唇，直口，沿外展，曲腹内收。残片长7、高5.4、壁厚0.6厘米（图一一一，5）。Ⅰ T0402②：14，泥质黄褐陶，方唇，直口，沿下有一周宽槽，直腹。残片长7.2、高4、厚0.5厘米（图一一一，8）。Ⅰ T0402②：15，泥质黑皮陶，方唇，敛口，鼓腹。残片长6.8、高4、厚0.4厘米（图一一一，14）。Ⅰ T0402②：16，泥质黑皮陶，侈口，尖唇，宽沿，沿面上有一周凹槽。残片长4.9、高2.8、壁厚0.4厘米（图一一一，6）。Ⅰ T0402②：17，泥质红褐陶，直口，圆唇，壁斜收。残片长9.7、高2.6、壁厚0.6厘米（图一一一，3）。Ⅰ T0402②：18，夹砂黄褐陶，侈口，方唇，束颈，曲腹。残片长10.5、高7.2、壁厚0.6厘米（图一一一，9）。Ⅰ T0402②：20，泥质黄褐陶，侈口，宽沿，沿中部有一周凹槽。残片长6.2、高2.6、壁厚0.5厘米（图一一一，12）。Ⅰ T0402②：21，泥质黄褐陶，尖唇，敞口。残片高1.7、口径复原后为8.6、壁厚0.9厘米（图一一一，11）。Ⅰ T0402②：22，泥质黄褐陶，敞口。尖唇，唇沿下内勾，斜收腹。残片长4.7、高2.1、厚0.2厘米（图一一一，7）。Ⅰ T0402②：23，泥质黄褐陶，侈口方沿，沿面有一凹槽，沿下内勾。残片6.7、高3.2、壁厚0.5厘米（图一一一，4）。

器耳　Ⅰ T0402②：25，器腹一部分，已残断，泥质灰陶，横桥耳。残片长10、耳宽9.9、厚1厘米（图一一一，17）。

纹饰陶片　Ⅰ T0402②：30，器腹部残片，夹蚌粉灰陶，平面不规则形，施复合刻划纹，由两道垂直弦纹和一道水平的弦纹下施一周波浪纹组成。残片长4.8、宽3.7、壁厚0.5厘米（图一一一，16）。

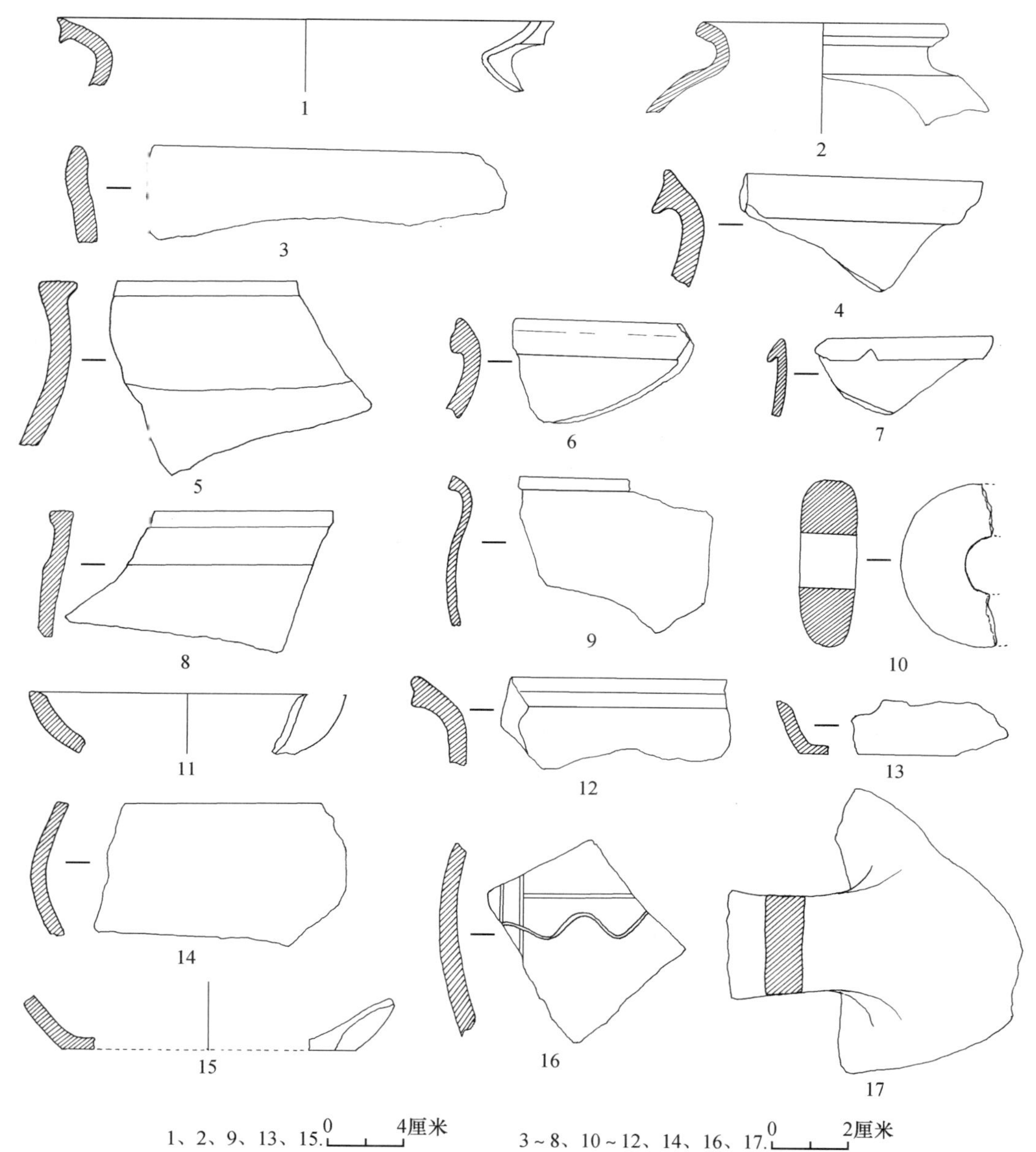

图一一一　西城Ⅰ号区域A区T0402、T0403出土的陶器

1、2、15. 罐（ⅠT0402②：19、ⅠT0402②：11、ⅠT0402②：26）　3～9、11、12、14. 口沿（ⅠT0402②：17、ⅠT0402②：23、ⅠT0402②：13、ⅠT0402②：16、ⅠT0402②：22、ⅠT0402②：14、ⅠT0402②：18、ⅠT0402②：21、ⅠT0402②：20、ⅠT0402②：15）　10. 纺轮（ⅠT0402②：27）　13. 盘（ⅠT0402②：24）　16. 纹饰陶片（ⅠT0402②：30）　17. 器耳（ⅠT0402②：25）

（2）铁器

甲片　ⅠT0402②：1，锈蚀较甚，薄片状，圆角长方形，断为两段，可复原。长18.7、宽2.5、厚0.2厘米（图一一二，4）。

铆钉　ⅠT0402②：2，钉帽呈圆形伞盖状，钉身截面近正方形。钉帽直径2.5、厚约0.2厘米，钉身长3.1厘米，截面边长0.4 厘米（图一一二，10；图版一〇九，5）。

残铁器　ⅠT0402②：3，锈蚀较甚，葫芦形，用途不明，通高3.7厘米（图一一二，

13）。ⅠT0402②：4，锈蚀较甚，用途不明，形状不规则。残长5.3、宽1厘米（图一一二，11）。ⅠT0402②：12，三棱锥形。残长3.9、宽0.8、厚0.5厘米（图一一二，15）。

镞　ⅠT0402②：5，略有残缺。镞首为蛇头形，扁且薄，截面近菱形，长4、翼宽1.3、厚0.2厘米；铤细长厚实，截面方柱状，宽0.4、厚0.3厘米（图一一二，14；图版一一六，3）。ⅠT0402②：6，略残缺，锈蚀，有变形，残长9厘米。蛇头形镞首，截面近椭圆，镞首长2、宽0.9、厚0.3厘米，铤部细长，截面呈长方形，宽0.5、厚0.3厘米（图一一二，5）。ⅠT0402②：8，保存较好，仅铤部有少许残断，镞首蛇头形，薄且锋利。残长8.3厘米，镞首厚0.1、铤宽0.5、厚0.3 厘米（图一一二，3）。ⅠT0402②：9，镞首略残缺，镞首宽扁粗壮，镞铤细长。现长12厘米，镞首宽0.8，厚0.4厘米，铤长4.4、宽0.3、厚0.25厘米（图一一二，7；图版一一五，2）。ⅠT0402②：7，较为完整，铤少残缺。镞首铲形，宽扁有力，截面长方形；铤身截面近正方形，粗壮修长。残长9.3厘米，镞首长2.5、宽1.2、厚0.3厘米，铤截面呈正方形，边长0.7厘米（图一一二，6）。ⅠT0402②：10，锈蚀较甚，残损较严重。残长5.8厘米，截面边长0.8 厘米（图一一二，2）。ⅠT0402②：28，残，锈蚀严重。扁四棱体，首部宽扁，中部截面近长方形。残长4.4厘米，截面长0.7、宽0.4厘米（图一一二，12）。

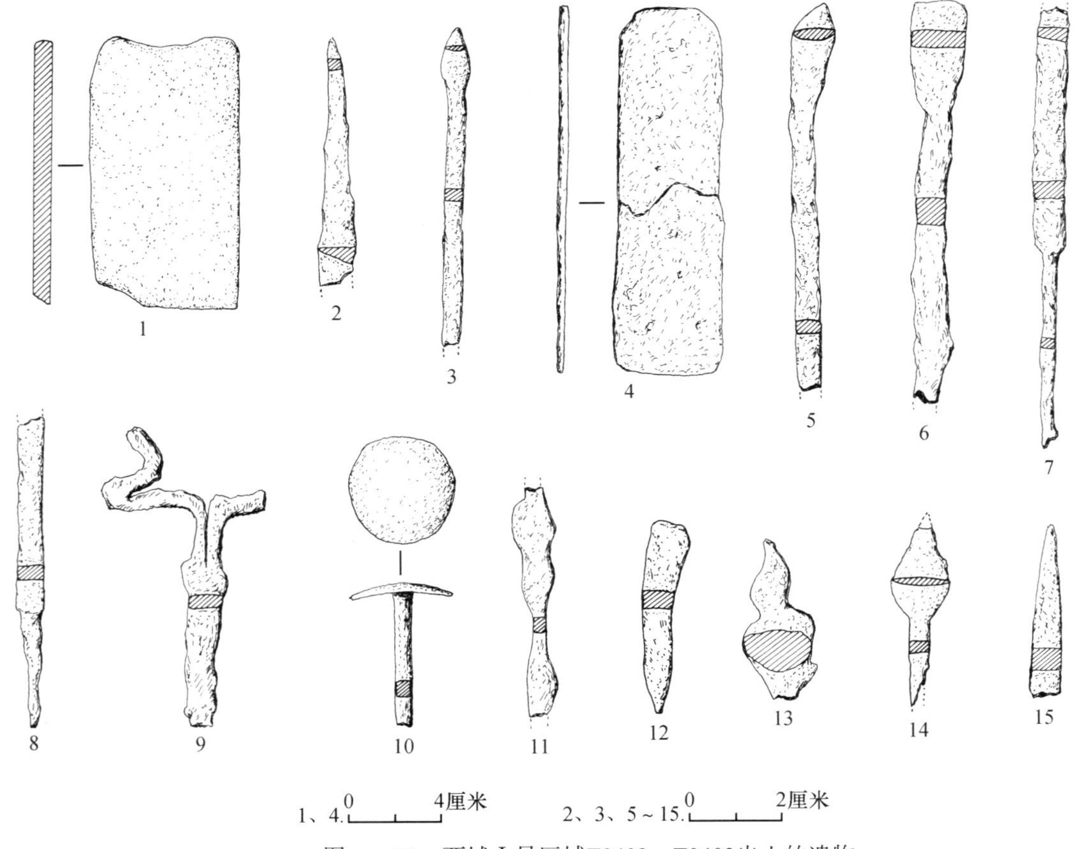

图一一二　西城Ⅰ号区域T0402、T0403出土的遗物

1. 砺石（ⅠT0402②：29）　2、3、5～8、12、14. 铁镞（ⅠT0402②：10、ⅠT0402②：8、ⅠT0402②：6、ⅠT0402②：7、ⅠT0402②：9、ⅠT0403②：2、ⅠT0402②：28、ⅠT0402②：5）　4. 铁甲片（ⅠT0402②：1）　9. 铁饰件（ⅠT0403②：1）　10. 铁铆钉（ⅠT0402②：2）　11、13、15. 残铁器（ⅠT0402②：4、ⅠT0402②：3、ⅠT0402②：12）

（3）石器

砺石　ⅠT0402②：29，平面呈长方形，光滑规整。长12.6、宽6.6、厚0.8厘米（图一一二，1；图版一〇二，2）。

12. ⅠT0403

位于A区的东南角，西邻T0402，北邻T0303，东、南没有布方。该探方中没有发现遗迹。

地层中采集有一些文物，包括有陶器残片、铁器等。陶器以泥质陶为主，还有少量泥质夹砂陶；陶色有灰、浅黄、灰黑；纹饰以素面为主，可辨识有器底和口沿。

铁饰件　ⅠT0403②：1，残，用途不详。外观是器物的一端分做对称的两股，其中一股残缺，另一端锻为一体，器身通体扁，小巧。残长6.9、厚0.3厘米（图一一二，9）。

铁镞　ⅠT0403②：2，镞首为扁凿状，略有残缺，截面近长方形。铤部为方锥形，尾端尖锐。残长7.2厘米，镞首宽0.6、厚0.3厘米，铤长2.7厘米（图一一二，8）。

二、采集的遗物

在罗通山的考古发掘和调查中，也采集到很多的遗物，有陶器、铁器、瓷器、石器等。因为采集的文物不是同一时间段，所以在器物编号前加上采集的年份以示区分。

（一）陶器

豆　08采：1，西城Ⅰ号区域采集。残，仅保留有豆的底部和圈足。手制，夹砂黄褐陶，矮圈足。现高5.6、足高4.2、圈足直径7.3厘米。豆盘底中有一下凹的圆坑，坑直径1.4厘米（图一一三，8；图版一二三，7）。

甑　09采：16，西城Ⅳ号区域采集，可修复。泥质灰陶，尖唇，侈口，平折沿，沿下微束，斜腹微弧，近底部内收，平底，底部有大小相同的三个圆孔，通高33.5、口径40、底径18，壁厚0.5厘米，底部甑孔的孔径4厘米（图一一三，1；图版一二三，1）。

罐　09采：18，西城Ⅳ号区域采集，泥质灰陶，圆唇，侈口，束颈。残高13、口径13、厚0.6厘米（图一一三，2）。09采：14，西城Ⅳ号区域采集，泥质灰陶，圆唇，口微敞。残高2.2、口径12、厚0.6厘米（图一一三，4）。

网坠　09采：7，一对，形制相同，西城Ⅳ号区域采集。黄褐色泥质陶，呈圆柱状，一端略粗，一端略细，两端各有一道磨出的用于缀绳的凹槽。通长4、横截面直径1厘米（图一一三，7；图版一〇四，2）。

口沿　09采：15，泥质黄褐陶，尖唇，沿下勾，侈口。残长10、高3.4、壁厚0.4厘米（图一一三，3）。

器耳　09采：17，泥质黑皮陶，横錾耳。残长15、宽10、厚0.6厘米（图一一三，5）。

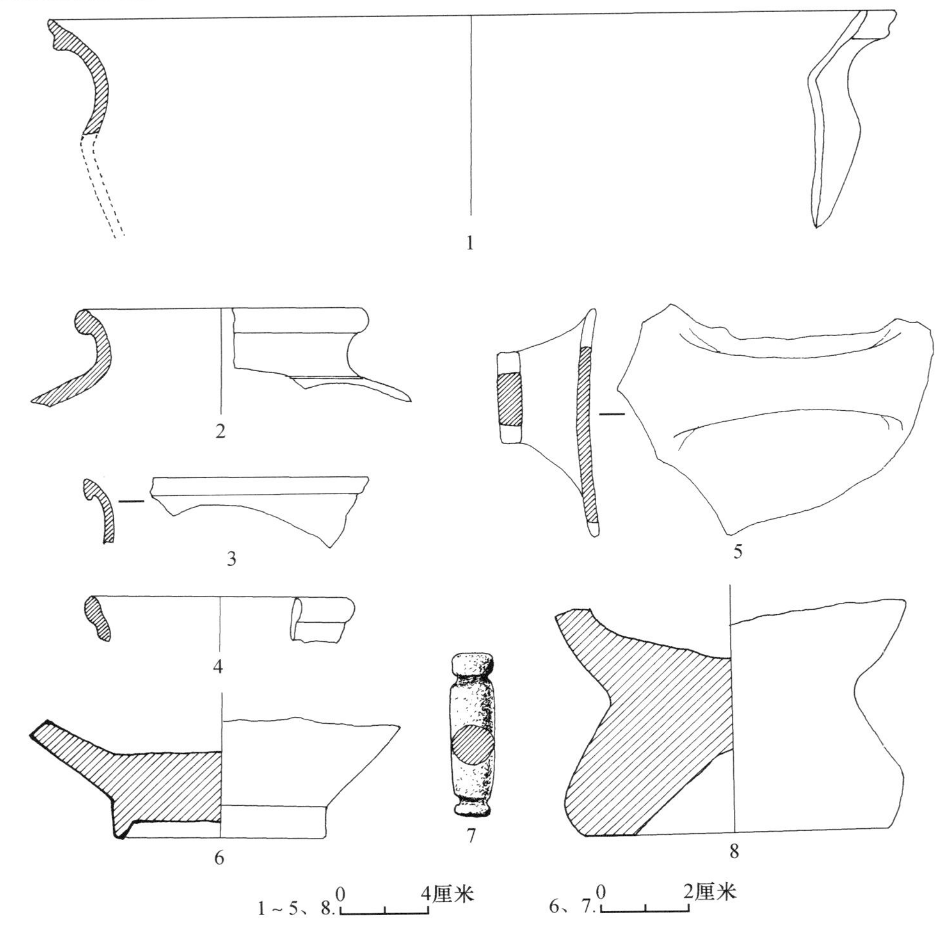

图一一三　2007～2009年东、西城内采集的陶器

1. 甑（09采：16）　2、4. 罐（09采：18、09采：14）　3. 口沿（09采：15）　5. 器耳（09采：17）　6. 器底（07采：1）　7. 网坠（09采：7）　8. 豆（08采：1）

器底　07采：1，东城蛤蟆塘调查时采集。泥质红褐陶，斜弧腹，平底，圈足。残高3.4、底径4.8厘米，圈足高1、圈足径7.6、厚0.6 厘米（图一一三，6）。

（二）铁器

锅　07NM采：1，残破，可修复。平唇直口内敛，弧腹，口部下方饰有数道凹弦纹，上腹部有一周沿，已残缺，圜底。残高15、口径42、壁厚0.6厘米（图一一五，8；图版一一二，2）。

斧　08采：2，西城Ⅰ号区采集。完整。平面近梯形，两腰部内弧曲，双面刃部锋利，腰部近上段有长方形穿孔，用以安置木柄。通长17厘米，刃宽8厘米，锤头宽5、厚4厘米，穿孔长4、宽2厘米（图一一五，1；图版一一〇，6）。

镰　07采：2，尖和銎部残缺，仅有镰头刃部，尖部内弧。残长11.7、宽3厘米（图一一五，7；图版一一三，6）。

钉　09采：6，完整，四棱锥状，横截面为长方形，钉帽因使用而回折，钉尖也有弯曲。通长6.6、宽0.1～0.8厘米（图一一四，3；图版一〇九，6）。

削　09采：1，平背，直刃，尖略残，长柄。通长15、宽1.4、厚0.1厘米，柄长6厘米（图图一一四，11；图版一〇五，4）。

火镰　09采：5，西城Ⅳ号区域采集。完整，片状。平面呈椭圆形，中间部分大且内突，两边的铁片逐渐变细，并内卷靠近内凸的中间部分而成，两内卷的铁片末端锻为环状。长8、宽3.8、厚0.4厘米（图一一四，1；图版一一一，5）。

马掌　09采：3，西城Ⅳ号区域采集。残，锻制。弧曲，平面呈中间内凸的形状。现存有两长方形小孔，其中一孔嵌有一不规则锈蚀在一起的小铁块。残长6.5、宽1～1.4、厚1～0.35厘米（图一一四，6；图版一一四，3）。

镞　09采：4，西城Ⅳ号区域采集。残，剩余前半部分。镞首呈蛇头形，周缘锋利，镞身为扁方柱形，无铤。残长5.9、镞身长4.6、宽0.6厘米（图一一四，9；图版一五，6左）。09采：8，西城Ⅳ号区域采集。尾部略残缺。镞首呈铲形，刃微弧，周缘锋利。扁方柱形

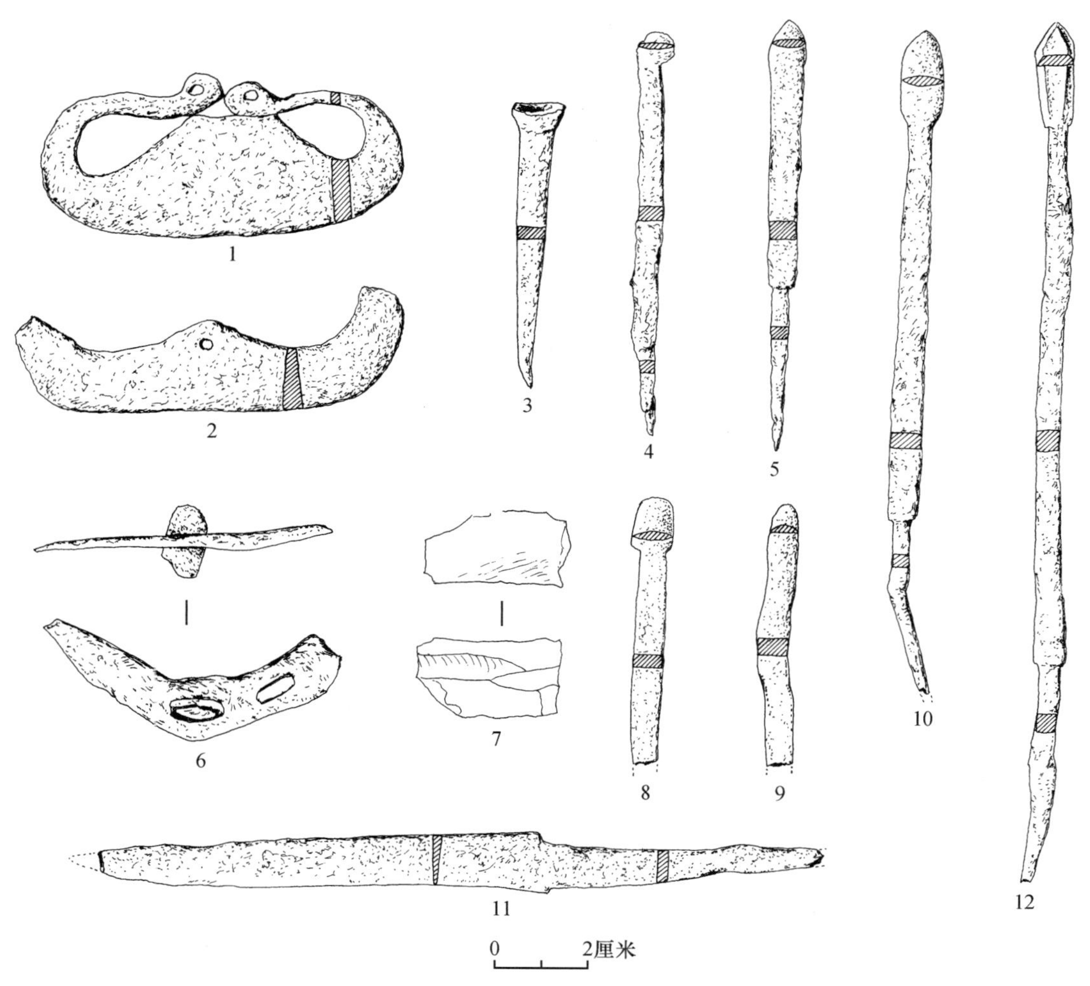

图一一四　2009年西城采集的遗物

1. 铁火镰（09采：5）　2. 残铁器（09采：2）　3. 铁钉（09采：6）　4、5、8～10、12. 铁镞（09采：13、09采：11、09采：8、09采：4、09采：12、09采：10）　6. 铁马掌（09采：3）　7. 石刮削器（09采：9）　11. 铁削（09采：1）

镞身，横截面为长方形，无铤。残长6厘米，镞首宽1厘米，镞身现长4.7、宽0.6厘米（图一一四，8；图版一一五，6右）。09采：10，西城Ⅳ号区域采集，完整，镞身修长，镞首前部似矛形，扁宽，周缘薄且锋利，后部为四棱柱状，铤为四棱锥状，锈蚀较甚。通长19.7厘米，镞首厚0.2厘米，镞身截面边长0.8厘米，铤截面边长0.4厘米（图一一四，12；图版一一六，4）。09采：11，西城Ⅳ号区域采集，完整，蛇首形镞首，四棱锥状铤。通长10厘米，镞身宽0.6、铤长3.9、宽0.35厘米（图一一四，5）。09采：12，西城Ⅳ号区域采集，完整，镞首为盾牌形，扁且周缘锋利，锋尖锐，镞身为四棱柱状，铤为四棱锥状，铤身弯折且稍残，锈蚀。残长15.1、首厚0.25厘米，镞身宽0.7、厚0.4厘米，铤宽0.3、厚0.25厘米（图一一四，10；图版一一五，8）。09采：13，西城Ⅳ号区域采集。镞首、身皆残断，余部分镞身和铤。铤呈四棱锥状，末梢尖利。残长9.3、宽0.6、铤长1.8厘米（图一一四，4）。07采：7，西城Ⅱ号区域采集。镞首残缺，镞身现弯曲变形成弓样。残长9.6厘米，镞身长8.5、宽0.6、厚0.5厘米，铤长1.1、宽0.3 厘米（图一一五，6）。07采：9， 镞身截面近正方形，铤部截面亦近正方形。残长9.6厘米，镞身长8.5、宽0.6厘米，铤长1.1、宽0.3 厘米。

甲片　07采：4，西城Ⅳ号区域采集。长方形，中间略鼓，边缘薄。残长8.4、宽3厘米，厚0.1～0.7厘米（图一一五，10）。07采：5，西城Ⅱ号区域采集。长方形，残断，中间有一圆孔。残长5.8、宽3.5、厚0.5厘米，孔径0.2厘米。07采：6，西城Ⅱ号区域采集。残长4.6、宽1.7、厚0.3厘米（图一一五，3）。

饰件　07采：3，西城Ⅳ号区域采集。用长方形铁片二端内弧折，呈弓样，两尖翘起外撇。长10、宽3、厚0.2厘米（图一一五，4）。

残铁器　07采：1，圆筒状，通长4.4厘米。截面椭圆形，长径4.4、短径2.8、壁厚0.3 厘米（图一一五，5）。09采：2，西城Ⅳ号区域采集。残，锻制。平面呈中间内凸的“山”字形状。铁片弯折而成，中间有一小孔。长8.6、宽2.1、厚0.25～0.4厘米（图一一四，2；图版一一一，6）。

钎　11采：5，上部有銎孔，下部呈柳叶形，有折。通长26厘米（图版一〇八，5）。11采：8，上部有銎孔，下部扁条形，末端弯曲。通长80厘米（图版一〇六）。11采：7，上部有銎孔，下部棱锥形，通长30厘米（图版一〇九，1）。11采：6，通体扁平，有铤，前部有弯折翘起，长72厘米（图版一〇五，8）。11采：9，通体扁平，有铤，铤有一个横穿孔，孔径0.2厘米。前部微有弯曲，长72厘米（图版一〇五，7）。

马镫　11采：1，整体呈梯形，上部有穿带的扁孔。通高17、镫孔宽13厘米，踏板呈椭圆形，宽6、带孔宽6厘米（图版一〇七，1）。11采：2，与11采：1形制一致，应是一副（图版一〇七，2）。

锄　11采：3，锻制，形制呈上宽下窄，刃部有缺损，顶部有孔，通长23厘米（图版一〇八，1）。11采：4，保存较好，锻制，较厚重，锄面近方形，上部两侧略圆，顶有穿孔，通长23厘米（图版一〇八，2）。

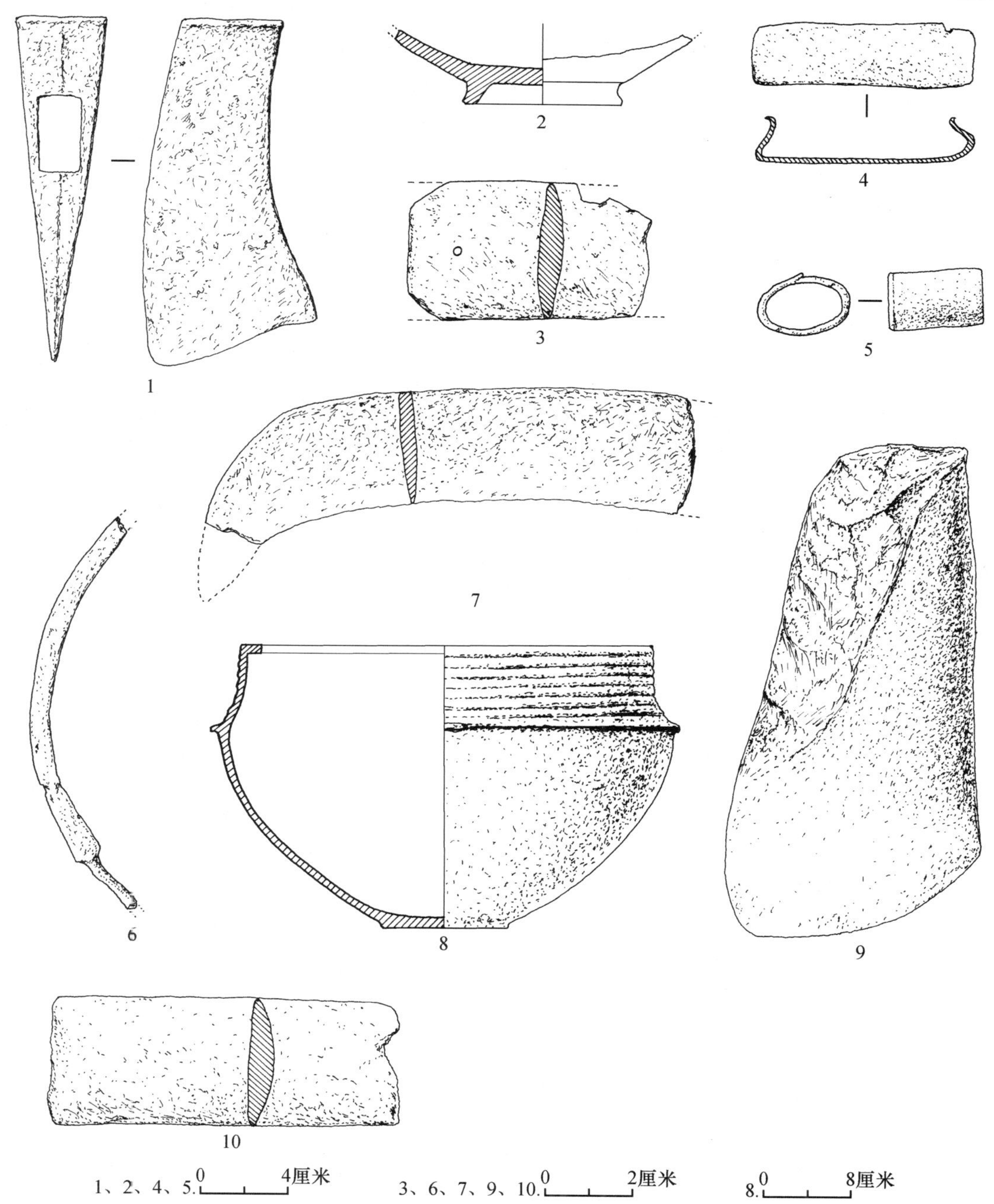

图一一五　2007～2008年东、西城内采集的遗物

1. 铁斧（08采：2）　2. 瓷碗（07采：1）　3、10. 铁甲片（07采：6、07采：4）　4. 铁饰件（07采：3）　5. 残铁器（07采：1）　6. 铁镞（07采：7）　7. 铁镰（07采：2）　8. 铁锅（07NM采：1）　9. 石斧（07采：8）

（三）瓷器

碗　07采：1，西城Ⅳ号区域采集，青花瓷，残，仅有底部，圈足。残高2.7厘米，圈足高1、径5厘米（图一一五，2）。

（四）石器

刮削器　09采：9，西城Ⅳ号区域采集。黑曜石，打制，有明显的打击痕迹。长3.2、宽1.7厘米（图一一四，7）。

石斧　07采：8，西城采集。长方形，斜弧刃，磨制，残长12.2、宽6厘米（图一一五，9；图版一〇二，3）。

第四章　山城性质和年代

第一节　山城的建筑特点和性质

罗通山城规模宏大，地理位置重要，显示出与众不同的战略特殊地位，对此，早期的一些学者认为其有可能为都城级别的山城，通过对罗通山城的考古发掘，我们获取了相当多的认识。

（1）罗通山城有东、西两座城池，二者形如人体的两片肺叶一般，中间共用一段城墙，是一座少有的高句丽时期的双城池建制山城。而作为双城建筑的格局，在高句丽时代的山城中，确属个例。通过发掘，我们发现罗通山城的东、西二城应是一个完整的统一体。二者比较无论是石材的选择加工，城垣的构筑方法，还是城内的遗物风格、特征，都十分一致，属于同一时期遗存。

其中，西城的人工砌筑城垣修筑完整，有5个城门，1个点将台，4处瞭望台，2处水源地，水源地周边发现有古代房址。城内生活环境易于人居，是山城居民的主要生活场所。而从城墙以及城门结构还有点将台的形制来看，其与丸都山城的建制有一致性，城垣建筑技法更加娴熟，就地取材的意识比较明显、实用，只是点将台规模稍小。

而东城建制草率，城垣仅残存有几段小的段落，分别修筑在低矮、平缓的山谷中部，城门现存没有人工修砌的痕迹，仅是利用天然的山间沟谷低平和缓处或断崖立壁的豁口作为城门，城内没有发现古代人类居住的场所。

由此推断，罗通山城的整体设计以西城为主城。东城作为副城，是作为战略缓冲地和附属地而建筑。西城与东城的主辅配置关系明确。

（2）罗通山城的建筑特点是将城墙建筑于环状山脊之上，有利用天险的天然城墙，也有人工砌筑的城墙，山城的四角位于山脊险要高处，是为瞭望台，用于瞭望和守卫。整个山城外临悬崖绝壁，内拥缓坡平川，依据自然态势，筑断为城。

人工城垣所用的石材为就地取材加工的较规整的石灰岩石条。现城垣底部保存尚好，顶部已经倾颓。墙垣内部为山脊，表层石砌，分双面式内外墙双砌和单面式外墙单砌两种砌筑方式。

墙体砌石层层叠压，错缝咬合，构筑严谨。内部是两头呈尖状的梭形石交错摆放，缝隙中填充碎石块，墙体转角和墙面间用一面打制平整，一面呈凿头状的楔形石，插入楔形石中间，楔形石规整的一侧朝外，构成平整的墙体表面。墙体大部也有用大型长条状的石材。

城垣的外壁依山脊修整垒砌石材，表面基本垂直，稍有收分。内壁随山脊走势，既有和外壁相同的砌筑形式，逐层内收，也有简单对山脊修整，用山脊上打凿下来的石条就地依次垒砌而成。

与集安高句丽丸都山城、霸王朝山城相比较，罗通山城在建筑风格上相一致，具有典型的高句丽山城形制。

（3）罗通山城最初发现城门仅有2个，后来在2010年罗通山城本体保护项目工程中，新发现3个，分别位于东、西、南面城墙上，与原有城门构成5城门建制。

1、2、3、4号门址的形制相同，城门结构不甚复杂，为瓮门或半瓮门形制。以1号门址为例，一侧门垛墙体在沟谷的平缓部分向外弧延伸，形成门址的一半瓮墙，在瓮墙基部有一方形排水涵洞；另一侧门垛砌筑在山脊上，直接连接山城城墙的主体，依山脊顺山势而行，没有弧曲瓮墙。新发现的4号门址位于南墙中部，是一处利用双城墙夹道式对接的错口部分形成门道，两墙相互呼应，形成独特的夹道门形制。

我们发现，西城这5个门址都有一个共同特点，即每个城门都与山城的一个角楼或制高点非常近。1号门址距离西北角楼214.2米，2号门址距离鹰嘴砬子（山城西南制高点）146.9米，3号门址距离西北角楼20米，4号门址距离刀尖砬子（山城东南制高点），5号门址距离东北角楼125.7米，现门址与制高点的最远距离为214.2米，近的仅20米，门址的守卫和瞭望守卫可以随时互动。很显然，这种设计不是偶然，系有意为之。山城城门根据制高点的瞭望情况，可以迅速做出应对反应，是利用山城优势因地制宜的巧妙设计，更是罗通山城建筑设计的特点之一。另外，山城城门也可以作为泄洪的通道，在制高点下面的沟谷低处排洪泄涝。

（4）在对罗通山城的西城考古发掘中，发现的房址有半地穴式的和平地起建式的，地表没有发现墙体和柱洞，小型建筑的室内多有直尺形或“L”形的火炕，“L”形火炕分长炕和短炕，灶址均在短炕一端，烟囱位于长炕的一端，大型建筑为直尺形或“U”形火炕。而有的相近居住址可能是联排的建筑，例如ⅣF1和ⅣF9、ⅣF10。

房址建于有水源的平缓台地的一侧，分布有规律。遗址内发现的遗物多为生活用具。在考古发掘中发现，城内居住址内以及周围有大量的黑灰色土，质地松软，有红色的红烧土痕迹等特征，结合没有墙体、柱洞的情况，我们推断当时的地上建筑应该是北方山地居民“木刻楞”或“马架子”式的房屋建筑，即用木材搭建房子整体框架结构，平地起屋，然后用拌有苎麻等物的黄泥填塞木材之间以及房子和地表之间的缝隙，最后在房屋表面用黄泥抹平。发现的Ⅰ号区域的半地穴式建筑则应该是“地窨子”式的窝棚建筑。考古发掘发现，这些建筑都是宋金时期的建筑，不是高句丽或其他时期的遗迹。

罗通山城将城墙建筑于环状山脊之上，依据自然态势，筑断为城，城墙的四角险要高处均设有瞭望台，用于瞭望和守卫。四面城墙均有城门，城池外临悬崖绝壁，内拥缓坡平川，东、西、北三面地势高，南面地势低，罗通山城东北角的海拔可达960米，高差几近200米。这些特点上看，罗通山城和丸都山城有更多的共性。

众所周知，丸都山城是中期的高句丽山城，是以“山城宫殿建筑为核心，以七处城门为防御重点”①，“虽曾两次作为王都使用，但其主要功能仍以军事防御为主”②，是同时具备王都和军事守卫的双重意义的高句丽山城。其明确的以宫殿建筑为核心的布局模式，开辟了高句丽

①② 吉林省文物考古研究所：《丸都山城》，文物出版社，2005年。

山城的新面貌。

山城中的建筑使用大量的瓦和样式各异的瓦当，而且在石建筑（诸如城门、瞭望台等）方面，在建筑体的转角处使用修琢后的扇面形的楔形石砌筑，这样圆弧状的转角风格带有明显的高句丽时期的特征。

丸都山城有完整的防御体系，宫殿址、瞭望台、戍卒地、蓄水池都分布得当，颇具都城之貌。城墙由花岗岩石垒筑，石材平整，外墙自下向上逐层向内收分，随形就势，由于山脊起伏，城垣高矮不一，山脊凸凹起状逾大的地方，所筑城墙逾高，这种城墙砌筑方法和罗通山城很是相似。

丸都山城的西北角为峰顶，城墙绕山峰外侧呈半圆形砌筑与山峰平齐，且形成一个直径约8米的圆台，西望可见麻线沟，北眺小板岔岭，东南看顾城内，是重要的瞭望地。这特点也与罗通山城相类似。

此外，二者城门都有多个，大都设置有瓮门以及排水涵洞，瓮门巧妙利用地势的结构，形成防御体系。排水涵洞用于抵御城内山洪的威胁，充分起到泄洪的作用。

在丸都山城中发现有大型宫殿建筑遗迹，可以确定其是高句丽王都之一；而在罗通山城中没有类似的大型建筑遗迹，加之，在考古工作中，也没有发现典型的高句丽遗迹，所以，在实用功能上，仅能推测罗通山城是一个军事守卫的山城或者是未完全建好的一个都城。

在罗通山城的周边也有发现高句丽的墓葬群，而在丸都山城的山脚下，主要城门的外侧有大量的高句丽墓葬分布，且很多都是贵族、王族墓葬。

同样是在高句丽中期使用的山城，丸都山城使用的时间略长，而罗通山城则相对较短。

如果从地理位置和交通要塞方面来对比，丸都山城和五女山城不及罗通山城。同样是山城，罗通山城地处交通便利之地，山上山下可以有很大的迂回空间。

作为早期的山城，五女山城偏居一隅，注重的更多是固守防御，山城构筑的特点比较单一，防御体系偏重依靠山形险峻，一旦攻破便彻底落败，更无任何回旋余地。

中期的丸都山城则有和国内城相辅相成、互成犄角之势，也可以是国内城退守的最后防线，山城的建筑更趋于合理。

就这点来说，罗通山城的修筑特点更像是高句丽中期成熟阶段的山城，而不似早期五女山城等高句丽山城的特点。罗通山城有东、西两个相辅的城池，而丸都山城是单独的一个城池，与山下的国内城相呼应成犄角之势，都有战略上的军事守卫之功用。

第二节　山城的分期和年代

由于罗通山城遗迹破坏比较严重，器物破损较多，组合不明显，因此，主要从考古调查和发掘掌握的山城建筑特点、遗物的时代特征入手，并通过对比其他山城的考古发现数据对山城进行断代和分期。

罗通山城可以分为四个时期。

一期：以08采：1夹砂黄褐陶豆为代表，仅保留有豆的底部和圈足。手制，豆盘底中有一下凹的圆坑。该器物与柳河宝善遗址发现的陶豆如出一辙，特征明显，属于青铜时期。

二期：罗通山城城垣依山势而建，筑断为城，内外壁砌石，中间用梭形石干插连接，与高句丽山城的城垣建筑结构相同。陶器以黄褐陶为主，有以ⅠF3：13为代表的横桥耳陶器，以ⅠF3：6为代表的尖唇侈口的鼓腹壶或罐，以ⅠF3：14为代表的斜腹罐，均具有较多的高句丽特征。罗通山城发掘中有大量的铁镞出土，其中，数量最多的是蛇头形镞首，镞身修长（如08ⅠF3：10和07ⅠF3：30）。这个类型中还可以按蛇头形状分成短型（矛头状）和长型（六边形状），如ⅠT0402②：8和09采：12。还有镞锋呈锯齿形，是蛇头形的变体，镞身修长（如08ⅠF3：7）。其次，镞首呈凿形，镞身呈亚腰形，数量也较多（如09ⅣF1：6和ⅠT0402②：5）。这些铁镞与高句丽时期的霸王朝山城和丸都山城出土的铁镞一模一样。除了铁镞的出土，还有零星甲片发现，虽然不是很多，但也具高句丽时期的特征。在早期的考古调查报告中，城内出土的2件鎏金饰件与集安洞沟古墓群麻线沟1号墓和万宝汀78号墓出土的鎏金带扣和花饰完全相同，几件铁镞和泥质褐陶片也是集安高句丽遗址和墓葬中经常出现的器物。故二期为高句丽时期，时间为公元四至五世纪。

三期：此次考古调查和发掘，在城内没有发现大型的建筑遗存，也没有发现砖瓦等建筑构件，发现的居住址多为带有火炕的土筑房屋，火炕形状多为“L”形和“U”形，有极少的直尺形。这种火炕采用平地挖槽作为火炕烟道，烟道上铺设有石板，石板用泥抹平，是金代女真人常用的居住址。遗存中发现的陶器是以NMF1：5为代表的泥质灰陶盆和以NMF1：5为代表的卷沿泥质灰黑陶罐。还有白瓷杯（ⅣF12：3）、汝瓷碟（ⅣF3：8），并出土较多的宋代铜钱，根据这些出土的陶器、铁器、瓷器、宋代铜钱等遗物判断，三期为宋金时期。

四期：在罗通山城的考古调查和发掘中，还发现了一些明清的瓷器，诸如明代龙泉窑的青瓷碗（G2：1），清代青花瓷碗都是这个时期的代表。故四期为明清时期。

第五章 结 语

罗通山城规模较大，占地面积1.27平方千米，城墙总长约7千米，分西城、东城（主城、副城），是高句丽时期“左右”双山城的代表作，对研究高句丽时期城址布局及中国古代城市发展历史具有重要作用。

罗通山城从结构、布局、建筑特征，及其人工石垣、“筑断为城”、屯兵防守等特点来看，与高句丽的五女山城、丸都山城、霸王朝山城以及平壤大圣山城都较为相近，同时罗通山城又有自己的特色，五女山城、丸都山城、霸王朝山城城垣完全是石条垒砌，而罗通山城城垣则是土石混筑，更有其自身的特点，值得进行深入研究。

罗通山城垣墙、城门等遗址保存较为完整，城墙建筑对地形、山势的利用，城门和瞭望台的配置，城墙的砌筑方式等都是研究高句丽山城建筑技术及防御技术的重要参考实例。

对点将台、演兵场、角楼等军事设施的布置形式，在城中的相对位置关系等的研究，加深了人们对高句丽时期的军事训练、战时通信等的理解，能够进一步丰富有关高句丽军事的研究成果。

罗通山城控制着通化山区的门户——一统河、三统河及辉发河的上游地区，扼住平原与山区交通的要道，是高句丽国内城、丸都山城向北扩张的重要军事城堡，罗通山城为研究高句丽的交通状况与高句丽以山城为主的军事防御体系提供了重要资料。

罗通山城及城内相关文物，既有军事用器，又有生活用器，既有生活房址等遗址，又有农作物遗物，浮选中的植物物种以粟、黍、稗居多。其中，粟在浮选的24个单位中有21个单位发现；稗在浮选的24个单位中有22个单位发现；黍在浮选的24个单位中有18个单位发现；燕麦在浮选全单位中约有14个单位发现；大豆有7个单位发现，也是比较多的；小麦、高粱、荞麦、紫苏、豇豆属、大麦等有比较少量发现（图版一二五、图版一二六），这为研究当时高句丽与中原地区及其他少数民族的文化交流联系提供了重要的实证。

罗通山城是高句丽时期山城建筑的重要组成部分，是中世纪东北亚地区最具特色的城址之一。

通过罗通山城的调查和考古发掘，可以明确得出这样的结论：在建成山城之前，这里即有先民活动。从高句丽时期始建罗通山城，到宋金及以后各个时期继续沿用山城。

附表　罗通山城西城各门址数据表

类别 内容 门址号	山城位置	门道方向	门道规格（米）	门道形制	有无排水涵洞	有无门枢	保存现状
1号门址	北墙西端	330°	长5.1～6 宽2.65～2.75	瓮门	有	无	破坏严重
2号门址	西墙南端	267°	长6.15～7.1 宽5.2	瓮门	有	无	破坏严重
3号门址	西墙北段 （BK0+50～BK0+535）	305°	长6.4 宽3.6～3.8	瓮门	无	有	破坏严重
4号门址	南墙北段 （AK0+276～AK0+460）	302°	长9 宽3.4～5.2	夹道式	无	无	保存较好
5号门址	东墙北段 （AK1+470～AK1+885）	80°	长5.1 宽3.3～3.4	瓮门	无	无	破坏严重

Abstract

This report is a summary of the achievements of archaeological excavations in 2006-2009 and of Luotong Mountain City Conservation Project in 2010-2012.

Luotong Mountain City is located in Liuhe County, Tonghua City, Jilin Province. It is a large-scale site, covering an area of 1.27 square kilometers with the total length of the city walls approximately 7 kilometers. It is divided into the west and the east of the city, including both main and peripheral cities respectively. Luotong Mountain City is an outstanding representative of "left-and-right" twin mountain city during Koguryo period. It significantly contributes to the study of ancient city planning and the evolution of ancient Chinese urban development during Koguryo period.

Luotong Mountain City shares great similarities with Koguryo's Wunü Mountain City, Wandu Mountain City, Bawangchao Mountain City, Pyongyang's Great Holy Mountain City from its structure, layout, architectural characteristics, its artificial stone, "built into the city", defense setup, and many other characteristics. Meanwhile, unlike other mountain cities that are purely stone-based, Luotong Mountain city is constructed with a mix of soil and stone and therefore its unique characteristics is meaningful to study further.

The ruins of Luotong Mountain city wall and gate are relatively intact. Leveraging topography and mountain terrain, the city wall construction, the configuration of the city gates and observation points, and the masonry structure of the city wall are all important reference examples for the study of the construction and defense technologies of the Koguryo Mountain Fortress.

Luotong Mountain City initially only had two gates discovered. Later in 2010 during Luotong Mountain City Protection Project, three additional gates were discovered on the east, west and south walls and formed five gates construction together with the original gates.

Gates 1, 2, 3, and 4 are all structured in a sophisticated matter with either urn or half-urn shape. Take Gate No. 1 as an example, one end of the wall extends outwardly in the flat part of the valley, forming half of the gate. A square drainage culvert is found at the base of the urn shape. The other side of the gate is built on the ridge, directly connected to the main body of the mountain city wall, following the ridge and following the mountain trend, without a curved urn wall. The newly discovered Gate No. 4 is located in the middle of the south wall. It is a gateway formed by the staggered part of the dual city, and the two walls echo each other to form a unique sandwich-like door system.

We found that these five gate sites in West city have a common feature – each gate is close to a corner tower or commanding height of the mountain city. Evidently, the design is not coincidental. The mountain city gate allows prompt response according to the observation from the commanding heights. It is an ingenious design that uses the advantages of the mountain city to adapt to local conditions. It is also one of the characteristics of the architectural design of Luotong Mountain City. In addition, the gate of the mountain city can also be used as a channel for flood discharge.

The research on the layout of military facilities such as Dianjangtai, exercise grounds, and turrets, and their relative positions in the city, has reinforced people's understanding of military training and wartime communications during the Koguryo period, and can further enrich the Koguryo military research results.

During the archaeological excavation of the west of Luotong Mountain City, it was found that the houses were semi-cryptic and flat-ground buildings. No walls and column holes were found on the surface. The "ground beds" ("kang") in small buildings were mostly curved or "L"-shaped, but a straight-edge or "U"-shaped fire in large buildings. The house sites are built on the side of the flat side of the water source, and they are distributed regularly. The relics found in the ruins are mostly items for living. It was discovered during archaeological excavations that there was a large amount of black-gray soil in and around the residential sites in the city, with soft texture and traces of red burnt soil. Combined with the absence of walls and columns, we concluded that the above-ground buildings at that time should be the "mu ke leng" or "ma jia zi" types of house construction from northern mountain residents. They used wood to build the overall frame structure of the house, raised the house on the ground, and then filled the gaps between the wood and between the house and the ground with ramie mixed with yellow mud, and finally touched up the surface with yellow mud. The semi-crypted building found in the No. 1 area should be a "ground shack" ("di jiao zi") type shack building. Archaeological excavations found that these constructions were all from the Song and Jin dynasties, not Koguryo or other periods.

The ruins of Luotong Mountain City are severely damaged and the artifacts are fragmented without evident combination. Therefore, the conclusion of the stage and era of the Mountain City is mainly based on the architectural characteristics and relics. Luotong Mountain City can be divided into four periods: the first period is the Bronze Age; the second period is the Koguryo period – approximately from the fourth to fifth century AD; the third period is the Song and Jin periods; the fourth period is the Ming and Qing periods.

Through the investigation and archaeological excavation of Luotong Mountain City, it can be clearly concluded that there were ancestor activities here before the mountain city was built. The Luotong Mountain City was built during the Koguryo period and continued to be used in the Song and Jin periods and subsequent periods.

（李泽涵译）

要　旨

本報告は２００６－２００９年の考古発掘調査の成果と２０１０－２０１２年の羅通山城本体の保護プロジェクトの工事成果の総括である。

羅通山城は規模が大きく、敷地面積が1.27 km^2、城壁の総長が７ km、西と東という主副城で分けられ、高句麗時代の「左右」双山城として代表的なものである。高句麗時期の城址の配置と中国古代都市の発展史を研究するのに重要な価値があるとも言える。

羅通山城の構造・配置・建築特徴・人工石垣・「築断都城」・屯兵守備など特徴から見ると、高句麗における五女山城・丸都山城・覇王朝山城・平壌太聖山城に近いものでありながらも、同時に、羅通山城は独自の特色を持つており、五女山城・丸都山城・覇王朝山城の城垣は完全に石条で塁積みである。羅通山城の城垣は土と石筑いたことで、特徴が目立ち、深く研究する価値がある。

羅通山城の城壁・城門などの遺跡はより完全的に保存されている、この山城の城壁を築いた時にどう地形・山勢を利用したのか、城門と物見櫓の配置や城壁の築き方などがどうなるのか、高句麗山城の建築技術と防御技術を研究することについて重要な参考例である。

羅通山城には発掘最初、城門が２か所しかないことを発見されなかった、その後、2010年に羅通山城本体保護プロジェクト工事で新たに３か所発見され、それぞれの場所は東、西、南の城壁に位置し、元の２か所と合わせると５城門を構成された。

１、２、３、４番門跡の形は似ており、城門の構造が簡単で甕門あるいは半甕門形となる。1番門跡を例に挙げると、片方の門垜壁は溝谷の緩やかな部分から外弧に延び、この門跡の瓮壁の半分になり、瓮壁の基部に四角形の排水穴がある。もう片方の門垜は尾根に積みあげられ、山城の城壁の主体を直接に接続し、尾根に従って山勢に沿って進み、弧曲瓮壁はない。新たに発見された4番門跡は南壁の中央部に位置し、両城壁の挟道式ドッキングのずれた部分を利用して門道を形成し、ここで壁と壁が互いに呼応し、独特の挟道門を形成している。

ここで明らかになったのは西城の５つ門跡には共通点が１つあり、それは各城門から山城の１か所の角楼あるいは制高点に非常に近いことが分かった。言うまでもなく、このような設計は偶然ではなく、意図的に行われている。山城城門は制高点からの眺めた状況に基づいて、迅速に対応することができ、これが山城の優位性を利用して適切な巧みな設計であり、羅通山城の建築設計の特徴の１つである。また、山城城門は洪水を流す通路として、制高点の溝の底部を使って洪水を排出する。

点将台・演兵場・角楼などの軍事施設の配置形式、城中の相対的な位置関係などの研究は高句麗時代の軍事訓練、戦時通信などに対する理解を深め、高句麗の軍事研究成果をさらに豊かにすることができる。

羅通山城の西城考古発掘では、住居は全部で１８軒発見され、竪穴住居と地表から構築した建物の２つ種類に分かれている。地表には壁や柱穴は発見されず、小型住居の室内には曲尺状や「L」字形のベッド状遺構が多く、大型住居は直尺状や「U」形のベッド状遺構がある。住居は水源の平坦な台地の側に構築され、秩序ありに分布する。遺跡内で出土した遺物の多くは生活用具である。考古発掘の中で発見して、城内の居住地の内とその周囲は大量の暗い灰色の土があって、生の質が柔らかくて、赤い焼土の痕跡などの特徴があって、さらに壁体・柱穴がない情況を結び付けて、当時の地上建築は北方山地の住民の「木の段ボール」あるいは「馬の棚」式の住居と推測して、木材で住居のフレームを造って、地表に住居を建てて、そしてラミー麻などのものを混ぜた黄泥で木材の間や住居と地表の間の隙間を詰め、最後に住居の外側に黄泥で平らにした。１号区域の竪穴住居は「地窨子」式の掘り立って建築と考えられる。考古発掘によってこれらは宋・金時代の建物で、高句麗やほかに時期の遺跡ではないことが分かった。

羅通山城遺跡の破損はひどいため、遺物の破損がひどくて、組み合わせがわかりにくい。そのため、山城の分期と年代の推定はほとんど考古調査と発掘で把握した山城建築の特徴、遺物の時期の特徴による。したがって、羅通山城は４つの時期に分けることができる：それぞれは、一期は青銅時期、二期は高句麗時期、時間は約紀元４～５世紀である。三期は宋金の時期、四期は明清時期となる。

羅通山城の発掘調査を通じて、山城が構築する前に、ここではすでに先民活動があった。高句麗時期から羅通山城は建てられ始まり、宋・金及びその以降の時期になっても山城を使い続けた。

（薛昱源译）

요 지

이 보고서는 2006~2009년 고고학 발굴사업의 성과와 2010~2012년 나통산성 본체 보호 프로젝트 업무의 성과를 총결산했다.

나통산성은 길림성 통화시 류허현에 있다. 나통산성은 약 1.27km²의 부지를 가지고 있는 규모가 큰다. 동성과 서성 (주성) 으로 나뉘어 있으며, 성벽의 총 길이는 약 7km에 달해 고구려 시대 '좌우' 쌍 산성의 대표작이기도 한다. 고구려 시대 성터의 배치와 중국 고대도시의 발전역사를 연구하는 데 중요한 역할을 했다.

나통산성은 구조와 배치, 건축의 특징, 인공돌담, '협곡을 가로막은 성' (筑断为城), 둔병수비 등의 특징으로 볼 때 고구려의 오녀산성, 완도산성, 패왕조산성, 그리고 평양 대성산성과 모두 비슷하다. 오녀산성, 완도산성, 패왕조산성 담장은 완전히 돌로 쌓은 것 올린다. 나통산성의 성벽은 흙과 돌을 섞어 쌓은 것으로서 더욱 특성이 있어 연구할 가치가 있다.

나통산성 성벽, 성문 등의 유적이 비교적 잘 보존되어 있고, 성벽 건축의 지형과 산세 활용, 성문과 전망대의 배치, 성벽의 축조방식 등은 고구려 산성의 건축기술과 방어기술을 연구하는 데 중요한 참고 실례가 되고 있다.

나통산성은 처음 발견되었을 때 성문이 2개에 불과했으나 이후 2010년 나통산성 본체 보호 사업에서 3개의 성문이 추가로 발견되었는데요, 동·서·남면 성벽에 각각 위치하여 기존의 성문과 함께 5개의 성문 건제를 이루었다.

1호, 2호, 3호, 4호 문지의 형태는 동일하게 성문은 옹문이나 반 옹문 구조로 되어 있어서 그다지 복잡하지 않다. 1호 문지를 예로 들어보자, 하나의 측면 문 더미의 벽체가 골짜기의 완만한 부분에서 바깥으로 호로 뻗어 나가면서 문지의 반쪽 옹벽을 형성하고 옹벽의 기단부에는 방형 배수용 수멍이 있습니다. 또 다른 쪽 문 더미는 산척에 쌓아서 산성 성벽의 본체와 직접 연결해서 굴곡진 옹벽이 없이 능선을 따라 산세를 따라간다. 새로 발견된 4호 문지는 남쪽 담의 가운데에 있는데, 이중성벽의 협도식으로 맞닿은 어긋난 입구를 이용하여 문도를 형성하고, 양쪽 담이 서로 호응하여 독특한 협도문 형태를 띠고 있다.

서성의 5개의 문지에는 하나의 특징이 있는데, 각각의 성문은 산성의 각루나 감제고지과 매우 가깝다. 우연이 아니라 의도된 디자인임이 분명하다. 산성 성문 조망 고지에서는 신속하게 대응할 수 있는데, 이것은 산성의 장점인 지역을 활용한 절묘한 설계로 나통산성 건축설계의 특징 중 하나이기도 한다. 또한, 산성 성문은 홍수를 방류하는 통로로 사용되어서 높은 곳 아래의 골짜기 낮은 곳에서 홍수를 방류할 수이다.

점장대, 연병장, 각루 등 군사시설의 배치 형식과 성에서의 상대적 위치 관계 등에 대한 연구는 고구려 시기의 군사훈련, 전시 통신 등에 대한 이해를 높이고 고구려의 군사 연구 성과를 더욱 풍부하게 하였다.

나통산성의 서성 고고학 발굴 과정에서 집자리가 모두 18기나 발견돼였다. 이들 집자리는 반지혈식과 평지식의 건축물을 나눈다, 집자리의 지표면에는 벽체와 주동이 발견되지 않았고, 소형 집자리는 실내에 곡척형이나 'L'자형의 온돌, 대형 집자리는 직척형 또는 'U'자형의 온돌이 있었다. 집터는 수원지 평탄대지의 한쪽에 지어져 규칙적으로 분포하고 있다. 유적지에서 발견되는 유물은 대부분 생활용품이다. 고고 발굴에서 성내 거주지 내 및 주변에는 대량의 흑회색 흙 많이 남아 있어 토질이 비교적 부드러운 것으로 나타났다. 붉은 색의 불탄 흙 흔적 등의 특징이 있다. 벽체가 없고 주동이 없는 점으로 미뤄 당시 지상 건물은 북방산지 주민들의 '목각능'(木刻楞) 또는 '마가자' (马架子) 식 구조 건축으로 추정되며, 목재로 집의 전체적인 골격을 만들고 평지에 집을 짓고, 모시풀 등을 무친 진흙로 목재 사이와 집과 지표 사이의 틈을 메운 뒤 나중에 집 표면에 진흙을 발라 만든 것이다. 발견된 Ⅰ호 구역의 반지혈식 건물은 지음자 (地窨子) 식 움막 건물로 추정된다. 발굴 결과 이들 건물은 모두 고구려나 다른 시기의 유적이 아닌 송김 시기의 것으로 밝혀졌다.

나통산성은 유적의 훼손이 심하고 그릇이 많이 파손되어서 조합이 잘 안 된다. 그래서 주로 고고학 조사와 발굴을 통해서 파악된 산성 건축의 특징과 유물의 시대적 특징에 근거해서 산성을 분할하고 연대를 단정하는 것이다. 나통산성은 네 시기로 나눌 수 있다. 1기는 청동기시대이고, 2기는 고구려 시대로 약 서기 4~5세기이며, 3기는 송김 시기이고, 4기는 명청 시기이다.

나통산성의 조사와 고고학 발굴을 통해서 산성이 건설되기 전에 선민들이 살고 있었다는 결론을 내릴 수 있다. 고구려 시대 나통산성을 건설하여 송김에 이어도 여러 시기 한 동안 계속 산성을 사용하였다.

（董婉晨译）

后　记

本报告是对2007～2009年考古发掘工作成果和2011～2012年罗通山城本体保护项目工程成果的总结。

参加罗通山城考古发掘的人员有李东（考古发掘领队）、陈超、辛晓光、韩宇、王晶、刘晓国、李相文、于晓辉、赵永生、任小波、解峰。参加本体保护项目的人员有徐坤。

本报告2006～2009年考古发掘资料器物卡片资料整理由吉林省文物考古研究所李东、解峰，通化市文物管理办公室王晶、李洪飞，柳河县文物管理所辛晓光，镇赉县文物管理所韩宇完成。吉林大学硕士研究生陈超、赵永生、任小波也参与了年度的发掘和整理。

2010～2011年罗通山城本体保护项目工程中新发现的西城3号、4号、5号门址的考古发掘资料由吉林省文物考古研究所徐坤提供。

本报告第三章第一节“一、门址”中的（二）（三）（四）（五）部分由徐坤执笔，其余部分均由李东执笔。全书编辑、总纂由李东完成。

报告绘图由吉林省文物考古研究所马洪、王新胜完成，照片由李东、赵欣、谷德平、徐坤、辛晓光完成。

测绘资料以及数据由总装备部测绘大队的杨林春、汪涛、吴星提供。

出土器物的拓片以及修复由吉林省文物考古研究所于立群完成。

钻探数据由陕西省龙腾勘探公司勘探队提供。

浮选照片和数据资料由吉林省文物考古研究所杨春提供。

由于工作安排和具体实际客观因素的限制，我们已尽量使发掘资料的报道达到全面化、细致化和整体化，但难免不足，恳请指正。

感谢全体参加工作的同仁集体努力，感谢科学出版社的赵越同志辛勤工作，使得这部发掘报告顺利出版。

报告付梓之际，我们还要感谢柳河县县委、县政府的支持，时任县领导的裴中书记、经希军县长、蒋杰副县长，以及时任县文体局的刘毅局长，他们多次上山调研、慰问，关注罗通山城考古发掘状况，及时帮助解决实际问题，使得罗通山城的考古发掘有序开展并圆满完成。更要感谢罗通山城的保护工作者马永才、高占一、老尹，是他们对罗通山城的热爱和坚守，才使得古老的罗通山城有机会重新展现出巍巍容颜。

图版一

1. 罗通山远景

2. 罗通山的晨辉

罗通山景色

1. 罗通山城考古调查和勘探

2. 罗通山城考古勘探

罗通山城考古调查和勘探

图版三

1. 罗通山山门的牌楼

2. 从山城上可以俯瞰山门牌楼

罗通山山门牌楼

1. 东城人工开发的蛤蟆池塘

2. 东城蛤蟆池塘台地调查

罗通山城东城内的蛤蟆池塘和池边台地

罗通山城东城蛤蟆池塘南侧的1号泉眼

图版一二

1. 罗通山城东城现存的一段城墙

2. 罗通山城东城现存的一段城墙的细部

罗通山城东城现存的一段城墙

1. 罗通山城西城2号门址（西门）

2. 罗通山城西城AK0段城墙（西门南门垛）

罗通山城西城2号门址、AK0段城墙

图版一四

1. 罗通山城西城AK0～AK40段城墙（局部）

2. 罗通山城西城AK40～AK80段城墙（局部）

罗通山城西城AK0～AK40、AK40～AK80段城墙

1. 罗通山城西城AK80～AK120段城墙（局部）

2. 罗通山城西城AK80～AK120段城墙走势（局部）

罗通山城西城AK80～AK120段城墙

图版一八

1. 罗通山城西城城墙错位处（4号门址）的内墙

2. 罗通山城西城城墙错位处（4号门址）的外墙

罗通山城西城（4号门址）

1. 罗通山城西城AK320～AK360段城墙（局部）

2. 罗通山城西城AK360～AK400段城墙（局部）

罗通山城西城AK320～AK360、AK360～AK400段城墙

1. 罗通山城西城AK400～AK440段城墙（局部）

2. 罗通山城西城AK440～AK480段城墙（局部）

罗通山城西城AK400～AK440、AK440～AK480段城墙

1. 罗通山城西城AK480～AK520段城墙（局部）

2. 罗通山城西城AK520～AK560段利用峭壁部分的城墙（局部）

罗通山城西城AK480～AK520、AK520～AK560段城墙

图版二二

1. 罗通山城西城AK560～AK600段利用山脊部分的城墙（局部）

2. 罗通山城西城AK600～AK640段利用峭壁部分的城墙（局部）

罗通山城西城AK560～AK600、AK600～AK640段城墙

1. 罗通山城西城AK640～AK680段利用峭壁部分的城墙（局部）

2. 罗通山城西城AK680～AK720段利用峭壁部分的城墙（局部）

罗通山城西城AK640～AK680、AK680～AK720段城墙

图版二四

1. 罗通山城西城AK720～AK760段利用峭壁部分的城墙（局部）

2. 罗通山城西城AK760～AK800段利用山脊部分的城墙（局部）

罗通山城西城AK720～AK760、AK760～AK800段城墙

1. 罗通山城西城AK800～AK840段利用山脊部分的城墙（局部）

2. 罗通山城西城AK840～AK880段利用悬崖部分的城墙（局部）

罗通山城西城AK800～AK840、AK840～AK880段城墙

1. 罗通山城西城AK880～AK920段利用山脊部分的城墙（局部）

2. 罗通山城西城AK920～AK960段利用山脊部分的城墙（局部）

罗通山城西城AK880～AK920、AK920～AK960段城墙

图版二七

1. 罗通山城西城AK960～AK1000段利用山脊部分的城墙（局部）

2. 罗通山城西城AK1000～AK1040段利用峭壁部分的城墙（局部）

罗通山城西城AK960～AK1000、AK1000～AK1040段城墙

1. 罗通山城西城AK1040～AK1080段利用峭壁部分的城墙（局部）

2. 罗通山城西城AK1080～AK1120段利用峭壁部分的城墙（局部）

罗通山城西城AK1040～AK1080、AK1080～AK1120段城墙

1. 罗通山城西城AK1120～AK1160段利用峭壁部分的城墙（局部）

2. 罗通山城西城AK1160～AK1200段利用峭壁部分的城墙（局部）

罗通山城西城AK1120～AK1160、AK1160～AK1200段城墙

图版三〇

1. 罗通山城西城AK1200 ~ AK1240段利用峭壁部分的城墙（局部）

2. 罗通山城西城AK1240 ~ AK1280段利用峭壁部分的城墙（局部）

罗通山城西城AK1200 ~ AK1240、AK1240 ~ AK1280段城墙

1. 罗通山城西城AK1280～AK1320段利用峭壁部分的城墙（局部）

2. 罗通山城西城AK1320～AK1360段利用峭壁部分的城墙（局部）

罗通山城西城AK1280～AK1320、AK1320～AK1360段城墙

1. 罗通山城西城AK1360～AK1400段利用峭壁部分的城墙（局部）

2. 罗通山城西城AK1400～AK1440段利用峭壁部分的城墙（局部）

罗通山城西城AK1360～AK1400、AK1400～AK1440段城墙

1. 罗通山城西城AK1440～AK1480段利用山脊部分的城墙（局部）

2. 罗通山城西城AK1480～AK1520段利用山脊部分的城墙（局部）

罗通山城西城AK1440～AK1480、AK1480～AK1520段城墙

图版三四

1. 罗通山城西城AK1520～AK1560段利用山脊部分的城墙（局部）

2. 罗通山城西城AK1560～AK1600段利用山脊部分的城墙（局部）

罗通山城西城AK1520～AK1560、AK1560～AK1600段城墙

1. 罗通山城西城AK1600～AK1640段的城墙（局部）

2. 罗通山城西城AK1600～AK1640段利用山脊搭建的城墙（局部）

罗通山城西城AK1600～AK1640段城墙

图版三六

1. 罗通山城西城AK1640 ~ AK1680段的城墙（局部）

2. 罗通山城西城AK1680 ~ AK1720段的城墙（局部）

罗通山城西城AK1640 ~ AK1680、AK1680 ~ AK1720段城墙

1. 罗通山城西城AK1720～AK1760段的城墙（5号门址瓮墙）

2. 罗通山城西城AK1760～AK1800段的城墙（局部）

罗通山城西城AK1720～AK1760、AK1760～AK1800段城墙

图版三八

1. 罗通山城西城AK1800～AK1840段的城墙（局部）

2. 罗通山城西城AK1840～AK1880段的城墙（局部）

罗通山城西城AK1800～AK1840、AK1840～AK1880段城墙

1. 罗通山城西城AK1840～AK1880段的城墙暴露的内部干插石（正面）

2. 罗通山城西城AK1840～AK1880段的城墙暴露的内部干插石（侧面）

罗通山城西城AK1840～AK1880段城墙

1. 罗通山城西城AK2000 ~ AK2040段的城墙走势（局部）

2. 罗通山城西城AK2000 ~ AK2040段的城墙被破坏的段落（局部）

罗通山城西城AK2000 ~ AK2040段城墙

1. 罗通山城西城AK2040～AK2080段的城墙（局部）

2. 罗通山城西城AK2080～AK2120段的城墙（局部）

罗通山城西城AK2040～AK2080、AK2080～AK2120段城墙

图版四四

1. 罗通山城西城AK2120～AK2160段的城墙（局部）

2. 罗通山城西城AK2160～AK2200段的城墙（局部）

罗通山城西城AK2120～AK2160、AK2160～AK2200段城墙

1. 罗通山城西城AK2200 ~ AK2240段的城墙（局部）

2. 罗通山城西城AK2240 ~ AK2280段的城墙（局部）（下部是封堵的涵洞）

罗通山城西城AK2200 ~ AK2240、AK2240 ~ AK2280段城墙

1. 罗通山城西城AK2280～AK2320段的城墙（局部）

2. 罗通山城西城AK2320～AK2360段的城墙（局部）

罗通山城西城AK2280～AK2320、AK2320～AK2360段城墙

1. 罗通山城西城AK2360～AK2400段的城墙（局部）

2. 罗通山城西城AK2400～AK2440段的城墙走势（局部）

罗通山城西城AK2360～AK2400、AK2400～AK2440段城墙

图版四八

1. 罗通山城西城AK2440～AK2460段的城墙外侧正面（局部）

2. 罗通山城西城AK2440～AK2460段的城墙走势（局部）

罗通山城西城AK2440～AK2460段城墙

1. 罗通山城西城BK0 ~ BK40段的城墙（局部）

2. 罗通山城西城BK40 ~ BK80段的城墙（局部）

罗通山城西城BK0 ~ BK40、BK40 ~ BK80段城墙

图版五〇

1. 罗通山城西城BK80～BK120段的城墙（局部）

2. 罗通山城西城BK120～BK160段的城墙（局部）

罗通山城西城BK80～BK120、BK120～BK160段城墙

1. 罗通山城西城BK160～BK200段的城墙（局部）

2. 罗通山城西城BK200～BK240段的城墙（局部）

罗通山城西城BK160～BK200、BK200～BK240段城墙

1. 罗通山城西城BK240 ~ BK280段的西北角楼城墙转角

2. 罗通山城西城BK240 ~ BK280段的城墙（局部）

罗通山城西城BK240 ~ BK280段城墙

1. 罗通山城西城BK280～BK320段的城墙（局部）

2. 罗通山城西城BK320～BK360段的城墙（局部）

罗通山城西城BK280～BK320、BK320～BK360段城墙

图版五四

1. 罗通山城西城BK360～BK400段的城墙（局部）

2. 罗通山城西城BK400～BK440段的城墙（局部）

罗通山城西城BK360～BK400、BK400～BK440段城墙

1. 罗通山城西城BK440 ~ BK480段的城墙（局部）

2. 罗通山城西城BK480 ~ BK520段的城墙（局部）

罗通山城西城BK440 ~ BK480、BK480 ~ BK520段城墙

1. 罗通山城西城BK680～BK720段的城墙（局部）

2. 罗通山城西城BK680～BK720段外侧墙基局部清理

罗通山城西城BK680～BK720段城墙

1. 罗通山城西城BK680 ~ BK720段内侧墙基局部清理

2. 罗通山城西城BK720 ~ BK760段的城墙（局部）

罗通山城西城BK680 ~ BK720、BK720 ~ BK760段城墙

图版六〇

1. 罗通山城西城BK760～BK800段的城墙（局部）

2. 罗通山城西城BK800～BK840段的城墙（局部）

罗通山城西城BK760～BK800、BK800～BK840段城墙

1. 罗通山城西城BK840～BK880段的城墙（局部）

2. 罗通山城西城BK880～BK920段的城墙（局部）

罗通山城西城BK840～BK880、BK880～BK920段城墙

1. 罗通山城西城BK920～BK960段的城墙（局部）和封堵的涵洞

2. 罗通山城西城BK960～BK1000段的城墙（局部）

罗通山城西城BK920～BK960、BK960～BK1000段城墙

1. 罗通山城西城BK1000～BK1030段的城墙（局部）

2. 1号门址的发掘前的情形（由内向外拍摄）

罗通山城西城BK1000～BK1030段城墙、1号门址

1. 1号门址的发掘前的情形（由外向内拍摄）

2. 1号门址清理现场（由内向外拍摄）

1号门址

1. 1号门址清理现场（从上向下拍摄）

2. 1号门址的门道

1号门址

1. 1号门址西侧门垛下方的涵洞引水沟渠上的盖石

2. 1号门址西侧门垛下方盖石下的喇叭形石砌涵洞引水沟渠

发掘后的1号门址涵洞的引水沟渠细部

1. 1号门址涵洞内部（由城外向城内方向拍摄）

2. 1号门址涵洞外侧的引水槽

图版六九

1. 西城2号门址发掘前的情形（由城外向城内方向拍摄）

2. 西城2号门址发掘前的情形（由城内向城外方向拍摄）

西城2号门址

1. 西城2号门址北侧门垛发掘前的情形

2. 西城2号门址北侧门垛发掘后的情形

西城2号门址

1. 西城2号门址南侧门垛发掘前的情形

2. 西城2号门址南侧门垛下面的基石情况

西城2号门址

西城2号门址南侧门垛下面的基石情况

1. 西城3号门址发掘前的情形

2. 西城3号门址发掘后的情形（由内向外拍摄）

西城3号门址

图版七六

1. 西城5号门址的地貌和清理现场

2. 西城5号门址清理出来的门道（从上向下拍摄）

西城5号门址

1. 西城4号门址发掘前的地貌

2. 西城4号门址发掘后的夹墙式门道

西城4号门址

1. 西城4号门址发掘后的夹墙式门道中间的封堵石

2. 所谓南门考古发掘前的地貌

西城4号门址、所谓南门

1. 所谓南门发掘后露出的城墙

2. 所谓南门清理后城墙内发现的一处房址及其内设的火炕

所谓南门

图版八〇

1. 西城内的采石场（冬季）

2. 西城内的采石场（夏季）

西城内的采石场

1. 点将台发掘前的地貌

2. 远看点将台

点将台

图版八二

1. 发掘后的点将台

2. 点将台发掘后的全貌（从上向下拍摄）

点将台

1. 通往点将台的道路（由内向外拍摄）

2. 西城西北角楼清理前的地貌

点将台、西城西北角楼

1. 西城西北角楼清理后的地表

2. 西城西北角楼城墙转角

西城西北角楼

1. 西城的东北角楼发掘前的地貌（其上原有一个现代建筑烽火台）

2. 东北角楼发掘后的地表

东北角楼

图版八六

1. 东北角楼外侧墙体的清理发掘（平视拍摄）

2. 东北角楼连接的北城墙

东北角楼

东北角楼发掘后的城墙转角处（从上向下拍摄）

图版八八

东北角楼发掘后的城墙转角处（侧面拍摄）

1. 西城Ⅰ号区域A区发掘现场

2. 西城Ⅰ号区域F2清理的“U”形火炕

1. 西城Ⅰ号区域F1清理的“L”形火炕

2. 西城Ⅰ号区域F3和房址内的“U”形火炕（从北向南拍摄）

西城Ⅰ号区域F1、F3

1. 西城Ⅰ号区域F3灶址（东）

2. 西城Ⅰ号区域F3灶址（西）

西城Ⅰ号区域F3灶址

1. 西城Ⅰ号区域F3火炕烟道汇合于烟囱处的小范围清理

2. 西城Ⅰ号区域F3火炕灶坑与烟道交汇的小范围清理

西城Ⅰ号区域F3

1. 西城Ⅰ号区域F4及内部的"U"形火炕（由北向南拍摄）

2. 西城Ⅰ号区域F4及内部的"U"形火炕（由南向北拍摄）

西城Ⅰ号区域F4

1. 西城1号门址内西侧台地Ⅳ号区域的发掘现场俯瞰

2. 西城Ⅳ号区域F1

西城Ⅳ号区域和F1

1. 西城Ⅳ号区域F2

2. 西城Ⅳ号区域F2清理后的火炕烟道

西城Ⅳ号区域F2

1. 西城Ⅳ号区域F3

2. 西城Ⅳ号区域F3内清理后的火炕烟道

西城Ⅳ号区域F3

1. 西城Ⅳ号区域F4

2. 西城Ⅳ号区域F5

西城Ⅳ号区域F4、F5

1. 西城Ⅳ号区域F6

2. 西城Ⅳ号区域F7

西城Ⅳ号区域F6、F7

1. 西城Ⅳ号区域F8

2. 西城Ⅳ号区域F9

西城Ⅳ号区域F8、F9

1. 西城Ⅳ号区域F10

2. 西城Ⅳ号区域F11（右上角）

西城Ⅳ号区域F10、F11

1. 西城Ⅳ号区域F12

2. 西城Ⅳ号区域F13

西城Ⅳ号区域F12、F13

1. 砺石（08ⅣF1：3）

2. 砺石（ⅠT0402②：29）

3. 斧（07采：8）

4. 砺石（09ⅣF2：3）

5. 臼（ⅣF4：8）

6. 杵（ⅣF4：7）

7. 砺石（ⅠF4：1）

8. 砺石（ⅣF9：10）

石器

图版一〇三

1. 壶（08ⅣF1：1）

2. 器耳（08ⅣF1：2）

3. 口沿（07ⅠF3：22）

4. 罐（ⅣF3：9）

5. 口沿（08ⅠF3：20）

6. 口沿（07ⅠF3：19）

7. 陶饼（09ⅣF9：7）

8. 口沿（08ⅠF3：18）

陶器

图版一〇四

1. 甑（ⅠT0302②：11）

2. 网坠（09采：7）

3. 纺轮（ⅠT0402②：27）

4. 口沿（ⅣF11：1）

5. 口沿（08ⅣF8：7）

6. 口沿（08ⅣF8：13）

7. 器耳（08ⅣF8：15）

8. 壶（08ⅣF8：6）

陶器

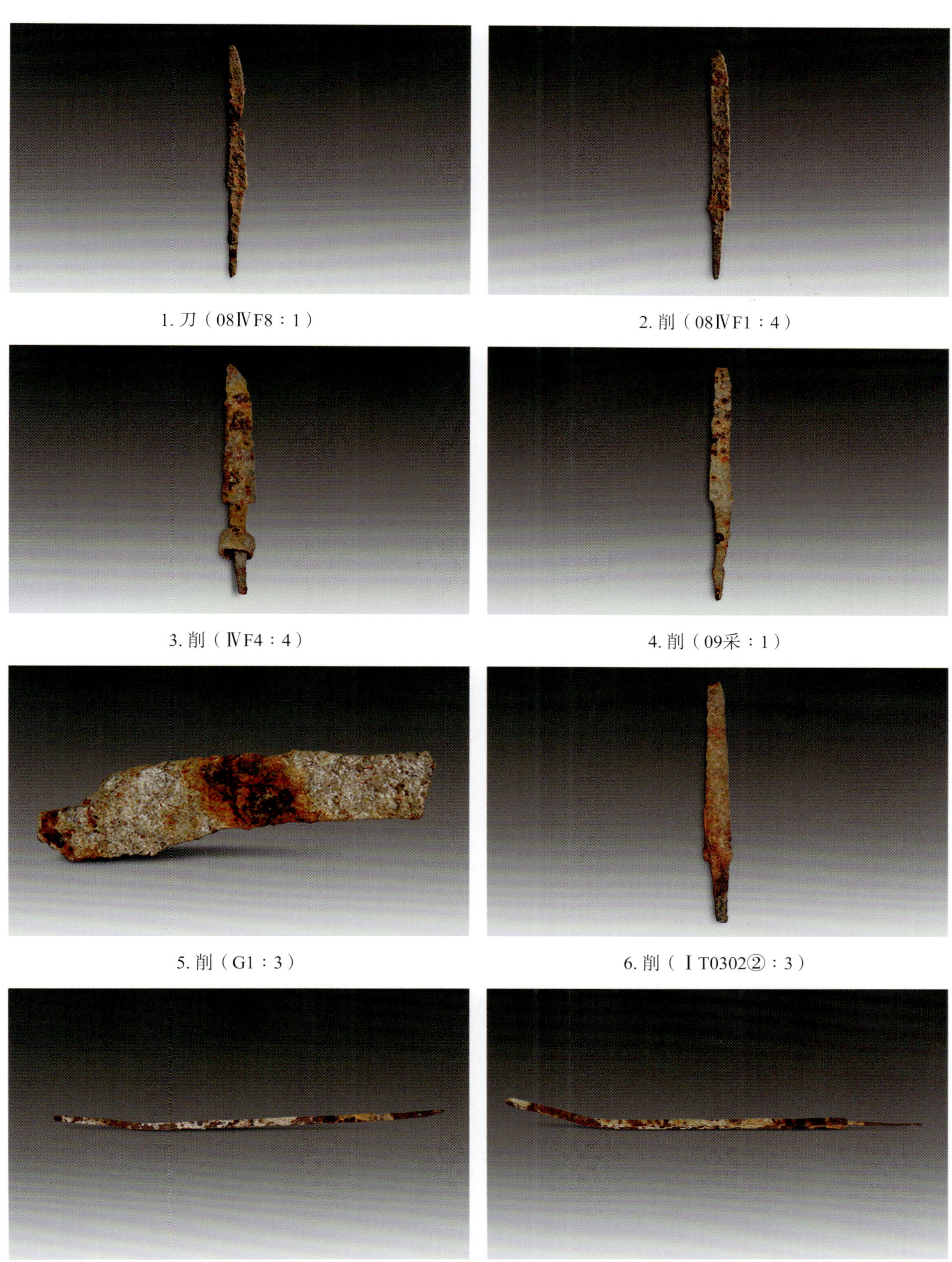

1. 刀（08ⅣF8：1）

2. 削（08ⅣF1：4）

3. 削（ⅣF4：4）

4. 削（09采：1）

5. 削（G1：3）

6. 削（ⅠT0302②：3）

7. 钎（11采：9）

8. 钎（11采：6）

铁器

铁钎（11采：8）

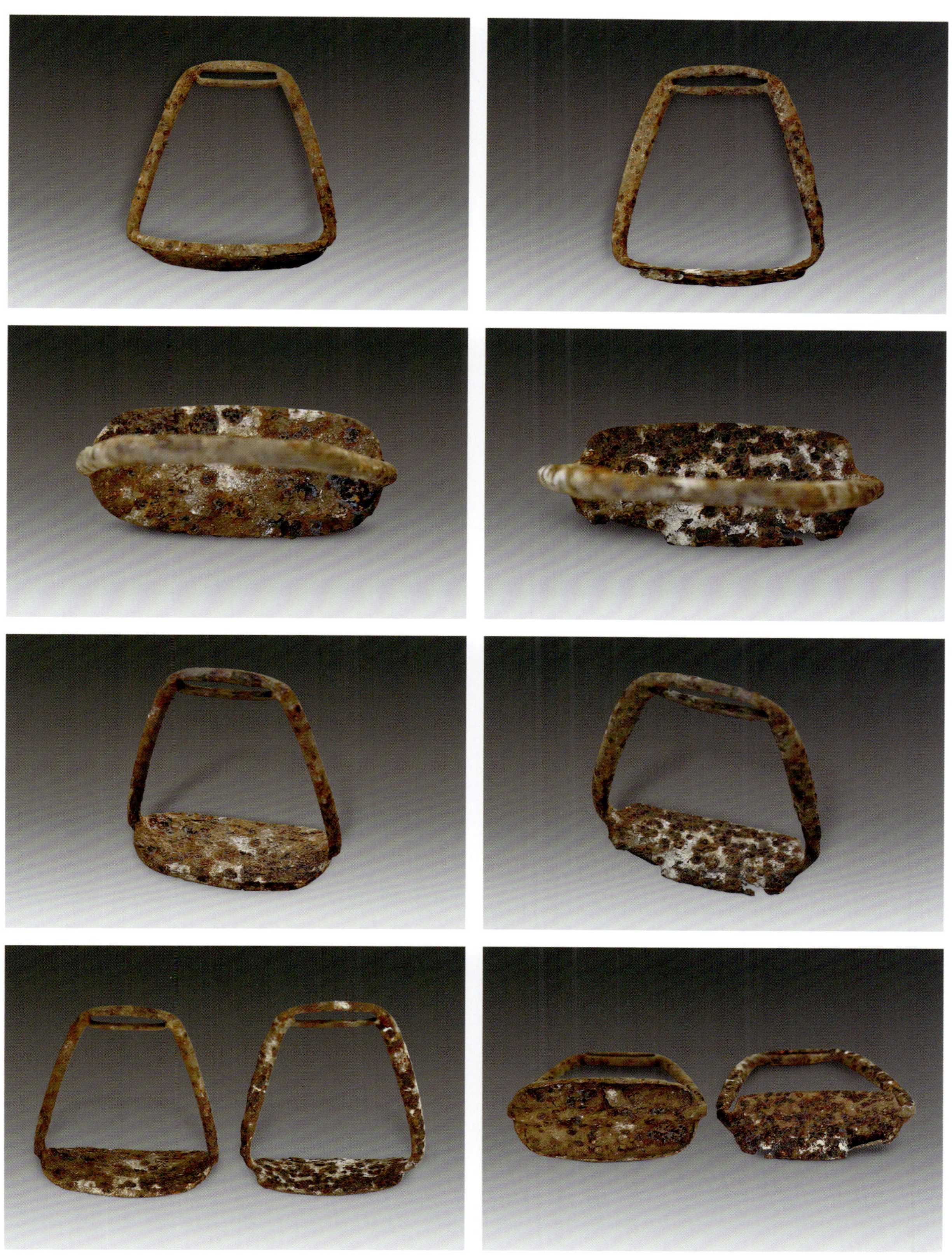

1. 11采：1　　2. 11采：2

铁马镫

图版一〇八

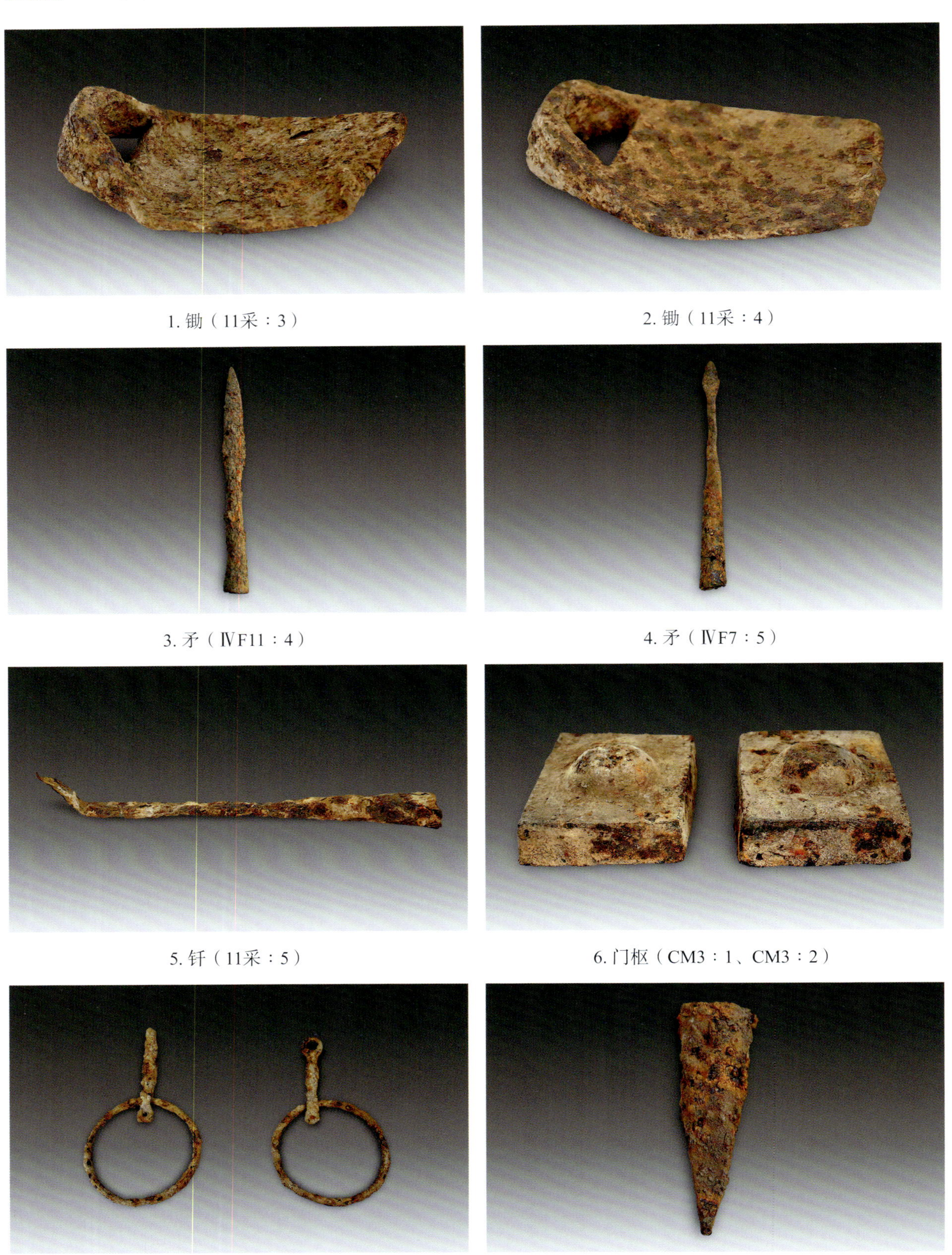

1. 锄（11采：3）

2. 锄（11采：4）

3. 矛（ⅣF11：4）

4. 矛（ⅣF7：5）

5. 钎（11采：5）

6. 门枢（CM3：1、CM3：2）

7. 马衔（09ⅣF1：2、09ⅣF1：4）

8. 凿（NMF1：13）

铁器

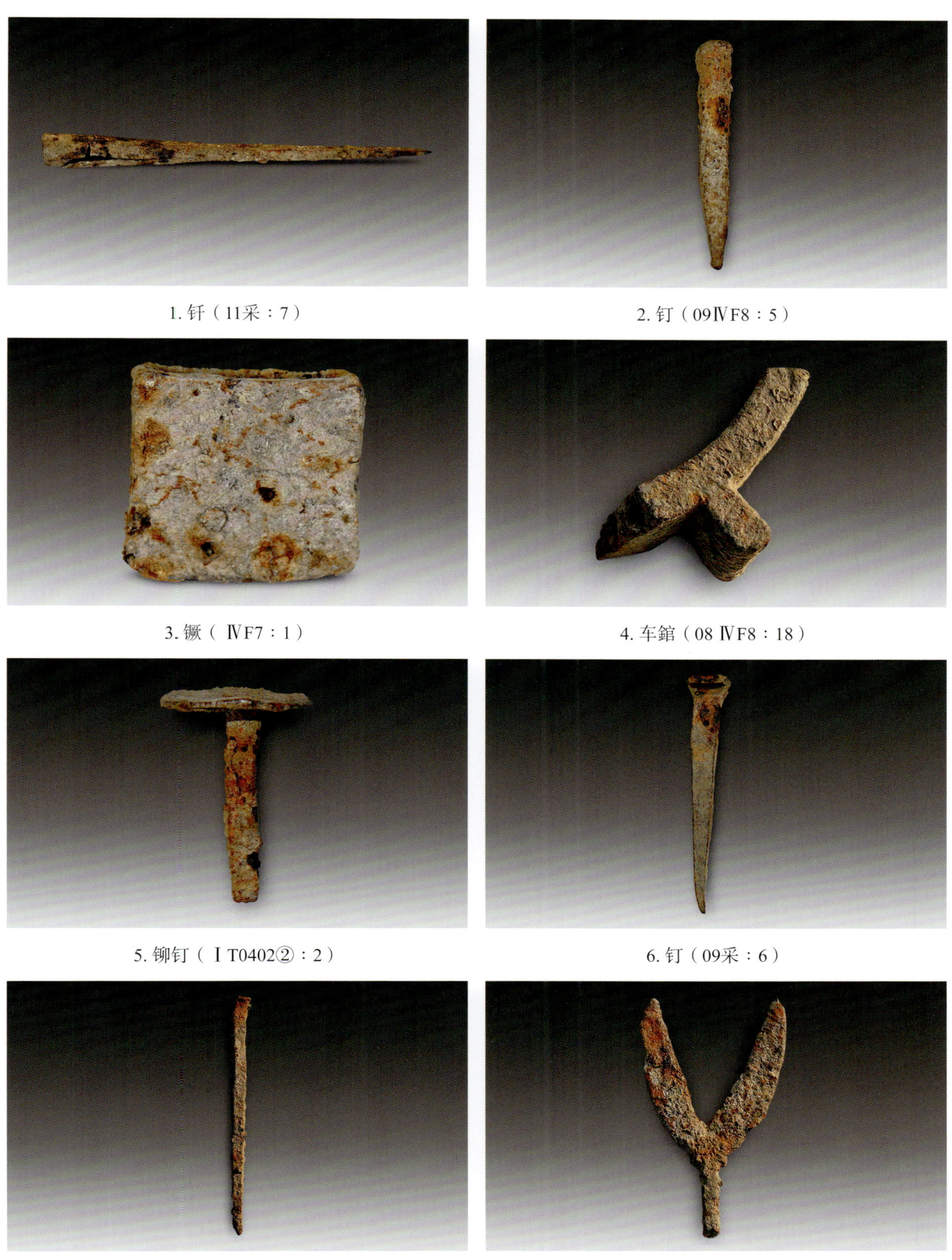

1. 钎（11采：7）

2. 钉（09ⅣF8：5）

3. 镢（ⅣF7：1）

4. 车輨（08 ⅣF8：18）

5. 铆钉（ⅠT0402②：2）

6. 钉（09采：6）

7. 钉（08 ⅣF8：4）

8. 镞（08 ⅣF8：3）

铁器

图版一一〇

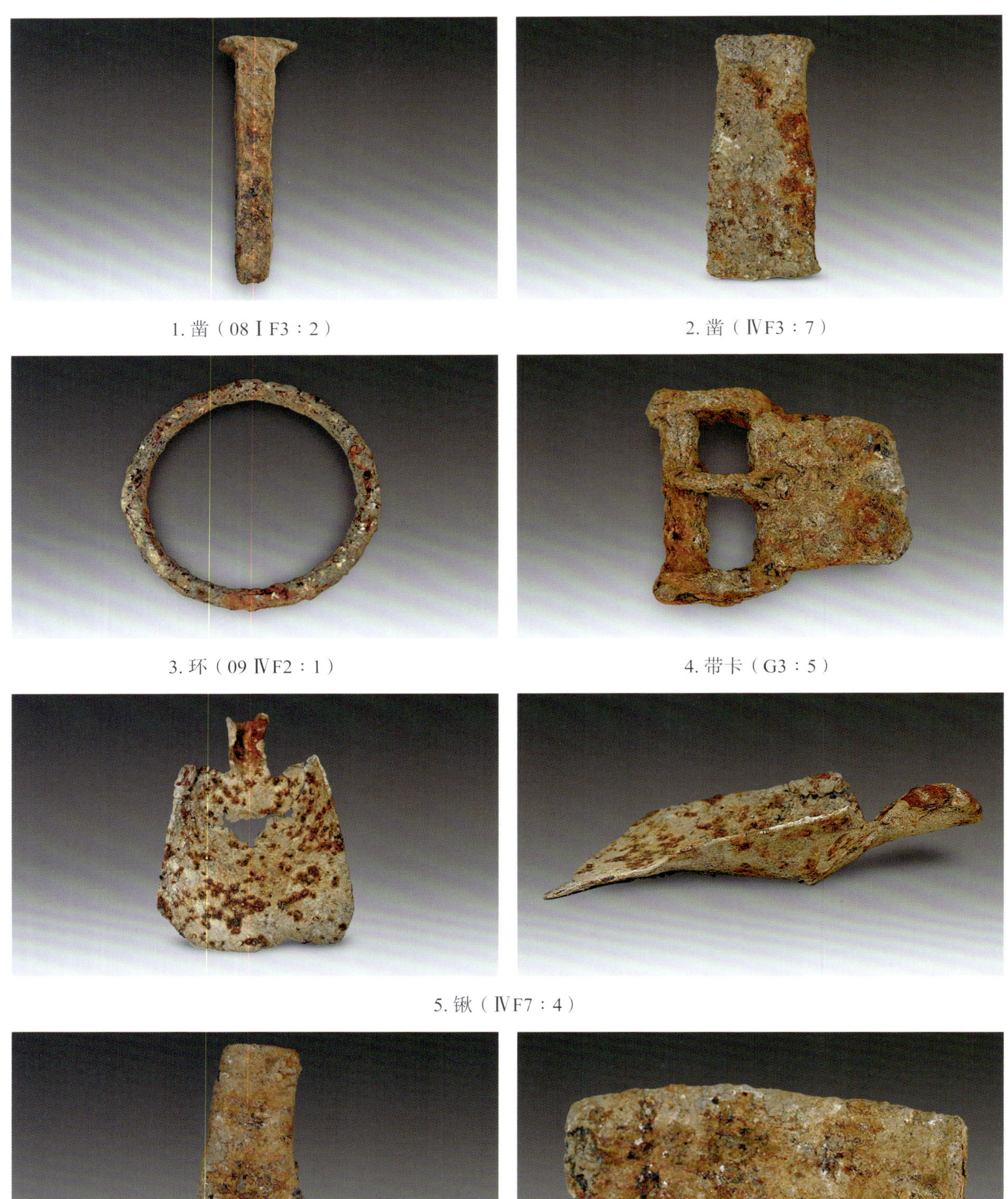

1. 凿（08ⅠF3：2）

2. 凿（ⅣF3：7）

3. 环（09ⅣF2：1）

4. 带卡（G3：5）

5. 锹（ⅣF7：4）

6. 斧（08采：2）

铁器

图版一一七

1. 玉饰件（09ⅣF1：8）　　2. 料珠坯料（09ⅣF1：1）

3. 料器饰件（ⅣF10：5）　　4. 铜环（09ⅣF8：1）

5. 铜铃（ⅣF4：3）

6. 铜环（ⅣF4：1）　　7. 铁锯（ⅣF3：5）

玉器、铜器、铁器

图版一一八

1. “天圣元宝”铜钱（NMF1：15）

2. “元祐通宝” 铜钱（ⅣF6：5）

3. “崇宁重宝” 铜钱（ⅣF6：7）

4. “元丰通宝” 铜钱（09ⅣF9：4）

5. “大定通宝” 铜钱（ⅣF3：2）

6. “元丰通宝” 铜钱（NMF1：14）

7. “天禧通宝” 铜钱（08ⅠF3：26）

8. “开元通宝” 铜钱（ⅠT0201②：6）

铜钱

图版一一九

1. “开元通宝”铜钱（ⅣF12：4）

2. “皇宋通宝”铜钱（ⅣF10：4）

3. “祥符通宝”铜钱（09ⅣF2：15）

4. “开元通宝”铜钱（ⅠF2：3）

5. “天禧通宝”铜钱（08ⅠF3：25）

6. 瓷壶（NMF1：3）

7. 板瓦（09ⅣF2：2）

8. 陶甑（ⅠT0201②：1）

铜钱、瓷器、陶器

图版一二〇

瓷碟（ⅣF3：8）

陶单把杯（BMHD：1）

图版一二二

瓷碗（G2：1）

1. 陶甑（09采：16）

2. 陶钵（ⅠF4：13）

3. 陶器口沿（ⅣF6：6）

4. 陶器口沿（08ⅣF8：9）

5. 陶器器耳（08ⅣF8：16）

6. 瓷杯（ⅣF12：3）

7. 陶豆（08采：1）

陶器、瓷器

陶盆（NMF1：5）

图版一二五

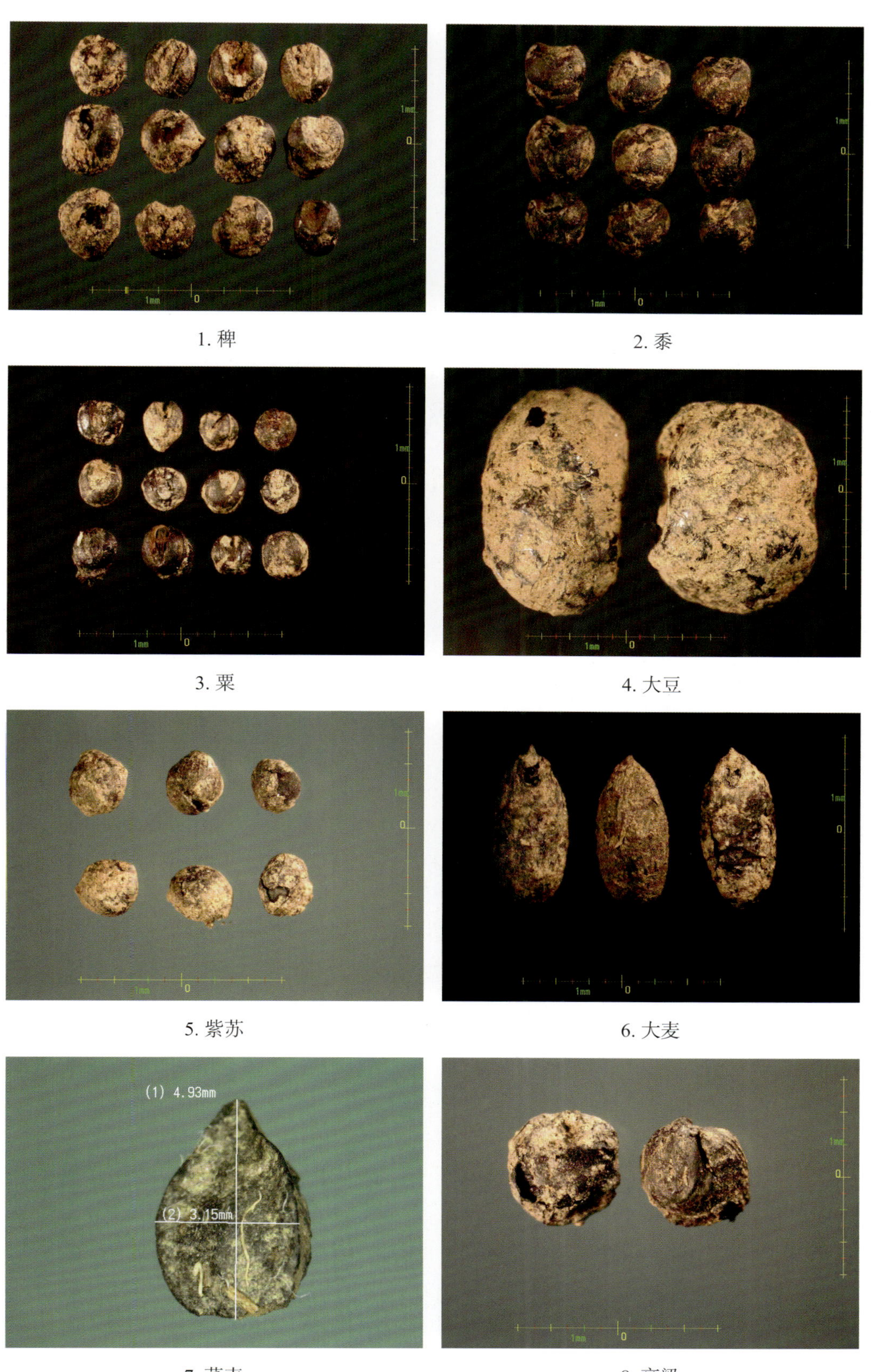

1. 稗　2. 黍　3. 粟　4. 大豆　5. 紫苏　6. 大麦　7. 荞麦　8. 高粱

浮选出的植物

1. 燕麦

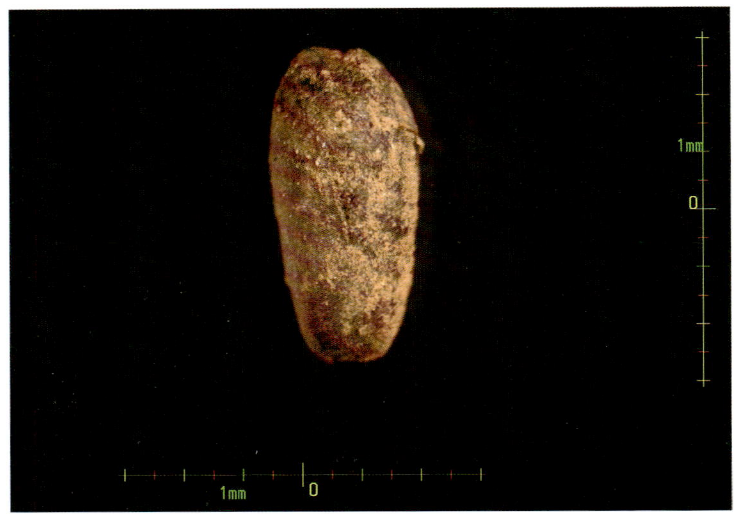

2. 豇豆属

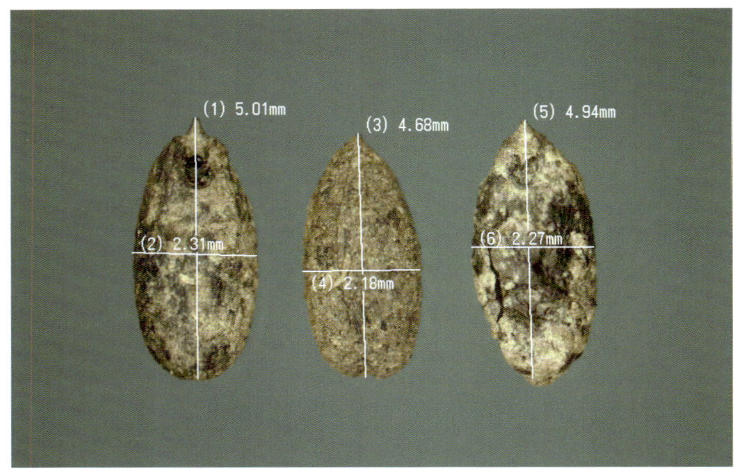

3. 小麦

浮选出的植物